EL ARTE DE ESCUCHAR(TE)

«En *El arte de escuchar(te)*, Ismael nos lleva a un profundo y revelador viaje para comprender mejor quiénes somos y la profunda sanación que se encuentra en la escucha interna e interpersonal. Un libro para mantener cerca de tu corazón y en la cima de tu mente».

Deepak Chopra, escritor
y conferencista de renombre mundial

«Ismael Cala nos obsequió un recurso que cambia la vida con *El arte de escuchar(te)*. Al iluminar el poder de la escucha interior, este libro proporciona una guía para el crecimiento personal y la sabiduría que desesperadamente necesitamos. Cala revela cómo sintonizarnos con nuestros cuerpos y espíritus nos permite acceder a nuestro máximo potencial. Este es el arte de escuchar en su forma más profunda y sagrada.

»Con su característica perspicacia y compasión, Cala nos muestra cómo aquietar nuestras mentes ocupadas para escuchar la guía divina. Este es el camino para vivir de forma más auténtica y alegre. Podemos transformar relaciones y sanar heridas cuando escuchamos de verdad. Al escuchar, podemos entender lo que nuestros cuerpos están tratando de decirnos, llevando a una mejor salud.

»*El arte de escuchar(te)* es una revelación y una revolución. Cala es una voz pionera que enseña verdades antiguas para los tiempos modernos. Este libro es un acto de servicio, empoderándonos para crear vidas de significado, armonía y propósito. Cuando aprendemos a escuchar, desbloqueamos nuestros más grandes dones. El mundo necesita esta luz ahora más que nunca».

John C. Maxwell, escritor y especialista en liderazgo

ISMAEL CALA

EL ARTE DE ESCUCHAR(TE)

Descubre el poder transformador
de la escucha profunda

DIANA

El arte de escucharte

Este libro va dedicado…
A ti, que pausas y escuchas,
a ti, que encuentras mi voz
y en ella hallas eco y candor.

A ti, paciente y atento,
de mente y corazón abiertos,
dispuesto a entender sin prisas
lo que mi alma medita
entre guiños y sonrisas.

A ti, que, en mí, ves un igual,
un ser como tú, que siente
y busca con paciencia y amor
calar hondo en su interior.

Que este sea un canto sutil…
a la noble y sabia escucha,
esa que nos hace humanos
y nos invita a fluir sin lucha.
A vivir desde la magia,
entre las musas y sabias…
palabras que crean Consuelo,
Confianza, Fe y Sosiego.

Recíbelo con gratitud…
y practícalo cada día.
Escucharte en la quietud
convierte tu vida en Poesía.

ISMAEL CALA
Escrito en Cala Botanic
Sanctuary, el 8 de
septiembre de 2023

**Descubre, con tu curiosidad, a dónde
te lleva este código QR:**

ÍNDICE

PRÓLOGO

Lugares comunes

Vengo a traerte una propuesta de viaje, para ver si quieres acompañarme y compartir contigo mi sentir. Quiero descubrir quién soy ahora después de todo este tiempo, poniendo atención a lo que quizá pasó desapercibido y que hoy puede que sea relevante. Quiero retroceder sobre mis pasos para empezar en el punto de partida. No soy de mirar atrás demasiado, pero en este caso es necesario para observar el camino recorrido, con la vista puesta en todo lo aprendido en el proceso. Llevo tanto tiempo mirando al objetivo, para no perderlo de vista, tantas zancadas poniendo atención al camino, para no tropezar, y deteniéndome para decidir bien, que ahora siento cierta dispersión, como si todo estuviera algo difuminado. Quizá es que ha perdido el sentido y ahora no lo entiendo del todo bien. Quizá es que estoy en otro plano donde los acontecimientos tienen para mí una nueva interpretación, otro valor. Es el momento, debo ir un poco más allá en esta «regresión a Ítaca». Digamos que el movimiento me lleva ahora a la quietud y de ahí a girar 180 grados para deshacer el camino. La ruta me parece apasionante. ¿Me acompañas? Busquemos esos lugares comunes en los que solemos confluir todos. Porque, en este viaje, quien más quien menos se ha hecho preguntas, ha cuestionado verdades absolutas y se ha sentido perdido. Llevo la mochila llena de experiencias vividas, emociones sentidas, motivos para vivir y celebrar. De seguro tú también. Llevo además el corazón lleno de gratitud y muchas ganas de descubrir lo que dejé en esta senda. ¿Quién dijo que no se puede volver atrás? Claro que puedo trasladar mi presente a lugares que emocionalmente quedaron anclados y modificar, adaptar, moldear aquello que quedó pendiente de resolver; así como recuperar lo que fuimos en esencia y que hoy nuestra existencia reclama para avanzar con más garra si cabe. Lo hago con alegría, sin lastimarme. Me siento bendecida por ello: avanzo y me entrego con devoción a mi propio recorrido vital. Ese que me hace estar donde estoy. Entendiendo las decisiones tomadas y sin juicio. Libre de cargas, solo por el mero disfrute de encontrarme y reencontrarme. Voy también ligera de resentimiento, culpa o apego. Dichosa y con gratitud a cada paso. Y deshago mi identidad hasta abrazar la idea de no necesitar ser nada. ¡Esto sí que sería ligereza! ¿Hasta dónde seré capaz de llegar en esa «desintegración» del yo que soy? Soy consciente de que, para ello, debo estar dispuesta, atenta, abierta y confiada. Sé que es el momento y lo sé porque me lo propongo aquí y ahora. Y cuando llegue a ese punto de partida, reharé el trayecto de otra manera. Habiendo conocido, habiendo observado desde otro lugar, habiendo sentido y escuchado.

Ahora que lo pienso, y me detengo aquí, Ismael Cala lo hace de manera brillante en este libro. Qué poco he escuchado. Qué poco he puesto la atención en el latir de mi corazón. Qué poco he atendido a las palabras con las que describo mi mundo y el de los demás. Y a la vez, cuánto he buscado. La eterna curiosa que lleva dentro esta niña grande pone atención y escucha cada día más y con más ganas. Al escuchar, detengo el tiempo e invierto energía en atender. No solo oír, sino escuchar. Ser consciente de lo que soy aquí, en este espacio que ocupo, que abarco, que lleno, que cuido para proyectarlo desde mi luz. La que tú también me ayudas a encender, con tu presencia a mi lado. La consciencia corporal, emocional, mental, espiritual hacen uno cuando respiro, cierro los ojos y pongo la intención en ser, sin juicio y ni pensamiento. Amando lo que llega y creando vínculos con algo más grande, más expandido, más lleno y vacío a la vez. Y desde ahí, dejo de buscar, para encontrar lo que la Vida tiene preparado para mí, en la senda hacia la propia esencia. Así entenderé lo que soy hoy y avanzaré en coherencia. No pregunto, porque simplemente escucho sin necesidad de respuesta. Qué giro más interesante, ¿no? Dichosos aquellos que no buscan porque en ellos está la respuesta. Bienaventurados los que se guían en el camino hacia un interior lleno de dudas y pasiones. Quiero recorrer ese «camino de vuelta a casa» poniendo la banda sonora de los momentos importantes, con la mejor de las melodías. La más sonora y emocionante y la que armoniza con lo que quiero ver. Afinar el tono al instante y que esté en sintonía con mi Ser más auténtico. Quiero que no haya un desafino en ninguna de las secuencias de ese recorrido y, para ello, deberé entonar de viva voz la palabra, la poesía, ¡oh, la poesía!, la emoción, la vivencia y el canto al aprendizaje. Y me escucharé al cantar, de manera serena, dejando que esa voz se haga coro y resuene en el templo de mi cuerpo y lo que este emana. Cual mantra en sagrado sánscrito o canto gregoriano inmortal. ¿Me escuchas? ¿Escuchas mi voz? ¿Recibes la señal de mi corazón? Quizá debamos estar afinados en la misma onda… intentaré ajustar mi tono al tuyo, y tú haz lo mismo. Sin forzar nada, acercándonos, sin más. ¿Trato? ¡Ahora sí! Ahora sí que podemos avanzar en este camino juntos. Escuchándonos a nosotros mismos, escuchándonos entre nosotros, sin ni siquiera hablar. Mirándonos con el corazón y atrayendo lo mejor desde ese estado puro y pleno para decirlo todo. Recuerda que atraemos lo que somos, y que juntos seremos aún más capaces de atraer grandes cosas, siempre y cuando lo conjuguemos desde la belleza y el amor. Dándonos por completo. Y solo desde ahí entenderemos el valor de nuestro anhelo interno, de ese grito que pide ser. Y solo desde ahí asumiremos que somos parte del cambio, propio y global. Mira y escucha de manera consciente y da voz a lo que te dicta tu Ser con el compromiso que te expande hacia un nuevo paradigma, donde una expresión lo llena todo: la dicha de amar y ser amado. Ábrete a la experiencia de absorber estas páginas como quien desea ser cuestionado y transformado. Este libro de mi admirado Cala es un precioso regalo lleno de desafíos evolutivos y prácticas comprobadas para afinar los oídos y repotenciar la coherencia «mente-cuerpo-corazón».

ANNE IGARTIBURU
Comunicadora y divulgadora del bienestar emocional

INTRODUCCIÓN

«En tu rareza está la semilla de tu grandeza». Ojalá alguien me hubiera dicho esto a los siete u ocho años, cuando en mi mente empezaba a entretejerse el laberinto de creencias, autojuicios y noticias falsas sobre ese incipiente e inseguro ser que fue Ismael niño. La misión de este estudio es liberar al niño atrapado en el engaño de una ilusoria historia, un niño que empieza a escuchar y despertar al adulto entre las sombras y el peso de sus secretos; esos que son el espejismo miope más brutal que un ser humano afronta en su verdadero desafío de una escucha neutra y amorosa, entre quien ha creído ser por cómo el entorno le condicionó y aquel que verdaderamente es, más allá de los límites de la mente, el ego, la educación y las herencias genéticas, epigenéticas y espirituales.

Nos enseñaron a hablar y se preocuparon de que aprendiéramos a pedir algo y a decir gracias, pero poco nos enseñaron a entender el complejo mundo de la escucha. Muchos seres humanos no han permitido que sus oídos escuchen sin narración interna el libreto original que define su existencia. Es tan fuerte el guion de la mercadotecnia social que nuestras cabezas y nuestros oídos viven en el bullicio y niegan el silencio, que es la llave maestra a esta escucha multidimensional en todo sentido: cognición, emoción, cuerpo y campo electromagnético, y sobre todo esa escucha que es de doble vía para entender qué yace escondido en nuestro inconsciente y qué permitimos que, aún dormidos, penetre en ese inconsciente para reprogramar con menor resistencia los límites de lo que hoy somos.

Este es un libro para entender y elevar la calidad de lo que habita en tus oídos. Si llegas a aplicar todo lo que esta obra propone, tu vida no será la misma y tu mundo se abrirá a un fluir lleno de revelaciones y magia. Estas páginas están llenas de secretos para entender y liberar ese otro libro cargado con tus propios secretos, esos que no te permiten ser más libre de lo que hoy crees ser. Este es un libro abierto, y dentro de sus grandes y pequeños secretos, algunos son muy privados, y otros, secretos a voces…

Somos más felices cuando aprendemos a escuchar y a liberar el libro de nuestros secretos personales, eso que escuchamos una y otra vez en la caja sonora de nuestra mente y que nos hacen sentir vergüenza, culpa, miedo e impotencia, con lo que, sin cuestionar, permitimos darle forma a la identidad engañosa que creemos ser. Prepárate para explorar la piñata de tu mente para que juntos podamos descubrir el fascinante camino lleno de luz, verdad y mucho amor entre ciencia y consciencia, que nos eleva a la dimensión de lo sagrado entre lo mundano. Ese camino de verdadera indagación del infinito ser que eres, que somos tú y yo, nos lleva a ser estudiantes ilustres y virtuosos de «el arte de escucharte».

Quizá, todos nacemos igualmente dotados de gracia, inocencia y magia sin límites. Sin embargo, ese estado de profunda dicha y conexión empieza a desvanecerse cuando la mente piñata comienza a recibir órdenes, etiquetas, memes que nos confinan, la transferencia (sin mala voluntad) de miedos por parte de papá y mamá y toda una absurda avalancha de sesgos y condicionamientos hacia ese ser infinito y pleno que no llegaba a ser uno más de la manada o el rebaño. Pero poco duró la ilusión de pura magia.

«Education is the rush to conformity» [La educación es la carrera hacia la conformidad]: una vez leí esta poderosa sentencia y considero que, en efecto, la educación es un proceso para asegurar nuestra pertenencia a una familia, a una cultura, a un país o incluso a una

secta religiosa. La educación nos encuadra de forma limitante o da forma a nuestra identidad individual y también a nuestro muy particular y fragmentado sentido de pertenencia social. Si dejas a un niño sin educación, tendrás un ser sin muchas habilidades sociales y, al mismo tiempo, quizá, un ser que esté más en contacto con su esencia y en conexión con la naturaleza.

Este libro es un estudio de esa escucha amorosa y neutral, tanto interna como externa, que reemplaza y sana aquella escucha condicionante de nuestra educación y crianza llena de pensamientos limitantes, palabras, ideas, creencias y conjeturas que, con el paso del tiempo, se convirtieron en falsas verdades o *fake news* sobre lo que creemos ser en el mundo. Este libro es una invitación a activar tu pensamiento crítico reflexivo, que no es el pensamiento positivo, porque en este caso estamos hablando de aprender a escuchar y aceptar —incluso— aquella parte que no te gusta de ti o de las ideas que pasan por tu cabeza.

Durante el proceso de lectura aparecerán tus sombras, o tu parte oscura, sí, esa que cada ser humano descubre y muchos consideran su peor enemigo. En realidad, para nosotros, exploradores de consciencia, la sombra o el lado oscuro es simplemente parte de lo que soy o de lo que no soy y muchas veces recojo —o bien recibo, o bien reciclo— del entorno, el ambiente o la herencia psicoemotiva que ha forjado en nuestra personalidad. Muchas veces, en ese proceso verdadero y sin juicios de escucharnos, nos da miedo admitir aquello que nos hace parecer una mala persona (o, al menos, así es como lo sentimos). Sin embargo, aun el miedo a perder el control, el miedo a no conocernos, el miedo a la soledad, al abandono y al rechazo son grandes amigos y también indicadores de que estamos reconociendo quiénes somos en la fragilidad de esta naturaleza imperfectamente perfecta de seres humanos en proceso de evolución hacia la alta consciencia.

Actualmente, comprendo que la mayoría de los seres humanos se niegan (por temor) la oportunidad de llegar a conocer quién vive en su interior. Y optan por la difícil tarea de seguir complaciendo al aparentar ser ante los demás en esa imperiosa necesidad de aceptación o pertenencia.

Tú y yo estamos aquí para mirarnos a los ojos, decirnos la verdad, abrir el libro de nuestros secretos y empezar a liberarlos en medio de esa tergiversada ilusión de que esos secretos nos han dejado débiles y víctimas de determinados sucesos. El arte de escucharte te lleva al camino de borrar todas las huellas de victimización. Porque al final del cuento no son tus emociones las que deberían estar dictando el nivel de tu consciencia, sino tu propia presencia serena y neutral, con pensamiento crítico para dudar aun de tus propias interpretaciones de la realidad. Tu realidad personal como adulto cambia cuando tu personalidad cambia. Hay una sombra, llena de dudas, perturbaciones y oscuridad en los seres humanos; esa que muchas veces está más llena de preguntas que de respuestas. Y ser exploradores significa enfocar la luz en cada rincón en que se esconden el miedo, la duda, la desconfianza y hasta el no merecimiento. Esta parte oscura hay que afrontarla con compasión y mucho amor, llenos de empatía. Es la única forma de poder conocer lo que habita en nuestro inconsciente y confrontarlo. Sin este proceso de escucha genuina, la vida se convierte en un calvario de fricciones y abrumamiento, entre nuestras nobles intenciones de expansión y la inevitable contracción viciada por la costumbre de ser nuestra propia historia antigua retransmitida sin fin, en un total despropósito a lo que es tu misión de vida: creer, crear y crecer sin límites. Esa voz o voces de la sombra llegan sin previo aviso a desacreditar a los demás, a juzgar y, sobre todo, a compararte muchas veces con otros de una forma injusta y sesgada. Ahora bien, recuerda que cada vez que nosotros les creemos a esas voces de nuestra mente piñata estamos proyectando. Y proyectar es deshumanizar. Y ahí es cuando la sombra nos ensombrece y empezamos a justificar nuestra queja, nuestro odio, nuestra envidia y, sobre todo, las acciones no amorosas que las otras personas reciben. Si pensamos que hay personas malas, entonces nuestras voces creen justificar lo que les hagamos a dichas personas porque lo tienen más que merecido. El aprender a escuchar para crear paz es la filosofía para desterrar el odio y el dolor.

Nadie ha escapado de ese brutal proceso que nos enjaula en la casa de lo conocido, lo familiar, lo seguro. A todos, de alguna manera, nos quedan voces en la mente piñata que son anclajes de refuerzo y expansión o voces que aún siguen siendo grilletes invisibles ante el mundo y aparentemente irrompibles para quien los carga. Somos elefantes de circo adoctrinados y condicionados a no ver, cuando aún éramos indefensos y no teníamos conciencia propia, la ilusión de lo subjetivo en un aparente muy sólido y científico mundo en el que el desarrollo nos hizo memorizar datos para tergiversar el relato de lo que siempre hemos sido.

Tú y yo nos hemos quedado a merced de la memoria, saciados de conocimientos y bastante huérfanos de sabiduría. Sin embargo, nuestra personalidad no está escrita en una piedra. No es nuestra piedra de Rosetta. Es posible evolucionar, escapar del mediocre camino de ser un promedio en un universo donde parecernos demasiado es más un karma de apatía y desesperanza aprendida que la virtud de lo que fuimos con nuestro original derecho al nacer.

A los seres humanos se nos ha dado todo para crear aquello que aún parece vivir entre los imposibles. No hay misterios que no podamos descifrar. Si escuchamos entre líneas las leyes universales y los principios de la realidad profunda encontraremos que todo es dual. Todo es un mismo fenómeno de dos opuestos. La noche y el día, el frío y el calor, la luz y la oscuridad; inhalar y exhalar es respirar. Placer y dolor es sentir la vida. E incluso en el tema de este libro, la complejidad de lo dual me rebasa. Ya lo hizo una vez una década atrás, cuando publiqué mi primer libro, *El poder de escuchar*; ahora vamos a retomar el fascinante campo de investigación que me convirtió en escritor, mentor y profesor para tantos seres humanos que me han acompañado en libros, sonidos y letras a lo largo de mi bendecida carrera de comunicador. Escuchar tiene dos polos convergentes: interior y público. Y tu escucha te lleva a la lucha y, también, el saber escuchar te revela el final de esa lucha y la entrada en el reino de la verdad, la serenidad y la dicha. Ahí es hacia donde quiero acompañarte a lo largo de estas páginas, horas y días en que me tengas entre tus manos y entre tus oídos.

Hace diez años, el primer libro que escribí transformó al Ismael que te escribe hoy con total confianza para decirte que ya es hora de regresar al tema que más nos cuesta dominar a los seres humanos y, sobre todo, aprenderlo desbloqueando las interferencias socialmente inducidas. Como ya comenté, hace diez años publiqué un libro, *El poder de escuchar*, que se fue tejiendo y escribiendo «con vida propia» y en el que estuve trabajando dos años completos, escuchando el dictado que me llegaba a través de mi mente, que fue la depuración o purificación más liberadora que he vivido hasta hoy.

El libro fue un *bestseller* en varios países y me llenó de satisfacción, porque al hablar con total vulnerabilidad de esa voz interior que hay que rescatar y sanar, muchas personas sintieron alivio, paz, esperanza y fe a través de sus páginas. Todos los lectores agradecieron la valentía de no censurar un tema tan delicado como la salud mental. Porque, en realidad, cuando hablamos de escuchar, aprender a callar y morderse la lengua mientras alguien habla es mucho más fácil que entender con neutralidad y amor las voces de tu cabeza. Hay personas que no encuentran con facilidad el camino a la libertad, están entre barrotes sonoros, entre condenas a voz alzada pagando con mucha resignación ese destino limitado y limitante que vive entre sus secretos, sus decretos y, sobre todo, sus verdades hechas realidad.

No puede haber amor si lo que escucho dentro de mí me denigra, me compara y me castiga con reproches y lamentaciones de heridas del pasado, decretos adultos hechos sentencia ante un niño. Y la verdad es que poco espacio se abre para sanar esa voz si nuestro ego se enreda entre las aspiraciones de la masa y lo que socialmente nos vendieron como guion para el éxito.

El poder de escuchar sanó mis recuerdos de infancia, y sanó la voz de ese niño interior. Además, le dio total sentido a mi propósito de vida como formador o guía en el área del desarrollo humano. Y los testimonios sobre la importancia de abordar el tema entre parejas, padres e hijos, colegas y amigos me llevan a pensar que —en la actualidad más que hace diez años— debemos salvar a millones de personas de quedar perdidas entre tantas redes sociales, falsos perfiles, verdades a medias y noticias falsas.

Si no has leído mi primer libro te aconsejo que lo hagas cuando termines este. Con este nuevo libro regreso al tema de la escucha con una renovada y vasta experiencia en la que he conversado y entrevistado a miles de personas sobre este campo de estudio y he podido elevar, como mentor y profesor, la capacidad de comunicar asertivamente. Por el Cala Center de Miami, en Estados Unidos, ya han pasado decenas de miles de estudiantes, tanto por nuestro curso digital de oratoria y comunicación asertiva como por el curso *online* Cala Speaking Academy, un taller presencial de cuatro días que se celebra trimestralmente. A diferencia de muchos otros entrenamientos de oratoria y de cómo hablar en público, esta formación se sostiene en el ser y en aprender a escuchar y sanar el diálogo privado o interno, esas conversaciones que tienes a solas cuando nadie está escuchando y siempre hay alguien grabándolas como testigo fiel.

Es sorprendente ver cómo la mayoría de los seres humanos cree firmemente que no debería estudiar comunicación si ya domina un idioma que se aprende al nacer. Hablar no es comunicar y mucho menos conectar. De hecho, hay personas que podrían ser doblemente felices si hablaran menos y aprendieran a escuchar más, no solo a otros, sino a sus propias voces interiores.

Ahora resulta divertido para mí aceptarme y amarme como persona neurodivergente, con una mente que tuvo que buscar ayuda y echar mano de todo aquel recurso que encuentra una consciencia despierta que se observa con neutralidad.

Fui un niño diferente, pero nadie me dijo eso. El diagnóstico familiar más común fue: «Qué raro es Melitín». Ese niño era antisocial, no jugaba mucho con sus hermanos, siempre estaba aislado leyendo y estudiando solo en su habitación. Prefería escuchar la radio y no a otros seres humanos en conversaciones presenciales. A ese niño no le gustaba que lo tocaran, ni siquiera se sentía cómodo cuando su mamá le agarraba de la mano para cruzar una avenida.

De lo que hoy —a mis cincuenta y cuatro años— estoy completamente seguro y sé a ciencia cierta es que los seres humanos, parafraseando a José Ortega y Gasset: «No somos participios, no estamos hechos del todo, somos gerundios que nos estamos siempre haciendo». Y también estoy seguro de que tú mejorarás cuando aprendas más, y que sufrirás menos por los demás cuando liberes las cadenas de la dependencia de lo que escuchas en tanto es una opinión de otros sobre ti. Este libro desafía lo que aún seguimos escuchando de los cuatro poderes que condicionan al ser humano en la sociedad: la política, la ciencia, la economía y la religión.

Leyendo este libro y divirtiéndote, interactuando conmigo a través de los códigos QR y los materiales audiovisuales, que encontrarás al final de cada capítulo y que te llevarán a una página de recursos. Juntos transitaremos el camino de observadores de nuestra historia y nuestra realidad presente a visionarios con una voz interior y una escucha neutra capaces de usar las palabras para sanar heridas del pasado, ganar sabiduría e incluso inspirar a otros seres humanos a liberarse de sus propias «noticias falsas».

Vivimos realmente en un mundo de noticias falsas, en un bombardeo permanente a nuestros oídos y nuestra vista. Muchos caen en la trampa de creer todo lo que escuchan y ven. Y, sobre todo, esa trampa es una tumba con ventilación si las noticias falsas sobre quién eres o crees ser están tiñendo de gris el horizonte de tu destino o tu realidad personal.

Tu vida será tan estupenda como la historia que escuchas de ella en tu cabeza. Si no cabe en tu mente, no cabe en tu vida. Si eres capaz de escuchar y vibrar con decretos expansivos en tu mente, entonces hacia allí crecerá tu vida.

El arte de escuchar(te) es lo que te regalo, estimada criatura consciente, para que seas aún más libre de lo que hoy ya eres y dejes de ser prisionera de tu pasado para ser pionera de tu nuevo futuro. Esto mismo hizo por mí *El poder de escuchar*, catarsis entre lágrimas agridulces a causa de que comencé a reeditar, de forma neutra, esas voces de víctima que estaban en mi cabeza y también a abrir espacio para aprender a escuchar la voz de mi corazón, esa voz conectada con la verdad inmutable de lo que somos aun cuando la sociedad no sea capaz de definirnos o entendernos.

«Qué niño tan raro». Aún recuerdo oír esas palabras de mis parientes cercanos. También oí de sus voces afirmaciones en tono despectivo sobre mí. La realidad es que nadie te define si tú aprendes a definir tu voz y defenderla, pues ella está por encima de todas las otras que estuvieron y ya no están, las presentes y las que vendrán. *El arte de escuchar(te)* es un libro práctico y avalado por lo que me gusta tomar de la ciencia con consciencia, para que puedas llevar tu liderazgo hacia la honestidad, la autoexpresión, la comunicación no violenta y la escucha de tu cuerpo, que debe hablar bien claro. Pero, sobre todo, esta obra te llenará de paz, porque no estás roto y porque eres perfecto en tu imperfecta historia. Solo hay que reajustar en qué frecuencia te sintonizas, qué escuchas, y elevarte por encima de las situaciones a través de la escucha de tu testigo silente y amoroso. Este es tu mejor aliado y tu observador consciente. Ese que escucha cuando te hablas, quien recibe tus críticas y también tu autoelogio.

Y hablando de autoelogio: ¿cuándo fue la última vez que te dijiste algo lindo y sincero para permitirte escuchar esa voz que, llena de miel y compasión, te acompaña en este hermoso desafío de mejorar constantemente?

En nuestro PPP (*Personal Power Planner*, que elaboré para este libro), como primer ejercicio de este camino que recorreremos juntos quiero que escribas en estas líneas tu autoelogio para leerlo hoy y luego en voz alta, y lo grabes en tu celular como nota de voz. Este será un primer momento para conectar de manera más profunda con tu voz, esa voz que es tu huella digital sonora. El aprender a escucharnos con claridad mental, pureza de corazón y sinceridad de intención nos permite discernir con mayor confianza en el entramado de nuestras decisiones cotidianas.

_____

_____

_____

_____

_____

Sin darnos cuenta tendemos a responder a problemas complejos de nuestra existencia de forma automática, con la escasa y fragmentada información que archivamos en los procesos psíquicos conscientes e inconscientes. Acabamos de conocer a alguien y ya hicimos en milisegundos varios juicios conclusivos sobre esa persona. Y como no tenemos plena consciencia de lo que esconde la masa del iceberg sumergida en el inconsciente, creemos y confiamos en esas conclusiones sesgadas y tergiversadas obviando un sinfín de argumentos que no nos vienen a la pantalla de nuestra mente analítica.

Escapamos de ese hábito tan común de confiar en nuestro archivo para seguir creando un presente familiar y un futuro demasiado previsible. Escuchar desde la neutralidad y la compasión nos hace incluso liberarnos de la tiranía de buscar un propósito a la existencia humana; porque la escucha es justamente la vía hacia la dicha de disfrutar el camino sin hipotecar nuestro destino. Este gran sesgo nos hace víctimas inadvertidas de la extrema familiaridad de lo conocido y asumido como nuestra verdad e identidad.

Así que darnos ese elogio sincero es importante porque somos únicos. Repito: somos únicos.

¿Somos productos del azar?, ¿de la casualidad?, ¿o hay una causalidad sutil e intrínseca que no percibimos, pero que en gran medida sostiene energéticamente nuestra existencia? Entonces, realmente: ¿por qué estamos aquí? ¿Nuestra existencia tiene un propósito? ¿Alguna vez te has preguntado cuál es la probabilidad de que seas como eres? O, mejor aún, ¿qué posibilidad tienes de haber nacido?

El doctor Ali bin Nazir, de la Universidad de Harvard, realizó un estudio al respecto. Según sus cálculos, la probabilidad de que tus padres se conozcan es de 1 entre 20 000. Supongamos que la probabilidad de que se hablen es de 1 entre 10. Y la posibilidad de que ese primer encuentro se repita es también de 1 entre 10. Y de que establezcan una relación a largo plazo también es de 1 entre 10. Y la probabilidad de que esa relación tenga descendencia es de 1 entre 2. Es decir, la probabilidad de que ese primer encuentro casual engendre niños es de 1 entre 2 000. Es decir, esto nos habla de que la probabilidad de nacer es de 1 entre 40 000 000. Interesante, ¿no? Pero hay más. Esos cálculos están hechos sin lidiar con el tema de los óvulos y los espermatozoides. Una mujer fértil cuenta con unos 300 000 óvulos, mientras que un hombre produce 525 000 000 000 de espermatozoides. Cada una de estas células es única, por lo que somos el resultado de la unión específica de un espermatozoide y un óvulo.

Por lo cual, la probabilidad de que ese esperma en particular haya fecundado a un óvulo en particular es de 1 entre cuatrocientos cuatrillones. Si a esto le agregamos que para que ocurra el milagro, tus ancestros no deberían interrumpir su descendencia desde el comienzo de los tiempos, tendríamos una probabilidad de 1 a la 45 potencia. Una cifra que casi no se puede leer. Y, sin embargo, ¡estás aquí! Si a eso le sumamos que, durante todo tu linaje ancestral, el espermatozoide indicado, llamémosle espermatozoide rey, tuvo que fecundar al óvulo indicado, un óvulo reina, esto da una cifra de 1 entre 10 a la 2 640 000 potencia.

Finalmente, si tomamos cada una de estas cifras, el resultado final será que la probabilidad de que existas —tal y como eres— es de 1 entre 10 a la 2 685 000. ¡Es una locura de número, casi demencial!

En pocas palabras, la posibilidad de que estés aquí leyendo estas líneas es prácticamente cero. Y, sin embargo, ¡estás aquí! ¡Estoy aquí! Es muy desafiante pensar que, con esta probabilidad tan baja, no tengamos un propósito. Si la vida tal cual la conocemos ya es un milagro, y no sabemos el tiempo que nos queda, ¿por qué no lo aprovechamos? Por eso te invito a que te replantees la pregunta. No se trata de un por qué nacimos, sino para qué: ¿para qué vivo la vida?, ¿por qué me suceden las cosas que estoy viviendo? Y si eres único, ¿qué necesitas hacer para empezar a mover tu enfoque de lo externo a lo más preciado de la existencia?

Algo que he aprendido en los últimos veinte años es que somos los autores de las voces de nuestra mente; sin embargo, no deberíamos afirmar todo lo que llega o recogemos o heredamos de ella. Mi aprendizaje se resume en una frase: «Escucha con neutralidad, sin juzgarte al escuchar y sin juzgar las voces de tu mente». En mi caso, aprendí a observarlas. Porque la memoria humana es una herramienta prodigiosa que crea identidad, pero es inexacta y caprichosa. El arte de aprender a escucharte empieza con adquirir la neutralidad y apreciar que tu identidad actual está en gran parte distorsionada por tu memoria y, por lo tanto, por el relato que aún recreas cada vez que lo expresas o cuentas.

Parece inverosímil cómo no logro olvidar experiencias que preferiría no recordar y, en cambio, puedo olvidar aquellas que sí me gustaría mantener en la red de los recuerdos para poder revisitarlas con frecuencia.

Muchos de nuestros recuerdos magnificados en el tiempo son creencias que sustentan los pilares de ese templo mayor que forma nuestra personalidad. Sin embargo, el autoconocerte te modifica, porque a través de la verdadera escucha eres el sabio escritor —o la sabia escritora— que vuelve a la escena y corrige el final, o un diálogo, o incluso quizá la interpretación de la situación y sus voces protagonistas. Añado algo más: esta sabiduría neutra hace que al escribir y actuar la secuela de esa experiencia, la próxima escena esté llena de las acciones preventivas e incluso correctivas para crecer y ser resiliente en tu línea de vida.

Aunque pensemos que los recuerdos se archivan en modo *default* (es decir, predeterminado) o automático, sin ninguna intervención de nuestra voluntad electiva, esto no es tan así. Por eso posteriormente logramos resignificarlos.

Nuestras conversaciones a solas y nuestra escucha en silencio abren ventanas de evolución hacia ese estado próximo superior de consciencia de quién soy con mi historia y quién soy más allá de mi historia. La mayoría de los adultos hemos intervenido nuestra memoria y en cierto momento es más leyenda y mito que retrato fidedigno de lo que fue. Esa memoria inexacta y embriagada está saturada con tus alucinaciones interpretativas y de mucha ficción que termina llenando las lagunas de información que con el tiempo vamos creando.

Mi madre siempre me dice: «Ismael, eso que cuentas de tu niñez no fue tan así». Y yo le respondo: «Pues es lo que hay dentro con lo poco que ustedes me permitieron en su momento preguntar y hablar sobre tal tema o tal situación». Así pues, a la distancia, ya es más leyenda y relato que dato confirmado. Y esto sin contar que mucho de lo que nos sucedió de niños cayó en un saco de amnesia que hoy son recuerdos de brisa dispersa sobre el mar. ¿Y quién logra atraparlos?

¿Recuerdas qué tan pequeño o pequeña eras cuando empezaste a contarte historias? Ahí comenzó tu propio cuento, tu propia novela. Esa serie dramática que escribiste como víctima, detective o héroe. Y en ese relato hay de todo, como en una farmacia de antaño: gotas de miel y de sinsabor.

Escucha quién habla en tu mente y no creas todo lo que recuerde. Sorpréndete siendo tú quien observa a quien escucha y quien con toda la paciencia supervisa a quien se expresa.

Recuerda que todo cambia y que, como decía Heráclito: «Un hombre no puede bañarse en el mismo río, porque la segunda vez que lo hace no es el mismo hombre ni tampoco se trata del mismo río». Así son la memoria y tu diálogo con ella. Cada vez se modifica, y siempre «mortifica», porque crece en drama e intensidad. Por lo cual, suelta la historia pasada para escuchar entre líneas la nueva y verdadera historia.

Hay un elemento de no ficción en toda esta red mental, en la que también se insertan algunos matices de ficción. Observar y separar lo real es fundamental para que, cuando lo revises o relates, sea la enciclopedia de tu vida hecha audiolibro con tu propia voz.

No soy mi mente, tengo una mente.
No soy mi cuerpo, tengo un cuerpo.

Hace diez años escribí esto que acabas de leer, lo cual reafirmó que necesito fluir para no sufrir con el cambio, con la red mental creada por esta piñata llena de tanta mediocridad y pensamientos, experiencias, creencias limitantes o sesgadas, etc. Si todo esto ocurre en mi mente, imagínate cuando necesite usarla para comunicarme, especialmente con todos los desafíos que esto implica. Fíjate que en el periodismo tendemos a cubrir lo que sucedió hoy: una explosión, una rueda de prensa, un hecho trágico, una noticia inspiradora; pero es imposible cubrir las cosas o historias que suceden todos los días, pues tendemos a perdernos muchas de las historias de sufrimiento y lucha cotidiana y también las historias de crecimiento que suceden a diario. La mayoría de los hechos pasan todos los días y casi nunca generan noticias, porque son parte de lo que consideramos habitual. En el ámbito periodístico hay una batalla por captar la atención, pero no con fines que nos enaltecen, como la salud global o el desarrollo sostenible, sino como una manera de atraer más audiencia.

Tenemos que elevar nuestra consciencia para que los problemas cotidianos y sus soluciones sean noticias «de valor». Es la única forma de crear más equidad, aprendizaje, empatía, compasión y abundancia en este mundo y, sobre todo, de reprogramar la naturaleza morbosa de la noticia de suceso para poner énfasis en el valor del progreso equitativo, por ejemplo.

En general, creemos que nos conocemos bien y que no es necesario poner sobre el papel nuestros puntos fuertes y débiles. No obstante, es probable que necesites realizar un análisis para planificar los objetivos de tu vida en cierto momento, para examinarte con claridad y conocerte mejor, y así tendrás la información adecuada para cumplir tus objetivos. Por lo cual, ¿sabes qué es el FODA personal?

Las empresas utilizan los análisis FODA para evaluarse frente a sus competidores y formular estrategias a fin de desarrollar su negocio. De la misma forma, un FODA personal sirve para evaluar y reconocer las fortalezas, oportunidades, debilidades y amenazas de una persona. La clave para completar tu análisis FODA es tratar tu vida como un negocio y a ti mismo como un producto competitivo. El objetivo de dicho análisis es brindarte una nueva perspectiva de lo que haces bien, a la vez que te permite identificar tus retos y el camino que debes seguir. De esta manera, tendrás información precisa para tomar decisiones, obtendrás conocimientos que podrás utilizar para alcanzar tus objetivos, identificar bloqueos personales, incrementar tu productividad, mejorar tu imagen personal y profesional, así como desarrollar conductas deseadas en un entorno específico. El FODA personal te da la oportunidad de tener consciencia sobre quién eres y cuál debe ser tu ruta para mejorar continuamente. ¿Cuáles son los elementos de un FODA personal?:

1. Fortalezas (internas)

Visualízate como una marca para entender tus fortalezas, es decir, tus cualidades y habilidades positivas que te diferencien de los demás en el momento de plantearte un objetivo. Las fortalezas varían según la personalidad, la educación familiar, el autoconocimiento, la profesión que ejerzas y el lugar donde te desarrolles. Por lo tanto, el liderazgo, la inteligencia emocional, la resiliencia, la confianza, la oratoria, la comunicación asertiva, etc., son elementos completamente individuales.

2. Oportunidades (externas)

Identificar los factores externos en los que puedes apoyarte para conseguir tus objetivos, encontrar trabajo, iniciar un emprendimiento o cambiar un comportamiento. Este elemento variará en función del lugar y de las actividades que realices. Podrías beneficiarte de: aprender otra lengua, realizar una especialidad o un curso, crear una comunidad de apoyo en tu entorno físico, etcétera.

3. Debilidades (internas)

Una debilidad personal es un área de oportunidad para tu propio crecimiento. Las debilidades son las características que puedes mejorar para aumentar tus oportunidades laborales; por ejemplo, si eres desorganizado, impuntual o te cuesta adaptarte a los cambios, puedes trabajar sobre esos puntos para transformarlos a tu favor. Asimismo, puedes trabajar en aspectos como la inseguridad, la soberbia, la apatía, la impaciencia, el tener poca tolerancia a la frustración o escasa capacidad para trabajar en equipo, etcétera.

4. Amenazas (externas)

Aquí consideramos los desafíos que pueden perjudicar el alcance de tus objetivos. Algunas amenazas que podrían limitar a una persona son bajos salarios en la zona donde reside, falta de oportunidades de trabajo, un grupo familiar desafiante, crisis humanitarias y caída de la economía, entre otras.

¿Qué te parece si, antes de iniciar el viaje por este libro, haces tu FODA personal enfocado en tu proceso de comunicarte contigo y con otras personas? Así, te das la oportunidad de observar, explorar e identificar:

FORTALEZAS	OPORTUNIDADES
DEBILIDADES	AMENAZAS

¿Cómo te sentiste al hacer este ejercicio? ¿Identificaste algo que es vital para transformar tu poder de comunicarte?

Te recomiendo que te acerques a este libro sin expectativas y con plenitud mental, como el estudiante que sabe que al aprender habrá que desaprender mucho de lo asumido para instalar lo que actualmente es improbable y desconocido. Conversar es la mejor terapia para conocernos, entendernos y resolvernos como procesos evolutivos. Escuchándonos al conversar con nosotros mismos y con otros nos permitimos saber lo que los demás creen saber y ver, y así vamos puliendo el principio de la falibilidad. Escuchándonos con nuestro observador consciente activo, dejaremos de creer y aceptar los juicios precipitados y altamente imprecisos que hacemos sobre nuestro ser, nuestros talentos, nuestra historia y nuestro actual potencial.

La falibilidad y la reflexividad son principios que proceden de la economía y del inversor George Soros y su estudio del mercado financiero. La falibilidad es la subjetividad de las ideas que nos formamos sobre la realidad, pero que no son más que interpretaciones distorsionadas de la verdadera realidad. Es la idea de que ni tú ni yo ni nadie puede describir la realidad tal cual es; lo máximo que podemos lograr es describirla tal cual somos. Y quiero que no te quede duda sobre ello. En este sentido, agradezco a Mariano Sigman, quien en su libro *El poder de las palabras* tomó prestados brillantemente dichos principios, que fueron estudiados por la psicología y la sociología, y que Soros aplicó al mercado financiero con la misma premisa: resaltar su relevancia y llevarlos a la práctica para entender el pensamiento humano. La falibilidad nos asegura y alerta de que las ideas de la gente sobre el mundo nunca se corresponden con la realidad. Nada está exento de distorsión. Y en esta misma línea, la reflexividad nos plantea que si tenemos una teoría enunciada, actuamos como si ya fuera cierta y comprobada, dándole peso y solidez. Y eso nos lleva a las ya muy famosas profecías autocumplidas.

Así se especula en los mercados bursátiles, y así actuamos muchas veces en nuestra vida cotidiana, permitiendo que nuestros sesgos y teorías justifiquen nuestras acciones hasta creer que somos un reflejo fidedigno y confiable de la realidad. Pero no nos acercamos a su vasta e inalcanzable dimensión. Imagina que ni siquiera nuestros cinco sentidos pueden ayudarnos a describir la realidad circundante, porque todos están regulados con una limitada velocidad de banda ancha para no desquiciarnos con tanta información y con los estímulos que percibimos.

Los seres humanos contamos con cinco sentidos básicos que nos permiten percibir el mundo: vista, oído, olfato, gusto y tacto. Sin embargo, estos sentidos son muy limitados y solo nos posibilitan captar una pequeña parte de la realidad.

En primer lugar, nuestros ojos solo pueden ver las longitudes de onda de luz visible, que representan una fracción del espectro electromagnético. No podemos ver radiación infrarroja, ultravioleta, rayos X, etc. Del mismo modo, nuestros oídos solo detectan un rango limitado de frecuencias audibles. Hay infrasonidos y ultrasonidos que nos pasan desapercibidos.

En segundo lugar, la agudeza de nuestros sentidos también es limitada. Por ejemplo, solo vemos con claridad objetos dentro de un rango relativamente corto. Los olores y sabores que detectamos son aquellos solubles en agua o transportados por el aire, pero no podemos percibir directamente sustancias fuera de nuestro ambiente inmediato.

En tercer lugar, cada sentido funciona de manera aislada. No tenemos un sentido que integre la información de todos los demás y nos dé una percepción unificada de la realidad. Procesamos los *inputs* sensoriales por separado en nuestro cerebro.

Por último, nuestros sentidos están condicionados por nuestra biología y nuestras experiencias previas. Dos personas pueden percibir el mismo fenómeno de manera muy distinta según sus capacidades sensoriales innatas y aprendizajes anteriores.

En resumen, si bien nuestros sentidos nos permiten interactuar con el mundo, captamos la realidad de una manera muy limitada y subjetiva. Existen aspectos de la realidad fuera del alcance de nuestra percepción sensorial, por lo que es importante mantener una mente abierta.

Si se aplican estos principios al pensamiento humano, se generan algunas actitudes deseables como:

- Abordar las ideas propias y ajenas con apertura, admitiendo la posibilidad de error.
- Someter a prueba creencias e hipótesis para detectar sesgos o falta de rigor.
- Valorar la diversidad de perspectivas para ampliar la comprensión.
- Reconocer que ningún sistema de pensamiento tiene toda la verdad.
- Desarrollar el pensamiento crítico y autocrítico.
- Actualizar ideas a la luz de nuevas evidencias.

En síntesis, la falibilidad y la reflexividad en todo lo que vas a leer y escuchar en este libro nos ayudan a fomentar un pensamiento más integrador, flexible y racional, al admitir sus propios límites. Es decir, ayudan a contrarrestar el dogmatismo y la arrogancia intelectual.

Así que te hago una invitación: antes de continuar con la lectura de este libro, ten presente esta frase atribuida comúnmente a Thomas Gold: «Mantén la mente abierta, pero no tanto como para que se te salgan los sesos. La mente es como un paracaídas, solo funciona si está abierta». La analogía alude a que tener una mente abierta a nuevas ideas, perspectivas y posibilidades es importante para el buen pensamiento y el desarrollo intelectual. Sin embargo, se debe mantener un equilibrio y no caer en el relativismo extremo, en el cual «todo vale» y no hay fundamento racional.

La frase promueve tener una actitud receptiva pero crítica, cambiando de opinión cuando haya buenas razones, pero sin renunciar al rigor intelectual. Una mente abierta, pero con fundamento, como un paracaídas que se despliega pero siempre manteniendo su estructura.

Y es con esta mente abierta a la escucha y al rigor intelectual de cuestionar tu propio intelecto como te ofrezco más argumentos sobre estos principios que nos demuestran lo importante de estudiarnos y autoconocernos, para cuidar mejor de aquello para lo que nacimos: expansión en espiral ascendente hacia niveles más altos de consciencia, gozo, paz y bienestar integral. Por ello, préstame tus oídos para digerir estos dos principios que nos desplazan el velo del «maya» o la ilusión, la ignorancia de confundir ficción con realidad, lo efímero con lo eterno.

Este libro alimenta la expansión consciente de un instrumento y dos antenas receptoras con accesorios para la escucha. El instrumento es tu voz (interior y sonora) y las antenas son tus oídos y tu intuición corpórea y sagrada. Escuchando, crecemos. Si dejamos de escuchar, vamos a la deriva en un océano de cambios que debemos transitar. El escuchar que este libro propone es la brújula que evita el naufragio en esta hermosa travesía que llamamos vida. Abramos nuestros horizontes a través de la escucha integral en este arte que nos hace generar expansión sin límites desde nuestra fábrica de ideas. Y que es, en definitiva, lo que mueve el mundo: las ideas aferradas a una gran fe. Nos referimos a la FE como fuerza electromagnética, esa que mueve montañas, porque creemos en el poder de manifestación de lo que llega a nuestros oídos después de decantar —de manera depurada— la materia oscura para destilar la luz de la verdad profunda. La fe es, como se suele afirmar, la sustancia del deseo cumplido.

Cada capítulo de este libro tiene autonomía, así que siéntete con la libertad de leerlos y estudiarlos en el orden en que desees. Y la recomendación final es que en cuanto tengas la oportunidad, uses también el recurso de escuchar la versión que yo mismo grabé de este libro, y que incluso lo hagas mientras te quedas dormido o dormida, porque la escucha en trance semihipnótico, cuando nuestra mente analítica cesa, permite que nuevas ideas puedan llegar con menos resistencia a nuestro inconsciente, sin verse frenadas por el cuestionamiento y el sesgo de nuestra mente racional analítica.

Lee y escribe como te propongo, porque la escritura libre o automática es terapéutica y depuradora, y también escúchame en la versión audiolibro. Esta «trilogía» —que abarca leer con tus ojos, leer con tus oídos que saben escuchar, escuchar tus juicios mientras vas avanzando en la lectura y en la escucha, y con el complemento de la escritura automática, las meditaciones y las visualizaciones que te proponemos— es un proceso de transformación y con seguridad un dispositivo para no dejarte en el mismo lugar en el que te encuentras en el momento de tomarlo entre tus manos y leerlo.

Hay una frase que siempre regresa a mi mente como recordatorio de lo que somos. ¿Y qué somos? El resultado de nuestras conversaciones. Conversaciones que pueden ser de vanguardia y te inspiran a crecer, o conversaciones de rezago que son un viaje al pasado y te anclan a lo familiar y limitante. Es nuestro deber y derecho diseñar y entablar conversaciones de vanguardia que nos recuerden que aun lo bueno es el peor enemigo de lo mejor. Con curiosidad y sin tensiones, con gozo en el corazón y sin rígidos condicionantes nos embarcamos juntos en este poderoso camino que es arte con algo —o mucho, debo decir— de ciencia. Sin embargo, sus principios son exactos, y su aplicación, tan personal como historias individuales habitan sobre la faz de la tierra.

Ábrete a escuchar y a cuestionar aquello que escuchas, sin tensión ni críticas lacerantes y entendiéndote en ese universo donde solo el amor marca la diferencia y genera la maestría.

Al terminar este libro, tu escucha te permitirá evaluar si eres un observador pasivo de la realidad de tu vida y usas palabras que crean estigmas, condenas y sentencias limitantes, o si estás en el camino de escuchar tus voces y alimentar aquellas que usan las palabras para sanar y calmar, hacer el bien y la paz.

Quiero desarrollar de una forma simple algo que aprendí de la ciencia. Tu diálogo interior está creando a cada instante salud o enfermedad, paz o violencia, gozo o desesperanza, está siempre vibrando en amor o en ausencia de amor. Y todo esto pasa por el hermoso arcoíris de quién eres como ser anfibio y mutante en cada instante de tu peregrinaje. Somos anfibios porque nuestro cerebro se mueve entre el dato y el relato, los hechos y sus muy personales interpretaciones; y somos mutantes por diversas razones ya corroboradas. Aquí te explicaré más sobre esta línea de pensamiento que me llega a la pantalla de mi mente mientras escribo, investigo y canalizo información frente a la playa de Miami Beach, en una hermosa tarde de domingo.

Los seres humanos podemos considerarnos anfibios en el sentido de que nos movemos constantemente entre dos mundos: el de la imaginación y el de la razón. Por un lado, tenemos la capacidad de imaginar, fantasear, intuir y pensar de forma creativa y divergente. La imaginación nos permite trascender la realidad inmediata y explorar nuevas posibilidades, lo cual es indispensable para la innovación y el progreso.

Sin embargo, al mismo tiempo, los humanos poseemos la facultad de razonar, analizar ideas de forma crítica y extraer conclusiones lógicas a partir de premisas. La razón nos aporta rigor y metodología. Gracias a ella podemos construir modelos coherentes de la realidad, establecer causas y efectos, tomar decisiones sensatas y distinguir entre fantasías y hechos comprobables.

La tensión entre imaginación y razón a menudo se manifiesta en los dilemas entre el pensamiento artístico y el científico. Pero en realidad ambas son dos alas complementarias del intelecto humano. Las grandes creaciones e inventos se nutren tanto de la creatividad como del rigor. Un equilibrio entre estas dos facultades define al *Homo sapiens*.

Por otro lado, los humanos también somos mutantes en el sentido de que estamos en un cambio constante. A diferencia de otros animales, los humanos tenemos una plasticidad y versatilidad únicas. Tanto física como intelectual y emocionalmente, los individuos y las sociedades humanas estamos en un proceso incesante de transformación y adaptación a nuevos entornos.

En el nivel microscópico, las células de nuestro cuerpo se regeneran y se reemplazan continuamente. En el nivel macro, nuestros hábitos, ideas, identidad y relaciones se reconfiguran con el tiempo. Las innovaciones tecnológicas y los descubrimientos científicos nos obligan a adaptarnos cognitivamente. Nuestras emociones y estados anímicos fluctúan día a día. Incluso los recuerdos y las percepciones se reconstruyen a cada instante. No hay un «yo» fijo e inmutable.

Esta mutabilidad radical nos permite sobrevivir y prosperar en entornos siempre cambiantes. Pero al mismo tiempo nos coloca frente a la dificultad existencial de darles coherencia y propósito a nuestras vidas. Entre la imaginación y la razón, en un estado de cambio perpetuo, la condición humana se revela fascinante en su complejidad. Así, a lo largo de nuestra historia continuamos explorando las posibilidades de nuestra naturaleza anfibia y mutante.

El escuchar, tal como lo planteamos aquí, no solo se hace con la mente racional, sino con el corazón y todo lo que somos: seres inagotables y legendarios.

La razón ha sido ensalzada históricamente como la facultad que nos hace humanos y nos permite alcanzar el progreso. El pensamiento racional y analítico aparentemente nos libera de la ignorancia y nos acerca a la verdad mediante la ciencia y la tecnología. Sin embargo, detrás de sus indudables aportes, la razón tiene limitaciones que generan una cierta «miopía».

Una de las principales miopías de la razón es el reduccionismo. La ciencia moderna descompone los fenómenos en partes para estudiarlas por separado, pero a veces pierde de vista el todo. Así, el ser humano puede ser reducido por la biología a un mero vehículo de genes egoístas, ignorando otros aspectos esenciales como la conciencia, los valores o el sentido.

Otra miopía es el sesgo de confirmación. La razón busca evidencias que confirmen sus hipótesis predilectas, pero ignora aquella que las refuta. Esto lleva a encerrarse en paradigmas limitados y que se resisten al cambio. Por ejemplo, la historia está plagada de teorías científicas que eran defendidas apasionadamente hasta que nuevos descubrimientos obligaron a reemplazarlas.

Asimismo, la razón tiene dificultades para comprender fenómenos como las emociones, la espiritualidad o el arte, los cuales pertenecen a otras dimensiones de la experiencia humana. Al desconocerlos, la razón se empobrece. Intentar reducir el amor a meras descargas de dopamina sería un ejemplo de esta incapacidad.

Para superar su natural miopía, la razón requiere de la integración con otras facultades humanas como la intuición, la imaginación y la empatía. El pensamiento crítico y la lógica son pilares del conocimiento, pero deben equilibrarse con la sabiduría, la creatividad y la comprensión del corazón. Una razón más holística e integradora es el antídoto contra su propia limitación.

La magnífica capacidad de la razón debe ser celebrada, pero también comprendida en toda su complejidad y falibilidad. El camino del verdadero progreso pasa por reconocer sus puntos ciegos y trascenderlos en un diálogo fecundo con lo mejor de nuestro espíritu.

No podría terminar este texto sin usar la razón y la imaginación hechas poesía y canción: un poema de mi propia inspiración o, más exactamente, de esa conexión con el campo de todas las probabilidades y la potencialidad pura; la inteligencia divina dicta su oda cristalina y diáfana para cerrar este diálogo íntimo contigo:

Dios es amor, hágase el milagro

Bienvenidas las musas de la sabiduría en versos…

Escuchar, escuchar:
a puertas abiertas,
ideas sueltas,
lanzadas al mar,
al mar de la consciencia,
bañado de polvo estelar.

Hechos que se mueven
entre memorias y azar.
Recuerdos y proyecciones,
en una hechizada sala virtual.
Luz entre escurridizas sombras,
ilusiones y alucinaciones.
Mezcla entre verdad y mentiras,
voces que destilan jerigonzas…
Trabalenguas que la razón no descifra…
y solo el corazón perfila.

Oídos que caen al abismo,
de escuchar lo que ya saben,
desdeñar lo diferente,
eso que nos aleja de la gente…
diferentes en pensar,
distintos sin ser distantes,
bajo el mismo cielo y mar.

Escucha sin que te deslumbre…
el elogio más sublime.
Escucha con paz serena
la crítica más grosera
que a otros provoca derrumbe.
Eres mucho más que ideas, palabras y sensaciones,
eres quien las engendra, recibe y quien las recrea,
eres quien alimenta, desarrolla y manipula…
un mundo entre conjeturas
que luego se disfrazan de verdades.
Abre bien, mi gran criatura, tus ojos a la verdad,
oídos que más que en miel
se limpian con la bondad.

Sé fiel a tus fértiles preguntas,
comparte tus opiniones
siempre sintiendo razones,
para cuestionar lo que sabes,
entendiendo que esta vida…
es un laberinto entre verdades.

Que tu boca represente
la humildad del corazón.
Que tu lengua sea consciente
de su poder en acción.

Escucha en tu propio silencio
la gran sabia intuición
de saber que solo somos
un espejo, un gran reflejo,
un pedazo de universo
perfecto en imperfección.

ISMAEL CALA

Descubre, con tu curiosidad, a dónde
te lleva este código QR:

El arte de autoconocerte

Vida

Llegas sin cartillas
ni manual de pacotilla.
Te asomas a la luz
entre cantos de palomas.

Eres sabia y juguetona,
de Eva y Adán su costilla.
Marcas pauta en este mundo,
mientras libras unas zancadillas.

Vida que llegas atómica,
diminuta en tus semillas,
ocultando el potencial
bajo la luna en sombrilla.

Necesitas encontrar
dos que se quieran amar,
acoplarse en la templanza
de una noche sin revancha.

Vida eres y serás,
defensora de la risa,
justiciera en la desdicha
de quienes odian amar.
Vida tan sana y mundana,
te elevas por la ventana
del cielo multicolor.

Amas la libertad del Ser,
aceptas a los mediocres,
promueves a los creadores,
no juegas a medias verdades
con eso de las edades.

Escoges el tiempo ideal
para permitirnos soñar.
Sabes luego, vida mía,
frenarnos aquella utopía
de un camino sin escollos
abriendo ante todos un hoyo
que al penetrar nos compensa
con la luz de la verdad.

Ese brillo de tormenta
que en su interior sabe a paz.
Vida, qué vivaz que sos,
animada en tu primor,
sensata, sentida y tierna
en el drama del adiós.

Vida que tanto me das…
y que al final te nos vas,
honro el instante dichoso
donde tu aliento de gozo
escupe lágrimas de paz.

Ismael Cala
Escrito en el aeropuerto
de Asunción, a punto de
viajar a Buenos Aires, el
12 de marzo de 2022

CARTA A ISMAEL, DE PARTE DE ISMAEL, A SUS CINCUENTA Y TRES AÑOS, ESCRITA EN SEPTIEMBRE DE 2022

Hoy, hace cincuenta y tres años nació el tercer Ismael.

Trilogía de linaje entre abuelo, padre e hijo llevando el peso del mítico nombre bíblico.

Un Ismael que desde la niñez me conectó con el amor que José Martí sentía por su hijo, lo cual demuestra en su poemario Ismaelillo, *y con el hijo de Abraham y la egipcia Agar, a quien los árabes consideran progenitor de su raza.*

En hebreo Ismael significa «Dios escucha», y a estos cincuenta y tres años hoy cumplidos puedo atestiguar que esa abreviatura cómoda a la que llamamos Dios escucha los más profundos deseos que nacen en nuestro corazón. Y sobre todo aquellos que apuntan a la verdadera paz interior.

Hoy, más cómodo en mi propia piel, más libre de mente y más despierto en consciencia, entiendo que el tercer Ismael de mi familia tenía la misión de continuar una tradición o irse en rebeldía a formar una nueva ruta, como hizo el hijo de Abraham.

Ismael, mi abuelo, se suicidó; e Ismael, mi padre, murió en un sanatorio luego de haber sido diagnosticado de esquizofrenia, dejando atrás una brillante carrera de ingeniero químico.

El tercer Ismael, yo, creció en medio de esa herencia perturbadora y decidió, a sus quince años, romper esa cadena y pedir que Dios le escuchara para encontrar en su corazón un profundo amor que lo conectara con la verdad esencial y el propósito de la existencia. Eso que llamamos conexión sagrada.

Y en comunión con Dios y ese amor a Jesús y las diversas fuentes de las cuales he bebido, hoy puedo decir: «Dios siempre estuvo escuchando y guiando un camino de liberación y reivindicación a las tribulaciones del abuelo y del padre Ismael, a quienes honro y amo profundamente en la inmensa comprensión, cuyo dolor ha sido, a través de la desesperación, la fuente de mi liberación y crecimiento personal».

Hoy, 8 de septiembre de 2022, día de mi madre divina —la patrona de Cuba, Virgen de la Caridad del Cobre—, doy gracias a Dios por haber hecho el milagro, por haberme permitido soñar con conocer el mundo y, hoy, por sentir que el mundo es mi gran casa y en ningún rincón me siento extranjero.

La gran victoria es que hoy creo saber quién soy, me comprendo mejor y me logro superar más fácil y amorosamente.

Hoy, celebrando mis cincuenta y tres años, me siento de treinta y cinco en esa inagotable curiosidad de apreciar cada segundo de esta aventura que es vivir. Vivir para manifestar sueños, servir a todos los que pueda, con esos dones y talentos que Dios sembró como semillas, y la pasión que les hizo crecer en fuentes de creatividad.

Para este cumpleaños mis regalos ya están concedidos: salud radiante, una mente serena, alerta y reflexiva que cada día se abre más para abrazar la incertidumbre y ser más flexible, un corazón que se expande en bondad, compasión y amor sin fronteras y una muy cómoda liviandad del ser. Esos regalos ya llegaron y aquí los atesoro en mi alma peregrina.

Gracias a todos los que en estos cincuenta y tres años han sido parte de la historia de Ismael, a los que le quieren y a quienes le hicieron quererse más desde su repudio o indiferencia.

A todos esos maestros de amor o dolor: «Gracias profundas y eternas». Sin ustedes no estaría celebrando la persona que soy hoy.

Lo mejor está aún por llegar. Dedico este cumpleaños a mi padre, Ismael, quien desde el cielo me abraza con su paz bien merecida, y a mi madre, doña Tania, con sus setenta y cinco años vividos y llena de gozo en su alma bailando entre risas la vida.

Gracias a ambos por ser instrumentos del sagrado
y entre amor y desamor
habernos dado el regalo:
la vida que disfrutamos.
Los honro por lo que hicieron, los perdono cuando han fallado.
Al final, todo es ganancia
cuando nunca hubo
desamparo.
Bienvenido un nuevo año cargado de evolución.
Happy birthday to Ismael.
God is listening all the way.

CÓMO HICE ESTE ISMAEL

Yo era un mesero recién salido de Cuba y estaba en Toronto, Canadá, cuando descubrí a Tony Robbins en una teletienda de televisión. No tenía suficiente dinero para terminar el mes y pagar la renta, aún estaba aprendiendo inglés. La primera vez que vi el infomercial, mi mente llena de miedos y carencia dijo: «No puedes, no tienes, no te atrevas». La segunda vez también pensé lo mismo, pero a la tercera, en una noche de insomnio, vi nuevamente con tal fuerza y pasión el mensaje de Tony que me dije: «Reacciona, Ismael», y compré ese primer programa de desarrollo personal que, *wow!*, derribó mil paradigmas dentro de mi mente —a la que llamo «piñata de la vida», porque es allí donde papá, mamá, la escuela y la religión vierten sus verdades, que uno compra como propias.

Ese mes del año 2000 no me alcanzó para la renta y aun así estaba feliz porque mi umbral de merecimiento se estaba expandiendo y sabía que podía aspirar a más.

Durante muchos años seguí a Tony a través de audios y videos, hasta que en 2014, cuando yo ya era el reconocido periodista de CNN en Español que conducía el programa *Cala*, me llegó a través de un amigo la invitación exclusiva, solo para 120 personas, para ir a Fiyi a celebrar los veinticinco años de *Date with Destiny* con Tony Robbins.

¿Y sabes qué? De aquel Ismael que en el año 2000 no tenía ni 350 dólares para pagar ese producto televisivo, el regalo fue que en aquel momento podía costear los diez mil dólares para pasar una semana con Tony más los costos del avión y el hotel.

Y en ese encuentro le conté el testimonio del mesero y el impacto de cómo él, entre otros maestros, me ayudó a creer más en mí para crear más abundancia y prosperidad en una mente que supo cómo manejar sus miedos y hacerlos aliados. Todo es posible: *si cabe en tu mente, entra en tu vida.*

Hoy vengo a recordarte que eres un ser extraordinario, que tu mayor razón de ser y existir es autoconocerte para comprenderte mejor y superarte. Vengo a recordarnos que para crear fortunas y disfrutar del éxito en logros y hazañas, primero hay que construir un poderoso imperio interior que sea el cimiento sólido, las raíces de ese líder flexible, consciente, exponencial y altruista que es el líder bambú, el líder que hoy el mundo necesita.

Cada uno de nosotros tiene una historia, pero a veces esa historia ha sido contada y vuelta a contar desde la mirada de la víctima, y no desde los lentes de un líder o una mente que sabe gerenciar sus miedos. ¿Has abierto alguna vez la piñata de la mente para, con neutralidad, encontrar cómo reescribir esa historia?

Yo, por desesperación, tuve la oportunidad de hacerlo.

El Ismael actual es el resultado de un proceso de cambio y evolución, que, por cierto, no fue el resultado de la educación formalizada que recibí, sino, al igual que Tony, de una búsqueda muy personal para encontrarle sentido a la vida. En este sentido, hay dos días importantes que debemos celebrar en nuestra vida: el día que nacimos y el día que descubrimos para qué nacimos.

Hoy puedo asegurarte que tu origen o tus predisposiciones son solo eso, un punto de partida, pero no tienen que convertirse en tu destino o punto de llegada. Tú eres el protagonista de tu historia. Tú eres un cocreador poderoso de tu obra maestra, que es ese destino que vas creando. Destino son las huellas que voy dejando mientras labro mi camino.

Al igual que tu historia, la mía también tiene su cuota de drama y dolor. Eso es lo que la convierte en una historia humana digna de ser contada. El dolor es inevitable para el crecimiento, pero el sufrimiento es opcional. A ese niño que sus padres llamaron Ismael se le ocurrió buscar sentido a su «sinsentido» de miedos e inseguridades de infancia y adolescencia.

A los quince años me tocó visitar a mi padre en un hospital psiquiátrico, cuando estaba siendo tratado por esquizofrenia después de una brillante carrera como ingeniero químico. Vi cómo, después de recibir electrochoques, mi padre no tenía conciencia de sí. Por lo que ese joven, en medio de todo tipo de crisis de identidad y miedos por perder el control de su mente, en un momento se dijo: «No puedo aspirar a terminar como mi padre»; un padre a quien hoy honro con mucho amor y sobre todo compasión.

Ese día empezó el cambio hacia un destino que me alejó de la historia de suicidios en serie que hubo en mi familia y que me ayudó a encontrar la manera de hacerme cargo de mi cerebro, mente y consciencia.

Y aunque no sabía cómo hacerlo, ese día lo inicié con un decreto: «Dios, ayúdame a salvarme; yo haré todo lo que pueda para ello». De ese adolescente medicado, con depresión y ansiedad, el viaje de la consciencia me ha brindado la posibilidad de ser entrenador y mentor para muchas otras personas que aspiran a crear la vida que merecen. Y sepan que todo es posible. Como dije, si cabe en tu mente, cabe en tu vida. Si lo sostienes en tu mente, lo sostendrás en tus manos.

Todo cambio comienza por encontrar un norte, un propósito, un decreto de expansión. Por ello, no compres las historias, los dramas y las crisis de otros. Y súmale neutralidad a tus propias crisis para que veas cómo las superas de manera más eficaz y conviertes tus heridas en sabiduría.

¿Quién soy yo?

> *Solo podrás aprender a cuidar de ti si te conoces.*
>
> Sócrates

Hace más de tres mil años, en el vestíbulo del templo de Delfos, que estaba dedicado al dios griego Apolo, ya se leía la frase: «Conócete a ti mismo». La gente iba hasta allí para que el famoso oráculo de Delfos le dijera cuáles eran sus responsabilidades como seres humanos, y así no sobrepasar la frontera que los separaba de las responsabilidades de los dioses. El primer consejo que le daba el oráculo era: «Conócete a ti mismo».

Cerca del año 400 a. C., Sócrates también repetía la misma frase a sus discípulos porque, según decía: «Solo podrás aprender a cuidar de ti si te conoces». Repito, para que lo leas de nuevo, y además lo resalto: **«Solo podrás aprender a cuidar de ti si te conoces»**.

La pregunta *¿Quién soy yo?* es la más básica y la que más se pasa por alto. Pasamos nuestros días diciéndonos a nosotros mismos o a los demás que somos alguien importante, alguien sin importancia, alguien grande, alguien pequeño, alguien joven o alguien viejo, pero en realidad nunca abordamos esa cuestión más básica. Si afirmas que eres bueno o malo, ignorante o elevado, solo estás diciendo conceptos que tienes en la mente.

Si no podemos responder a dicha pregunta, puede significar, por ejemplo, que estamos atravesando una crisis de identidad, un periodo de nuestra vida en el que experimentamos profundas dudas sobre nosotros mismos y sobre el sentido de la existencia. Pero entonces, ¿cómo podemos responderla? Podemos abordar esta pregunta, central para el desarrollo personal de todo ser humano, desde diferentes ópticas o puntos de vista.

Punto de vista biológico

Respecto a la pregunta *¿Quién soy?*, la biología me responde que soy un *Homo sapiens*. Ante mi mirada de incertidumbre y vaguedad, me explica que los *Homo sapiens* son el resultado de miles y miles de años de evolución y mutaciones genéticas. Unos pocos cientos de centímetros cúbicos más de capacidad craneal que un chimpancé común nos permitieron ser como somos con unas determinadas características (espina dorsal, andar bípedo, dotados de razonamiento y capacidad simbólica, lenguaje elaborado, un largo aprendizaje, etc.). Pero esta clasificación me parece artificial y poco adaptada a mi carácter literario e inquisitivo. Mi carácter aventurero me impulsa a salir a buscar otras respuestas.

Punto de vista humanista

Cuando nos comparamos con el resto de los mamíferos, acostumbramos a dar cuenta de nuestra capacidad única para reconocer nuestra existencia y la de los demás, en tanto que somos seres con motivaciones, objetivos y puntos de vista diferentes y cambiantes. Somos, de algún modo, **seres conscientes**. Esto es solo una cara de la moneda.

Y es que si bien estar dotados de consciencia puede resultar ventajoso, es una fuente de problemas que el resto de las especies no tienen que afrontar. Y uno de esos posibles problemas surge justamente con esta pregunta clásica: *¿Quién soy yo?*

Se trata de una de esas preguntas existenciales que si no sabemos responder, pueden llegar a convertirse en un obstáculo a la hora de ser felices y encontrar bienestar, no ya en los grandes proyectos, sino en todos los detalles de la vida cotidiana. Pero no poder responder a esta pregunta en un momento de nuestras vidas no quiere decir que todo esté perdido. Actualmente no hay nada que nos haga suponer que plantearse de modo adecuado, y responder con éxito, la cuestión de *¿Quién soy yo?* sea, en sí misma, una capacidad innata, algo inamovible e independiente de nuestras elecciones y el ambiente en el que elegimos vivir. En ocasiones, es necesario volver a hacernos esta pregunta para seguir creciendo, pues es un indicador de que estamos en el camino correcto.

Además, hay que tener en cuenta que, desde el primer minuto, nuestro conocimiento sobre nosotros mismos está limitado. Aunque parezca engañoso, muchos aspectos de nuestra propia personalidad son conocidos en mayor profundidad por quienes nos rodean que por nosotros. ¿Por qué? Porque nuestra visión sobre mucho de lo que hacemos está sesgada por la domesticación. Dado que nuestra vida es más importante para nosotros que para la mayoría, tenemos interés en deformar la realidad, la interpretación sobre lo que nos ocurre, para que encaje en esa narración que hemos creado para darle una respuesta a la pregunta *¿Quién soy yo?*; la historia que supuestamente explica lo que es nuestra existencia como individuos. Así pues, debemos ser humildes a la hora de extraer conclusiones acerca de quiénes somos y admitir que siempre hay espacio para la rectificación.

No estoy diciendo que la clave esté en saber responder a este tipo de preguntas con una frase específica, o como si fuera un eslogan de un certamen de belleza; lo importante es comprobar, desde nuestra propia subjetividad, hasta qué punto podemos reconocer una serie de ideas e imágenes que identificamos con nosotros mismos. La respuesta a la pregunta *¿Quién soy yo?* se encuentra siempre más allá de las palabras.

Punto de vista psicológico

La identidad se va forjando a lo largo de la vida, pero hay una etapa o periodo crítico en que esto tiene especial relevancia: la adolescencia. Ya lo resaltaba el psicólogo Erik Erikson en su teoría del desarrollo psicosocial. Erikson afirma que el mayor obstáculo que debe afrontar el desarrollo del ser humano es el de establecer una identidad.

Los seres humanos pasan por un periodo de autoconocimiento y empiezan a hacer grupos de amigos, a relacionarse explorando su sexualidad o a pensar en sus opciones de futuro. Pero, además de este autoconocimiento, el «¿quién soy yo?» también afecta y se ve afectado por la autoestima: ¿me quiero mucho, poco o nada? ¿Soy lo que quiero ser? Y la autoeficacia: ¿soy capaz de ir adonde quiero ir? ¿Soy capaz de ser lo que quiero ser?

Por tanto, saber quién eres te hace más fuerte y, a pesar de las adversidades que puedan presentarse en tu vida, te ayuda a superar las dificultades. Entonces, ¿la crisis existencial es una crisis de identidad? Si solo miramos la superficie, sí.

Saber «quién soy yo» para algunos individuos se convierte en una pregunta complicada, pues les da miedo afrontar la realidad. Cuando no sabes quién eres ni sabes el camino que quieres seguir en la vida, la ansiedad, el malestar y el miedo pueden tomar el control sobre ti. Esto es lo que se conoce como una crisis existencial, y puede ser mentalmente muy agotador, además de provocar trastornos psicológicos si no se resuelve la situación de manera adecuada.

Erik Erikson definió la identidad como «ese pilar básico que todo adolescente debe clarificar para embarcarse en una madurez más segura y feliz».

Ahora bien, la realidad nos dice que muchos de nosotros llegamos a la edad adulta arrastrando la misma pregunta: *¿Quién soy yo?* Así, y según nos explica un estudio publicado por la escuela de psiquiatría y medicina de la Universidad de California en la revista *Journal of Research Practice*, parece ser que en cada uno de nosotros habitarían varios «yos», esto es, diversas identidades sin clarificar y que nos cuesta mucho definir. Está, por ejemplo, ese yo social que busca encajar en todos sus entornos. Está, a su vez, ese yo más íntimo, con sus propias necesidades, ansiedades y pulsiones. Y, por último, está ese yo ideal, ese que aspira a ser de tal modo, a alcanzar ciertas metas y objetivos.

Por otro lado, un aspecto más que evidente es lo poco que nos cuesta explicar cómo son los demás. Definir los defectos y las virtudes ajenas es una tarea que a muchas personas no les supone esfuerzo alguno. Así, cuando les preguntan «¿Cómo es ella o él?», empiezan a hablar con fluidez y seguridad, poniendo ejemplos reales que acompañan a cada adjetivo que proyectan.

En cambio, si a esas mismas personas les pides que se autodefinan, sufren un paradójico y extraño mutismo. Y es algo mucho más habitual de lo que podemos pensar. ¿Por qué es así? ¿Por qué no sabemos responder a un simple «¿Quién soy yo?»?

> *Hay tres cosas extremadamente duras: el acero,*
> *los diamantes y el conocerse a uno mismo.*
>
> Benjamin Franklin

¿Quién soy yo? ¿Soy quien se refleja en el espejo? ¿Soy lo que pienso? ¿Soy lo que me ha pasado o a lo que me gustaría aspirar en un futuro? Todas estas preguntas son válidas para definirnos. Porque, en realidad, la propia identidad es un rompecabezas de cientos de piezas en el que todo debe encajar: somos lo ya vivido y lo deseado, somos un cuerpo, pero también nuestras emociones, pensamientos, valores y deseos. Por tanto, para aspirar a esa identidad firme, valiente y resuelta, necesitamos hallar armonía interna entre todas esas piezas interiores. Necesitamos estabilidad, aceptación, amor propio, fortaleza interior y un toque de ilusión. Porque **nuestra identidad debe verse como un proceso continuo**. No es una imagen instantánea y estática, sino un estado que está en constante cambio y crecimiento, y de ahí que nunca deban faltar la esperanza y el optimismo para dar forma a una identidad más luminosa y capaz de alcanzar sus metas.

Así pues, para pensar en ello, sería positivo que de vez en cuando destines un tiempo para tener una cita contigo. De este modo, podrás reflexionar sobre quién has sido, quién eres y en quién te estás transformando. Para que, de nuevo y cada cierto tiempo, te hagas esa pregunta: *¿Quién soy yo?*

Esos momentos de introspección, de reflexión en soledad, te ayudarán a conocerte y a descubrir tu propia verdad. Solo si te preguntas quién eres, encontrarás las respuestas dentro de ti. Respuestas que en algún momento esperabas que te dieran otras personas, pero que realmente eres tú quien debe descubrir.

Ten presente que *el mundo no es como es*, sino *como estamos siendo*. Observa siempre desde qué lentes te estás mirando y estás mirando todo lo que te rodea (personas, situaciones, etc.). ¿Observas desde el amor o desde el miedo?

Por último, y retomando la frase de Sócrates, recuerda que tú tienes la capacidad de elegir lo que es mejor para ti cuando te conoces. Una vez que sabes quién eres, es más fácil definir qué quieres y aumentar así las probabilidades de que tus decisiones sean más acertadas.

Punto de vista religioso

¿Cuál es esa misteriosa fuerza que otorga vida, moldea nuestro ser y da forma al mundo? Diversas enseñanzas religiosas nos dicen que no somos quienes creemos ser, pero esto no implica que no exista un yo o una búsqueda del verdadero ser. Los místicos persas sostienen que somos destellos divinos, mientras que los cristianos ven en nosotros la plenitud de Dios. Otros afirman que somos uno con todas las cosas, mientras hay quien considera que el mundo es una ilusión.

Hay enseñanzas que explican cómo la consciencia da vida para experimentar todas las posibilidades y también el amor, así como para conocerse a uno mismo. Por otro lado, algunas indican que la consciencia se desvía en patrones y se extravía en la ignorancia durante su encarnación. Los yoguis hinduistas llaman a este mundo una *lila*, una danza divina. En el cristianismo, se emplea la culpa para moldear el concepto del *yo*.

Cuando los textos cristianos hablan de perder el yo en Dios, cuando los taoístas y los hinduistas hablan de fusionarse con un Yo Verdadero al margen de toda identidad, y cuando los budistas hablan del vacío y del *no yo*, ¿a qué se refieren? El vacío no implica que las cosas no existan; la ausencia del yo tampoco significa que nosotros no existamos. El vacío se refiere a la unicidad esencial de la vida y a la fuente fértil de energía que da origen a todas las formas de vida. Nuestro mundo y nuestro sentido del yo son un juego de patrones. Cualquier identidad que podamos capturar es transitoria, tentativa.

Punto de vista budista

Desde la perspectiva budista, encontramos cómo la consciencia misma da forma al mundo como un sueño o un espejismo. En las vivencias cercanas a la muerte, algunos relatos modernos hablan de un alivio maravilloso al dejar el cuerpo, encontrando luz áurea y seres luminosos, lo que sugiere que a menudo no somos plenamente conscientes de nuestra verdadera identidad. Al adentrarnos en la meditación y explorar el yo y la identidad, descubrimos dos dimensiones fundamentales: el no yo y el verdadero yo.

Buda, en su noche de iluminación, afrontó el dilema de la identidad y llegó a la revolucionaria conclusión de que no existimos como seres separados. Buda nunca habló de los humanos como entidades fijas o estáticas, sino como una serie de procesos en constante cambio: el cuerpo físico, los sentimientos, las percepciones, las respuestas y el flujo de consciencia que los experimenta.

Nuestra sensación del yo surge cuando nos aferramos a esos patrones o nos identificamos con ellos. Esta identificación puede ser sutil y pasar desapercibida en nuestra consciencia. Nos identificamos con el cuerpo, los sentimientos y los pensamientos, y también con roles sociales y arquetipos culturales. Sin embargo, estas identidades no son nuestra verdadera esencia.

En la meditación profunda, podemos comprender el «vacío del ser» en múltiples formas. Observamos que no podemos poseer nada permanentemente; todo en el mundo es transitorio. Incluso nuestro cuerpo sigue sus propias leyes y cambia con el tiempo, independientemente de nuestra voluntad. Además, experimentamos cómo todo surge del vacío, danza un breve instante y luego desaparece. Nuestras experiencias pasadas desaparecieron, y cada momento presente también se disuelve en el flujo de la vida.

A medida que nos abrimos y nos vaciamos, reconocemos la interdependencia de todas las cosas. Todo está conectado y condicionado por un origen común. Cada experiencia y situación contiene todo los demás.

Como describe Jack Kornfield en su libro *A Path with Heart: A Guide Through the Perils and Promises of Spiritual Life*, cuando suena una campana: ¿es la campana lo que escuchamos?, ¿es el aire?, ¿es el sonido en nuestros vehículos? ¿O es nuestro propio cerebro el que suena? Es todas estas cosas. Como dicen los taoístas: «Suena lo intermedio». El sonido de la campana se escucha en todas partes, en los ojos de todas las personas a las que conocemos, en cada árbol e insecto, en cada respiración…

Cuando nos sumergimos en la percepción de esta interconexión y el vacío del que emerge todo, encontramos liberación y una profunda felicidad. Descubrir el vacío nos brinda una sensación de ligereza en el corazón, flexibilidad y alivio que abraza todas las cosas. Esto es lo que todos anhelamos: la paz interior y la comprensión de nuestra verdadera naturaleza.

Punto de vista cuántico

Los físicos del pasado dividieron el mundo en dos aspectos aparentemente separados: materia y pensamiento y, más tarde, materia y energía. No obstante, estas dualidades no son tan distintas como se creía. Durante mucho tiempo, hemos concebido la realidad como algo predeterminado, limitando nuestro poder para cambiar las circunstancias con nuestras acciones o pensamientos.

El modelo clásico newtoniano consideraba todo como sólido y la energía se veía simplemente como una fuerza que afectaba la materia. A través de estas ideas, se estableció una visión mecanicista de la realidad, en la que el ser humano parecía tener una mínima influencia en sus resultados. Sin embargo, la energía es más que eso, es el tejido mismo de lo material y responde a la mente.

Con esta percepción, no es de extrañar que muchos comenzaran a dudar del impacto de sus acciones y pensamientos en el universo. ¿Acaso no nos considerábamos a menudo víctimas de las circunstancias? Pero en la actualidad, concebimos nuestra existencia como parte de un vasto campo de energía invisible, que contiene todas las realidades posibles y que responde a nuestros pensamientos y emociones.

Más tarde, la obra de Albert Einstein, con su famosa ecuación $E = mc^2$, demostró que la materia y la energía están interconectadas, desafiando las ideas de Newton y abriendo paso a una nueva comprensión del universo. En el nivel subatómico, se hizo evidente que el modelo dualista newtoniano no era suficiente. Los elementos fundamentales de nuestro mundo físico, como los electrones, protones y neutrones que componen los átomos, se comportan como ondas de energía y como partículas de materia, dependiendo de la perspectiva del observador. Para entender verdaderamente cómo funciona el mundo, es necesario adentrarse en sus componentes más diminutos.

Los físicos cuánticos descubrieron que la persona que está observando las infinitesimales partículas del átomo afecta la conducta de la energía y la materia. Los experimentos demostraron que los electrones existen como una infinidad de posibilidades en un campo invisible de energía; pero solo cuando el observador se fija en cualquier localización de un electrón es cuando ese electrón aparece. En suma, una partícula no puede manifestarse en la realidad, es decir, en el espacio-tiempo tal como lo conocemos, hasta que es observada. La física cuántica llama a este fenómeno «efecto observador». Ahora sabemos que en el momento en que el observador busca un electrón hay un punto concreto en el tiempo y el espacio en el que todas las posibilidades del electrón se colapsan en un suceso físico.

Con este descubrimiento, mente y materia ya no pueden seguir considerándose dos cosas distintas; están intrínsecamente ligadas, porque la mente subjetiva ejerce cambios perceptibles en el mundo físico objetivo.

¿Empiezas a entender por qué este apartado se llama «Punto de vista cuántico»? En el nivel subatómico, la energía responde a tu atención y se convierte en materia.

Pero, entonces, *¿Quién soy yo?* A modo de conclusión de todos los puntos de vista antes mencionados:

- Lo que «soy» es una cosa, lo que «estoy siendo» es otra.
- Somos iguales en la esencia del «yo soy».
- Mi interpretación de los hechos influye en lo que «estoy siendo».
- Mi realidad depende de qué tipo de observador estoy siendo.
- Mi observador contribuye a la creación de mi identidad, ya que establece «mi propia verdad» o «mi propio punto de vista de lo que soy».
- Mis creencias desde mi punto de vista humanista, religioso, biológico y psicológico influyen en mi percepción del «yo soy».
- Mis emociones influyen en mi percepción del «yo soy» y de lo que «estoy siendo».

Afrontémoslo: ninguno de nosotros es perfecto. Somos aprendices de la vida. Por ello, detén el juicio y el autojuicio, porque al no tener el observador entrenado, no sabes qué es realidad o qué es percepción, qué es un «hecho» o qué es un «juicio» o una «interpretación».

Todos abrigamos el mismo deseo: queremos vivir como una versión idealizada de quien pensamos y creemos poder ser. Cuando reflexionamos en la cama antes de dormir sobre los sucesos del día y nuestros esfuerzos por ser más tolerantes y menos reactivos, no solo vemos al padre o la madre que le gritó a su hijo por no cumplir rápidamente una tarea. También nos visualizamos como una persona angelical a la que la paciencia se le agotó, o como un ogro horrendo que daña la autoestima de un niño.

¿Cómo es esto posible? La realidad es que ambas imágenes son válidas, junto con un amplio espectro de versiones que abarcan desde las más positivas hasta las más negativas. Para comprender por qué todas estas facetas son igualmente reales, es necesario desafiar la concepción que tenemos sobre la naturaleza de la realidad y adoptar una perspectiva diferente.

Sé que es frustrante cuando nuestra vida parece ser una serie interminable de pequeñas variaciones con los mismos resultados. Pero

mientras sigas siendo el mismo de siempre (el mismo observador con la misma energía), no puedes esperar obtener un nuevo resultado. Cambiar tu vida es cambiar tu observador y tu energía, para lograr hacer un cambio profundo en tu mente y en tus emociones.

Para cambiar tu vida, cambia tus ideas sobre la naturaleza de la realidad.

Si deseas obtener resultados distintos de forma duradera, debes cambiar tu idea de por qué ocurren las cosas. Para lograrlo, tendrás que abrirte a una nueva interpretación de lo que es real y cierto.

Para eso vamos a ir al siguiente nivel: **Tú defines lo que eres.**

TU ENERGÍA ES MÁS IMPORTANTE QUE TU INTELECTO

¿Desde qué espacio vives? ¿Desde el ego o desde la esencia?

La forma de elevar la consciencia para viajar hacia la felicidad requiere de *entrenamiento*, *energía* y *comprensión* de nuestra realidad interna y externa. Ese viaje desde el ego o la personalidad a la esencia requiere entender que es un proceso desde la inconsciencia hacia ser consciente de la consciencia. Como explico en mi anterior libro *Fluir para no sufrir*, es preciso conocer la diferencia entre conciencia y consciencia.

El término **conciencia** se emplea para definir nuestra capacidad racional de distinguir entre el bien y el mal, para emitir juicios según nuestro sentido de la moral. De allí resultan las expresiones «cargo de conciencia» o tener la «conciencia tranquila».

Por su parte, **consciencia**, con una *ese* intermedia, es la capacidad del ser humano para percibir la realidad y reconocerse a sí mismo en ella, de lo que resulta la expresión «tomar consciencia». Implica un estado de presencia plena en la realidad que lo circunda. Presencia viene de «estar en el presente», es decir, con los sentidos y la percepción ubicados en el aquí y ahora. El sujeto se conecta consigo mismo y con el mundo que lo rodea mediante procesos como la atención y la percepción. También, la consciencia permite al ser humano observar su mente y reflexionar sobre sus propias observaciones.

La consciencia es, entonces, aquello que nos conecta con la esencia, que es energía.

Nos hicieron creer que todo lo que existe es por la percepción de la materia, lo físico y la evidencia. Nos han saturado de conocimientos, nos han llenado el disco duro de datos sobre el mundo exterior y nos han dejado huérfanos de sabiduría sobre nuestro sistema operativo interno. No nos conocemos, por lo que te pregunto si acaso tú puedes amar algo que no conoces bien. Obvio que no. Por eso, a veces, si no nos conocemos, nos maltratamos y no avanzamos.

Einstein ya lo dijo: «La energía es la entidad gobernante sobre la partícula, entiéndase, la materia».

¿Dónde está tu energía? En tus emociones, esas guías que van formando nuestros estados de ánimo.

¿Cuánto lleva el proceso que va del ego a la esencia? Depende de ti.

¿Puedo regresar al ego? Si desactivas al observador, regresas al ego.

¿Cómo activo al observador? Con meditación y *mindfulness*.

¿El ego puede engañarme y hacerme sentir «esencia»? Sí, especialmente si no hago mi entrenamiento de la consciencia con profundidad, internalización y consistencia.

Debemos entender que el ego es un tirano insaciable y se puede convertir en nuestro carcelero. Si no estamos atentos a sus operaciones, si no activamos el observador para tomar distancia y ver con liviandad y compasión sus mecanismos, caeremos bajo su yugo. Pero si activamos al observador y vivimos desde la esencia, el ego se puede transformar en una herramienta aliada y en un buen copiloto para inspirarnos, para ayudarnos a ser mejores y elevarnos.

Quiero decir lo siguiente con mucho cuidado y respeto por quienes hoy viven privados de su libertad, en situaciones que deberían darnos vergüenza como sociedad: no hace falta vivir tras los barrotes de hierro para sentirnos aprisionados, ni tampoco los barrotes podrán con nuestra libertad si cultivamos un verdadero imperio interior.

Digo esto porque lo que muchos llaman «realidad», y la defienden como algo que no se puede cambiar, no permiten que nuevas semillas germinen. Cuando hablamos del cambio positivo de aquellos hombres y mujeres que se encuentran privados de libertad, es muy frecuente que te digan que eso nunca sucederá, que siempre seguirán siendo malos, violentos y descarrilados. Pero lo verdaderamente cierto es que ellos caen en el pozo de la indiferencia social irradiando desde la cárcel odio, resentimiento, culpa e ira. Por suerte, hoy ya somos muchos los seres humanos que optamos por creer en la «locura» de apoyarlos, creer en su evolución, liberación y darles una nueva oportunidad para romper la cadena de la violencia. Las grandes ideas, al menos al principio, han sido vistas como locura. Sin embargo, desde mi punto de vista, locura es pensar que la violencia se termina en el encierro de la condena.

En el año 2019 tuve la oportunidad de visitar a los más de 180 privados de libertad del centro penitenciario Unidad de Atención Integral Reynaldo Villalobos, en Costa Rica. Fue una experiencia realmente motivadora y gratificante en la que pudimos colaborar como parte del proyecto Prison Program con la charla «La oportunidad eres tú». Me siento agradecido con cada mirada de esperanza, cada lágrima de liberación y cada abrazo de gratitud por la oportunidad de mostrarme que todos somos iguales y merecemos conocer nuestra verdadera libertad.

Soy de los que consideran que todos merecemos una oportunidad para restablecer la paz con nosotros mismos, para poder vivir en armonía con nuestro entorno y reescribir nuestra historia. La verdadera libertad comienza en nuestro interior. Muchos viven presos de su pasado y son castigados diariamente con sus propias emociones, impidiéndoles salir de las rejas de la culpa sin poder caminar hacia una nueva luz.

Dijo Buda: «Es la mente de un hombre, no sus amigos o enemigos, la que lo lleva por los caminos del mal». Y de esta misma manera puede llevarlos por el camino del bien. La peor cárcel es la cárcel de la mente. El viaje del ego a la esencia, entonces, no es otra cosa que un regreso a lo esencial, pero con un sentido evolutivo, es decir, con el bagaje de todo lo aprendido en el camino. ¿Y a dónde regresamos? A nuestra esencia pura, previa a la etapa de domesticación que todos vivimos.

Como te cuento en *Fluir para no sufrir*, al nacer todos somos inocentes y estamos llenos de pureza, sin prejuicios o falsos valores; no nos han manipulado y disponemos de la máquina de aprendizaje más poderosa del universo: el cerebro de un niño. Asimismo, la coherencia entre la mente no deformada y nuestras acciones nos lleva a un estado no menor de integridad. Pero ocurre que desde el nacimiento, el cerebro empieza a llenarse como una piñata vacía; comenzamos a guardar experiencias personales y enseñanzas dirigidas. Comenzamos a eliminar la inocencia y la pureza con la que somos creados. Durante este proceso de «domesticación» (similar al que ocurre con los animales) modelan nuestra forma de ser con el fin de que nos integremos al entorno.

Por lo general, a partir de los siete años comenzamos a razonar. Antes de esa edad actuamos miméticamente, es decir, como el resto de los animales: hacemos lo que vemos. Y ese poder mimético, unido a la pérdida de la virginidad de la mente, hace que la persona comience a imitar acciones, comportamientos y puntos de vista ajenos.

Observémoslo gráficamente:

Cuando nacemos, previamente al proceso de domesticación, estamos en el **YO SOY** o **ESENCIA**; este lugar es lo que somos. Si asocias esto a un niño desde que nace hasta los dos o tres años, es una excelente aproximación. ¿Qué puedes ver en un niño a esa edad? Curiosidad, observación, apertura al aprendizaje, transparencia, espontaneidad, sinceridad, amor…

A partir de los tres o cuatro años, dependiendo del ambiente y el entorno, empieza el proceso de domesticación. Aprendemos los comportamientos y las actitudes «positivas y negativas», conductas que comienzan a conformar nuestra personalidad. Empezamos a comportarnos en función de los juicios y las creencias que nos implantaron y, de tanto repetirlo, confundimos lo que «somos» y cómo «estamos siendo», debido a esos comportamientos y actitudes que hacemos a diario. A esta etapa la llamamos «**yo me comporto**».

Luego, en la adolescencia y en nuestro proceso hacia la adultez, queremos ser «aprobados» y «aceptados» por el entorno. ¿Y quiénes conforman el entorno? Ya no son papá y mamá o los maestros, sino los amigos, la novia o el novio. Y como su aprobación es importante, comenzamos a «actuar» representando las cualidades del «yo soy», empezamos a fingir que estamos bien, que somos agradables, que somos rudos, que somos alegres, que estamos serios. En otras palabras, construimos una imagen o una falsa representación de lo que somos en esencia. A esta parte la llamamos «**yo aparento** o **imagen**».

Si no estás en tu posición de observador consciente, no vas a saber si estás en tu «yo soy», o en tus comportamientos, o jugando a ser tu imagen.

RESPONDE:

En lo que se refiere a la esencia: ¿cuáles son tus cualidades?

Con respecto a los comportamientos: ¿qué comportamientos aprendidos te limitan o te fortalecen?

En cuanto a la imagen: ¿qué muestras a tu entorno? ¿Cuáles son los aspectos de tu imagen que sabes conscientemente que no representan lo que eres en esencia?

¿Para qué sirve esto? Estar conectado y tener en estado *mindful* a tu «observador consciente» te permite saber cómo estás y desde qué parte de ti actúas a diario. Y quiero entrenarte para que converses internamente con ese observador. En otras palabras: no eres comportamientos, no eres imagen, eres YO SOY, pero la única forma de identificarlo es entrenar a tu observador consciente y curioso, que sepas dónde estás y cuánto tiempo estás en cada área. Observarte es tu herramienta más poderosa.

Y te comento algo más: puedes tener todo el conocimiento del mundo, tener todas las herramientas y las claves, pero si no sabes observarte conscientemente e identificar quién eres de verdad, te pierdes en los símbolos del mundo, en el ruido habitual y las distracciones.

Así que te pregunto: ¿eres consciente de la incoherencia que está presente entre tu esencia, tus comportamientos y la imagen que aparentas?

TENGO UNA TAREA PARA TI:

Se trata de un nuevo hábito, ya que muchos no están acostumbrados a entrenar y fortalecer su consciencia. Los norteamericanos nombran esta actividad con una palabra específica: *journaling*. La idea es que escribas un diario de tus observaciones y aprendizajes (es una tarea diaria o semanal, como mejor te funcione) y que registres lo que identificas desde tu observador y cuando sales de tu «yo soy».

El niño que duerme dentro

El Niño que duerme dentro
despierta entre sobresaltos,
abismado por la niebla
de un adulto encarcelado.
El Niño que duerme dentro
no entiende de los resabios
de esa mente adulta y turbia,
llena de grises presagios.

El Niño que duerme dentro
canta la sonata del viento,
espera con fe y dulce aliento
por ese milagro pedido,
para que su humano perdido
recuere quien siempre fue.

El Niño que duerme dentro
tiene risas archivadas,
lágrimas que se han cristalizado
en el baúl del pasado.

No se atreve a sonreír,
el humano casi asume que es pecado.
Tanto piensa en la materia
que lo divino ha olvidado.

El Niño que duerme dentro
es pura luz y amor.
Regalo lleno de estrellas,
un gran cielo enamorado.

El Niño que duerme dentro
no sabe de grandes rencores,
pasa la página con desparpajo,
ama sin mirar relojes
o teléfonos afanados.

Se siente que todo lo puede,
que es su destino ser mago.
Cultiva la fe en su santuario,
su corazón es su faro.

El Niño que duerme dentro
espera por tu desenfado.
Tu gracia de cada mañana,
tu pasión por la alegría.

Sueña con que en tu mente
vuelva a reinar la osadía.
Ese Niño tan versátil
tus talentos no ha olvidado,
los mantiene sostenidos
entre hilos bien bordados.

Con amor y sin afanes,
ese Niño va creciendo
lleno de hermoso sentir.
Dale una seña al venir,
y verás como vuelve a tu lado
caminando las penumbras
con alma de iluminado.

Sonreirá cada día,
sin temor al desamparo.
Ese Niño no resiste.
Solo espera con fe fuerte.
Sabe que en algún instante
todo cambia en su humano.

Sabio, creativo y gigante.
A ese Niño que duerme dentro
tu despertar
le hace eterno.

ISMAEL CALA
Escrito en la cama del Cala
Center, el 31 de enero de 2023

EL ADULTO: CREANDO ARMONÍA ENTRE EL NIÑO Y EL PADRE

El análisis transaccional describe tres estados del yo: el niño, el padre y el adulto. La meta es que el adulto tome el control y regule las otras dimensiones de la personalidad. Esta teoría —propuesta por el psiquiatra Eric Berne en los años cincuenta como un método derivado de la psicología humanista— ha demostrado ser una herramienta funcional para entender la personalidad y facilitar cambios, cuando ello es necesario. Según esta teoría, cada individuo interactúa con los demás desde alguno de dichos estados (niño, padre o adulto).

Los estados del yo se definen como formas específicas de sentir, pensar y actuar, y afectan nuestras interacciones con el mundo. El niño es el estado más básico, en el que predominan impulsos, fantasías y emociones. Puede haber un «niño natural» y un «niño programado», este último resultante de represiones durante la infancia.

El padre es otro de los estados del yo y refleja lo aprendido de los padres durante la infancia, incluyendo actitudes relacionadas con la autoridad, el poder, las normas y los valores. También existen un «padre natural» y un «padre programado», este último caracterizado por el autoritarismo.

El adulto es la forma organizada de percibir la realidad basada en conocimientos y experiencias adquiridas, de manera reflexiva y autónoma. Es la dimensión más auténtica de nuestro ser, en la que predominan el autocontrol y la autodeterminación.

Una persona saludable, según el análisis transaccional, combina todos los estados del yo en su forma natural y los regula a través del adulto. El problema surge cuando predominan el niño o el padre programado, lo que puede dar lugar a comportamientos caprichosos o autoritarios. Por ejemplo, cuando estoy a punto de hacer una compra compulsiva, el niño desea el objeto, el padre suma el dinero para comprarlo y el adulto se pregunta si realmente le hace falta comprarlo, sin ningún tipo de juicio al respecto. ¿Has experimentado algo similar dentro de ti?

Dicho lo cual, el enfoque clave es identificar cuáles de estos estados predominan en nuestra personalidad y regularlos a través del estado adulto para lograr interacciones más saludables con el mundo.

Continuando con este enfoque, nuestro adulto anima al niño a salir de su zona de comodidad, ya que arriesgarse y cambiar es la única manera de crecer. ¿Y cuál es la **zona de confort**? Una buena forma de definirla es valorando los niveles de ansiedad. Es decir, las actividades cotidianas son las que nos hacen sentir tranquilos. Al salirnos de nuestra zona de confort, la novedad se convierte, a través de nuestro cerebro, en ansiedad y temor. La familiaridad es cómoda y agradable, por lo que no debe sorprendernos que lo nuevo nos haga estar en guardia. Desde una perspectiva evolutiva, vemos las actividades que nos resultan familiares como un hábito más seguro, ya que nos sentimos más atraídos por lo que sabemos. Sin embargo, esta «comodidad» nos estanca y no nos permite crecer.

La zona de confort es el lugar mental en el que nos sentimos cómodos con todo y no pensamos cambiar nada en nuestras vidas. No obstante, sentirse cómodo con todo no es necesariamente positivo. En el mundo del *coaching*, la zona de confort es el conjunto de limitaciones que una persona confunde sutilmente con el marco de su propia existencia. Voy a ilustrar esto con la siguiente anécdota:

Los dos halcones

Cuenta la historia que un rey de un país muy lejano recibió como obsequio en su cumpleaños dos pichones de halcón y los entregó al maestro de cetrería para que los entrenara.

Pasados unos meses, el instructor le comunicó que uno de los halcones estaba perfectamente educado, había aprendido a volar y a cazar, pero que no sabía qué le sucedía al otro halcón: no se había movido de una rama desde el día de su llegada al palacio, e incluso había que llevarle el alimento hasta allí.

El rey mandó llamar a curanderos y sanadores de todo tipo, pero nadie consiguió hacer volar al ave. Encargó entonces la misión a varios miembros de la corte, pero a pesar de los intentos nada cambió; por la ventana de sus habitaciones el monarca veía que el pájaro continuaba inmóvil. Publicó por fin un llamamiento entre sus súbditos solicitando ayuda, y, entonces, a la mañana siguiente vio al halcón volar ágilmente por los jardines.

—Traigan al autor de este milagro —ordenó a su séquito, que al poco rato le presentó a un campesino.

—¿Tú hiciste volar al halcón? ¿Cómo lo lograste? ¿Eres mago, acaso? Entre feliz e intimidado, el hombrecito explicó:

—No fue difícil, su alteza: solo corté la rama. El pájaro se dio cuenta de que tenía alas y se lanzó a volar.

En nuestra vida hay muchas ramas que nos mantienen en una situación de comodidad. Algunos, a pesar de la seguridad de la rama, igualmente se arriesgan y se lanzan, y aprenden a volar en busca de la superación personal. Pero otros, como el segundo halcón, se acomodan en ella. A veces puede que algún acontecimiento rompa la rama de la costumbre, de la seguridad, y entonces hay personas que se dan cuenta de que pueden volar y superarse a sí mismas.

En ocasiones nos acomodamos sin ser conscientes de nuestras potencialidades, sin desarrollar todas nuestras cualidades, pues estamos cómodos en nuestra rama: quizá es necesario que alguien nos corte la rama para que podamos arriesgarnos a volar. A veces las cosas inesperadas, y que incluso en principio parecen negativas, son verdaderas oportunidades para desarrollar nuestras potencialidades.

La **zona de aprendizaje** es aquella en la que ocurre nuestra primera exploración en lo desconocido; aquí se generan cambios en hábitos simples, se entienden nuevos paradigmas y se practican nuevos comportamientos. En esta área manejamos nuestros miedos y riesgos menores. Es el aprendizaje «controlado».

En la **zona mágica** ocurren el crecimiento, el desarrollo y los cambios reales. Implica dirigir la «tensión» para transformarla en una «tensión creativa»: pasión, entusiasmo, resolución, desarrollo y gestión del cambio. Es allí hacia donde debemos expandirnos.

La zona mágica se transforma en una **zona de pánico** cuando la «tensión creativa» se confunde con «tensión emocional». Cuando no manejamos nuestras emociones, perdemos la habilidad de tomar riesgos, lo cual impacta en nuestras destrezas para abandonar la zona de confort. Conectamos con el miedo: al futuro, a perder lo

que somos y lo que tenemos, al qué dirán o al ridículo, a fallar o a cometer errores, etcétera.

Estar en la zona de confort es como vivir con tus padres hasta que tengas cincuenta años... Yo adoro a mi madre y me encanta compartir tiempo con ella, pero quiero vivir bajo mis propios términos. Siempre hay tiempo para reinventarnos. Para transformarnos y crecer es necesario desafiarnos y salir de nuestra zona de confort. Es necesario desafiar a nuestros saboteadores (internos y externos) y utilizar nuestra mente a nuestro favor. Al reinventarnos expandimos nuestra zona de confort.

¿Qué obtienes si sales de tu zona de confort?

- Te ayuda a crecer. ¡Tu propia zona de confort se expandirá! La cantidad de actividades que podrás llevar a cabo sin la sensación de ansiedad será mayor. Te sentirás más cómodo.
- Expandirás la consciencia.
- Te sentirás motivado para aprender y emprender nuevos desafíos (la novedad tiende a aumentar los niveles de dopa-

mina en el cerebro). Además, potencias la neuroplasticidad, lo que ayuda a mejorar la memoria y aumentar las posibilidades de aprendizaje haciendo que el cerebro sea más maleable.

- Disfrutarás más, porque el conocimiento hace que seamos más propensos al goce. Además, te permite:

1. incrementar tus habilidades;
2. eliminar las barreras (las reales y las imaginarias);
3. inspirar a otras personas;
4. tener una mayor fuerza y creatividad, y
5. ganar control de tu vida.

Hace unos años salí de una gran zona de confort: cambié completamente mi vida, pues dejé un trabajo que me otorgaba una gran estabilidad para apostar por mis sueños. Fue la decisión más difícil que tomé, porque, al fin y al cabo, abandonaba un éxito. Sin embargo, sé que fue un paso oportuno. Parte de ese cambio implicó que eligiera estar «meditado» en vez de «medicado».

Concibo la vida como una infinita cordillera, no como una única montaña que debemos escalar. De hecho, solo deberíamos quedarnos en la cima el tiempo justo, y desde arriba empezar a buscar la próxima montaña. Es curioso, pero yo disfruto del miedo de salir de mi zona de confort. Tengo claro que el éxito es vivir según tus propios términos.

¿CÓMO TE IMPACTA MANTENERTE EN TU ZONA DE CONFORT?

Qué cómodo es quedarse en ese «malo conocido»…, pero ¿a qué precio? Quedarte en tu zona de confort ¿te abre o te cierra posibilidades?

- Vives como un autómata.
- Dejas de tener poder de liderazgo.

- Comienzan los miedos.
- Pierdes autoconfianza.
- Te conviertes en víctima de tus circunstancias.

Las personas que quieren reinventarse no se conforman. El peligro de conformarte con menos de lo que deseas es que, en el futuro, acabarás por arrepentirte. Es posible llevar una vida cómoda, pero es imposible que estés satisfecho sin alcanzar tus propósitos.

A veces nos conformamos con la mediocridad en muchos aspectos de nuestra vida diaria: aceptamos trabajos que odiamos, nos ocupamos de personas a las que erróneamente llamamos amigos y activamos el modo automático; somos complacientes en lugar de luchar por las oportunidades; preferimos la comodidad al cambio, a fracasar y a correr riesgos. Cuando sucede esto, solo nos estamos limitando a nosotros mismos y desperdiciamos nuestro valioso tiempo. La excelencia es el lugar de las personas que se niegan a conformarse con la mediocridad; es la instancia en la que uno cosecha el trabajo sembrado. Dicho lo cual, la única manera de abrazar tu potencial es detener la sedimentación.

Tenemos que atrevernos a desaprender, a desinstalar aquello que nos está impidiendo evolucionar y crecer, entendiendo que las circunstancias no nos definen, que el cambio debe producirse de adentro hacia afuera. Y acompañar el proceso de desaprendizaje sin perder de vista que el miedo es una emoción inevitable.

Muchas personas evitan el cambio por el miedo a salir heridas. Pero ¿sabes qué? Las heridas no solo nos fortalecen, sino que también nos embellecen. ¿Has oído hablar del *kintsugi*? El *kintsugi* o *kintsukuroi* es una técnica japonesa que consiste en arreglar piezas de cerámica. Mediante esta técnica artística, las fracturas de cualquier pieza se arreglan con oro. De hecho, la traducción más fiel del término es «reparación de oro». El resultado es que la vasija con hilos de oro tiene mucho más valor que la pieza original. Esos hilos de oro y de luz son las cicatrices que nos hacen aún más valiosos, más poderosos.

Al igual que las vasijas restauradas a través de dicha técnica, nuestras propias fracturas emocionales pueden sanar de manera más resistente si nos permitimos experimentar y aprender de ellas. Y no solo eso, también podemos honrarlas. Honrar y celebrar nuestras experiencias pasadas, incluso aquellas que nos dejaron cicatrices emocionales. Esas experiencias forman parte de nuestra historia y nos han moldeado de manera significativa. Al aceptarlas con amor y gratitud, liberamos la carga de resentimiento y dolor, permitiéndonos avanzar con mayor ligereza en nuestro viaje de autodescubrimiento.

El *kintsugi* nos enseña que las grietas y los errores son preciosas marcas de nuestra experiencia, y que podemos convertirnos en versiones más bellas y valiosas de nosotros mismos a medida que abrazamos todo lo que somos. Así como una pieza de cerámica reparada con *kintsugi* se vuelve más hermosa y única, nosotros también podemos florecer y brillar con una resplandeciente autenticidad cuando abrazamos el cambio y nos aventuramos más allá de nuestra zona de confort.

Descubre, con tu curiosidad, a dónde te lleva este código QR:

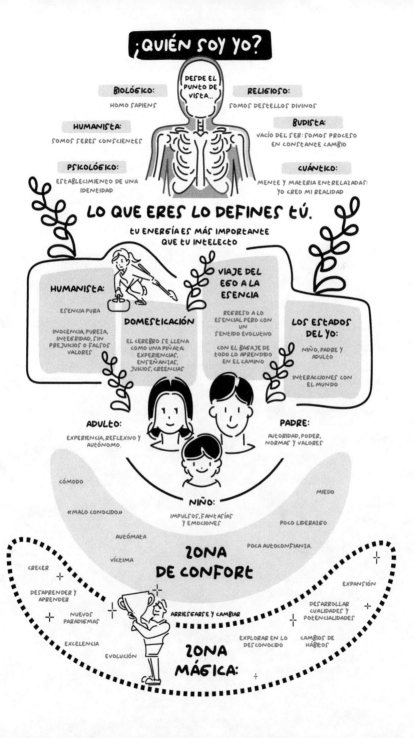

El arte de escuchar tu mente

Soy aquel que sabe quién es

Soy quien soy, aun en sombras.
Soy la luz que la noche venera
y al sol asombra.
Soy más que una célula, un sinfín de ellas,
despiertas, alertas y mezcladas con esmero.
Soy la ventana
de amor y perdón,
que el creador parió sin desespero.

Soy ese canto de fuego,
y ese llanto de encanto,
que al jardín se asoma
para seducir con su aroma.

Soy eso que fui
y eso que dejé de ser.
Aquello que siempre quise
y jamás llegué a tener.

Soy más que locura:
delirio,
ilusión segura.
Soy aquel mar que no se gasta
con la brisa prematura.

Soy del monte.
Soy del campo.
A los llanos me acomodo,
en los pantanos
me espanto.
Y a las ciudades
perdono.

Soy ese ser que destiñe
y nunca niega el color.
Arcoíris de sorpresas
en un mundo de sabor.

Soy aquel que vibra en Dios
buscando su salvación.
Hijo pródigo de Abraham,
quien a su padre escuchó.

Soy del vientre de una madre,
santa guerrera de amor
bendecida por el Padre
más allá de algún rencor.

Amo quien hoy suelo ser,
aquel que un día desdeñé,
por apariencia y error.
Amo al que nunca muere
en su intención de crecer.
Ese que muy adentro
ya sabe lo que vino a hacer.

Soy el que habita ahora,
en este poema.
Soy el que retumba en tu mente,
soy voz de musas de ensueño
y de arañas divertidas,
que tejen, entre risas,
el fluir de nuestras vidas.

Soy aquel que, aunque no está,
sientes en tus pupilas.

ISMAEL CALA

Participo del sentimiento del escritor Eckhart Tolle cuando dice: «Es inmensa esa sensación de liberación al saber que no somos esa voz que llevamos en la cabeza». Ahora bien, si no somos esa voz o esas voces en nuestra cabeza, entonces ¿quiénes somos? Aquel que observa esa realidad. La consciencia que precede al pensamiento, el espacio en el cual sucede el pensamiento o la emoción o la percepción.

No soy mi mente, tengo una mente.

Lo repito para que lo interiorices como un mantra: **No soy mi mente, tengo una mente**.

Quizá, en este momento te estés preguntando de dónde viene esta asimilación de nuestro ser con la mente. Así que hagamos un poco de historia. Comencemos, como no podía ser de otra forma, con los padres del pensamiento occidental: los filósofos griegos. Hoy en día para nadie es un secreto que la virtud más significativa del ser humano, la que nos distingue del resto de los animales, es la razón. De hecho, es lo que nos enseñan en la escuela. Pero para llegar a este consenso fue fundamental el aporte, en el siglo IV a. C., de Aristóteles. El sabio griego afirmaba que el hombre «es el único capaz de evaluar diferentes alternativas ante una misma situación, ponderar las consecuencias que puedan derivarse de ellas y decidir por la que le resulta más conveniente».

Siguiendo con la línea histórico-filosófica, después de la Edad Media, edad histórica en la que prevaleció la fe católica y dogmática por encima de la razón, en el siglo XVII surge en Europa un sistema filosófico de enorme influencia mundial llamado racionalismo, que, como su nombre indica, consideraba a la razón —virtud de la mente consciente— como el principal sostén del conocimiento. Su figura central fue el filósofo francés René Descartes, considerado el creador del pensamiento moderno, quien acuñó la famosa frase «Pienso, luego existo».

Descartes, a riesgo de ser juzgado por el llamado Santo Oficio, rompe con las bases anteriores del pensamiento humano, diseñadas por el fanatismo religioso medieval, que, más que a la razón, apelaba a la fe dogmática. Gran matemático y filósofo, a él le debemos la primera explicación argumentada y sistemática de las relaciones entre la mente y el cuerpo, por lo que, si hoy tenemos el privilegio de estudiar un tema como este, es gracias a algunas de sus teorías.

Pensar es la principal función de la mente, y gracias al pensar, razonamos. Descartes pudo haber dicho también: «Razono, luego existo». Su teoría sustenta el imperio de la razón, rompiendo el predominio de la fe religiosa en el área del conocimiento humano. Él era consciente de que, debido a su corriente de pensamiento, corría el mismo riesgo que Galileo Galilei de ser propuesto, nada más y nada menos, para morir en la hoguera.

Para ponerle un poco de humor al drama histórico, si eso hubiera ocurrido, puedo imaginar a Descartes ante el inquisidor, retractándose y cambiando la frase por la de «Creo, luego existo»…, y tras quedar absuelto murmurar bajito y para sí mismo: «Y, sin embargo, pienso».

Pero al margen del chiste, si bien la afirmación cartesiana no es hoy en día sostenida en su totalidad, es gracias a su pensamiento que el mundo le abrió paso al conocimiento, a las ciencias; y aunque las creencias religiosas se mantienen, por lo general no determinan el desarrollo del conocimiento humano. Después de Descartes, en el campo del conocimiento, la razón se impuso a la fe, y ahora somos mucho más completos los seres humanos, sobre todo los que «pensamos con fe».

Cerebro, mente y consciencia.

Para seguir profundizando en este tema, me gustaría arrojar luz sobre algunos conceptos que si bien están relacionados, es importante distinguir. Es el caso de *mente*, *cerebro* y *consciencia*, que en este capítulo vamos a desarrollar destacando sus funciones y por qué es muy beneficioso conocerlas.

El don de pensar, o de razonar, es el resultado de la mente; a la vez, la mente es el resultado del cerebro. En este proceso se produce un fenómeno interesante que conviene considerar: el cerebro es un órgano físico y la mente es etérea e intangible. Por lo tanto, podemos afirmar que los pensamientos son construcciones mentales, frutos de la labor del cerebro.

Algunos frutos están listos para comer, algunos de esos frutos están «podridos». Según afirman diversos estudios científicos, los seres humanos tenemos alrededor de cincuenta mil pensamientos diarios; como ves ¡es mucha información! De esos pensamientos, una gran mayoría son repetidos y, lamentablemente, negativos. Por ejemplo, ¿alguna vez has observado cuáles son los primeros pensamientos que se te pasan por la cabeza cuando te despiertas y vas al baño? Quizá no hayas reparado mucho en ellos, pero en esos instantes nuestra mente pareciera estar reflexionando entre una cosa y la otra, sin que aparentemente tu voluntad pueda hacer algo al respecto. Es, de hecho, la forma más habitual en la que trabaja nuestra mente.

Esto se debe a que la mente, el escenario donde ocurren todos los fenómenos cognitivos, además de actuar de manera consciente actúa también de manera inconsciente. Podemos decir entonces que, por un lado, la consciencia es la manifestación atenta de la mente, la parte que se encarga de percibir la realidad, de juzgarla y recordarla. Por otro, la mente inconsciente es la que conoce y guarda todas las experiencias vividas por la mente consciente; vendría a ser como un almacén en constante movimiento, un disco duro que recoge cada uno de nuestros pasos por este mundo.

Ambos procesos psíquicos, tanto el consciente como el inconsciente, son responsabilidad de la mente, y en esto radica su vital importancia, porque ella es la encargada de armonizar las dos esferas y ponerlas en función de nuestros intereses.

Tu inconsciente puede influir y hasta accionar de forma indirecta o detonar en el campo de tu consciencia, si no controlas el uso de la información que acumula y que crece a cada minuto. La peligrosidad del inconsciente se pone de manifiesto aún más, porque es capaz de recoger y guardar informaciones externas que no necesariamente transitaron antes por la consciencia. A ese fenómeno lo llamamos «aprendizaje inconsciente», y su nocividad radica en que una parte de esas informaciones que guardamos en el inconsciente no nos interesan ni nos benefician en absoluto. Un ejemplo cotidiano son los conocidos mensajes subliminales que pasan directamente de los sentidos a los dominios del inconsciente. Estos mensajes son muy manejados en la propaganda contemporánea, tanto en la comercial como en la política o la ideológica.

Tengamos en cuenta que, según el reconocido neurólogo investigador en biología celular Bruce Lipton, el 95 % de nuestro cerebro es subconsciente, mientras que solo el 5 % es consciente. O citando la imagen creada por Sigmund Freud: la mente es como un iceberg, la parte visible es menor que la parte invisible que queda bajo el nivel del mar.

Estas razones son suficientes para llegar a una conclusión muy importante: estamos obligados a educar y fortalecer la mente consciente, para que domestique a la subconsciente, y no al revés.

Si soy consciente y estoy alerta sobre este tipo de pensamientos, y comienzo a gestionarlos, el inconsciente resulta de mucha utilidad, porque pone a nuestra disposición toda la información y experiencia que guarda. No se trata de dejar de hacerle caso a la mente inconsciente…, ¡se trata de saber cómo usarla a nuestro favor!

El autor Napoleon Hill nos dice: «El hombre puede convertirse en el dueño de sí mismo y de su ambiente, porque tiene el poder de influir en su propio subconsciente». El mensaje de la frase es muy claro: somos dueños de nosotros mismos y capaces de influir en el entorno cuando contactamos de forma asertiva con el inconsciente. Ahora bien, como dijimos, no se trata de dominarlo, opacarlo o silenciarlo: se trata de dejarlo actuar cuando nos interesa y permitir que se hagan conscientes algunas partes de él. En suma, se trata de reconocer cuáles son las respuestas automáticas y las creencias limitantes que subyacen a nuestros pensamientos negativos y, por ende, a nuestros resultados en la vida.

Infancia en Cuba: mi iceberg

Aquí quiero compartir contigo algo que he tenido que trabajar mucho en mi vida, que es la «mentalidad de escasez». Y ahora me refiero, específicamente, a la escasez económica. Yo crecí siendo el hijo de una madre soltera que tenía tres niños y que, siendo secretaria de una empresa en Cuba, tenía un salario muy limitado, y a mi papá, si bien fue un ingeniero químico brillante, cuando tenía alrededor de cuarenta años una comisión médica lo inhabilitó por padecer esquizofrenia. De este modo, crecí en un ambiente de lucha por la supervivencia por parte de mi madre, que hacía todo lo mejor que podía y nos daba lo que tenía y lo que no tenía. Sin embargo, aprendí que no podía pedirle más de lo que yo sabía que sus recursos podían aportarme. Y mi infancia fue una etapa de oportunidades muy limitadas, en cuanto a que en Cuba los juguetes estaban racionados con un cuaderno, una especie de lotería en la que obtenías un número, y eso implicaba el día que te tocaba ir a comprar tus tres juguetitos al año. Y lo mismo sucedía con el cuaderno de abastecimiento, en el que te tocaba un cuarto de pechuga de pollo y medio kilogramo de arroz, y había un racionamiento de la comida. Eso queda en la psique del ser humano, no durante años, sino durante décadas de tu existencia. Por lo tanto, mi relación con el dinero, mi relación con la abundancia, a lo largo de los años fue de escasez, de no merecimiento, de no posibilidad. Así pues, en muchas ocasiones, no en una, he tenido el pensamiento primario aprendido, procedente de mi interior, que me dice: «No eres suficiente, no podrás con esto, no mereces tanto».

Recuerdo que en una conversación con Emilio Estefan —a quien considero amigo y mentor— me preguntó cuánto ganaba y yo me sentí nervioso. Él notó ese nerviosismo y me dijo: «Te voy a decir el número de lo que pienso que tú deberías estar produciendo con tus talentos, con tu carisma y con tu capacidad». Y resulta que ese número fue uno que incluía varios ceros en millones de dólares…, ¡y yo no lo veía! En mí había un sentimiento automatizado de lucha, de sacrificio, para obtenerlo todo.

Te cuento esto porque amplié mi umbral de merecimiento con respecto a lo que tenía automatizado en mi subconsciente, donde residía una mentalidad de pobreza, de carencia y escasez constante, a este presente en el que mi mente no es todavía la más próspera, aunque sí considera posible mucha más abundancia. Pero hay un largo camino recorrido entre el Ismael de esa mentalidad de los quince años, veinte y treinta y tantos, al Ismael actual, que puede atreverse a correr riesgos y crecer desde la posibilidad de saber que tiene el potencial para ello, en esa zona de la abundancia que genera autoconfianza. Ese es uno de los temas que más me ha tocado trabajar en la vida. Por eso ahora quiero invitarte a ti a hacer el mismo ejercicio de prestar atención a esas respuestas automáticas que limitan tu crecimiento personal en todos los ámbitos, no solo el económico.

Recuerda una experiencia de tu vida en la que puedas ver que tu inconsciente te traicionó y llenó tu consciencia de «respuestas automáticas», y eso afectó a tu comportamiento. Dicho esto:

- ¿Qué resultados produjo?
- ¿Qué medidas tomaste para que no te volviera a ocurrir?
- Basándote en esa experiencia, ¿de qué te das cuenta hoy?

Probablemente, en este punto te estarás preguntando de qué manera puedes influir en tu inconsciente para que juegue un papel productivo en tu vida y no te llene de obstáculos que te conduzcan a la constante insatisfacción. También tendrás esa sensación de impotencia de encontrarte siempre con las mismas trabas a tu crecimiento, y que son «exitosas» sencillamente porque no las puedes ver. El mejor enemigo es el invisible, porque no podemos prever ni estar alertas de sus ataques.

Precisamente a esto nos dedicaremos a lo largo de este capítulo: a desarticular el origen y la relación de las trampas mentales que, de manera invisible, están operando para que hoy vivas en modo disociado y no puedas conectar con tu esencia pura, coherente y de posibilidades ilimitadas.

LA MENTE PIÑATA

En el año 2016 escribí el libro *La vida es una piñata* a modo de manifiesto de vida; en él, invito a reflexionar acerca de si, desde nuestras individualidades, vivimos en modo de supervivencia o de creación. Y tú, ¿vives tu vida en «modo piñata»? Si es así, lo haces colgando de un hilo, con muchos adornos exteriores y repleta de objetos que otra persona colocó adentro. La inercia te esclaviza, en espera de que una fuerza externa te rompa a sacudidas. Para colmo, alguien, con los ojos vendados, disfruta al golpearte con un palo y tú terminas explotando hacia direcciones inesperadas.

Durante mucho tiempo me sentí así, víctima de la vida y de mis circunstancias. Por eso considero que todo aquel que vive un proceso de victimización está encerrado en una piñata: va hacia donde se dirige el viento, hacia donde tiren las cuerdas o hacia donde la golpeen. Y si nadie te tira o te golpea, te quedas ahí colgando, estático. Sea como sea, eres prisionero de la piñata; una piñata muy adornadita, eso sí, pero al fin y al cabo, un esclavo de la situación. Lamentablemente, muchos lo siguen siendo, pues dependen de la acción de otros para moverse. Y si nadie hace nada, ahí se quedan.

¿Viviremos eternamente colgados de una cuerda, adornados por fuera, llenos de objetos colocados por otros? ¿Seguiremos a la espera de que una fuerza externa nos rompa a golpes? En el mejor de los casos, ¿esperaremos a que otros muevan la cuerda? ¿A que nos balanceen hasta quebrarnos, para que otras personas se rían o lloren al descubrir lo que llevamos dentro?

Con esta metáfora intento que comprendas que cuando el golpe llega por una fuerza externa, muchas veces acaba la vida. Pero si lo producimos desde dentro, como cuando nace un pollito del cascarón, provocamos vida y nuevas y alentadoras experiencias. De eso trata el crecimiento.

Hoy, la esperanza de vida es mayor que hace un siglo. Pero para qué queremos tantos años adicionales si no somos capaces de reinventarnos y de mantenernos en estado de creación y de gracia.

En la película estadounidense *2012* hay una escena en la que un joven aprendiz, ávido de una respuesta, va a pedirle consejo al sabio gran lama. El maestro comienza a servir té en su taza hasta que el agua empieza a derramarse, lo cual genera sorpresa en el discípulo. Entonces, el maestro le dice: «Tú, como esta taza, estás lleno y te desbordas. Estás lleno de opiniones y especulaciones. Para ver la luz de la sabiduría, primero debes vaciar tu taza».

Desde que nacemos nuestra mente comienza a llenarse como una taza o, siguiendo mi analogía, como una piñata vacía. ¿Por qué? Porque todavía no tenías consciencia, ni siquiera tu cerebro se había desarrollado del todo, cuando ya te estaban poniendo dulces, regalos y otros objetos envueltos que ni siquiera sabías quién los había puesto allí. Eres capaz de identificar algunos objetos, pero no otros, ¿verdad? Y tampoco sabes qué tienen dentro. ¿Te suena algo de esto?: «Tú no puedes», «Eso no es para ti», «Debes practicar más deporte», «Lo tuyo no son las matemáticas», «Eres muy joven para eso» o «A esta edad ya no puedes hacer tal cosa», «El dinero es sucio», «Los hombres no lloran», etc.; y como estas consignas, tantas otras entraron en nuestro cerebrito-esponja y empezamos a comportarnos según esos juicios y creencias que nos impusieron.

Al «comprarlas», las creencias se van instalando en lo más profundo de nuestro inconsciente, la parte profunda del iceberg, y a partir de allí vamos creando nuestra autoimagen. Las creencias no son ni buenas ni malas, sino que unas nos abren posibilidades y otras nos limitan. Las que nos limitan son aquellas que nos generan sufrimiento, ya que lejos de conectarnos con nuestra esencia extraordinaria y con el desarrollo del inmenso potencial de creación con el que nacemos, nos apartan de todo ello.

Dicho esto, es el momento de que indagues en tu propia historia, con cuidado, sin juzgarte y, sobre todo, con mucha honestidad:

- ¿Identificas si existen dentro de ti autojuicios o creencias limitantes producto de tu domesticación?
- ¿Cuáles son esas creencias que hoy te impiden hacer aquello con lo que sueñas?
- Y la pregunta de fondo es: ¿hasta qué punto contribuyen esas creencias a relacionarte *desde el alma* contigo y con los demás?

Lo que te dices, predice. Predice tu futuro, tu longevidad, tu salud, tu calidad de vida y tu prosperidad. Tu palabra es prédica.

¿Te suenan familiares estos pensamientos? Detrás de cada «No soy capaz» hay un juicio. Por debajo de un «No lo merezco» hay creencias y, también, un juicio.

Detrás de cada creencia imaginamos una manera de ver la vida y una autoimagen. A partir de ahí creamos autojuicios e interpretaciones sobre nosotros mismos, que van a estar presentes en nuestra mente de manera recurrente. De allí pasan a nuestro inconsciente y se manifiestan de manera automática. ¿Cuáles son los tuyos? ¿Qué imagen tienes sobre ti en los distintos aspectos de tu vida? Ten en cuenta que en este punto comienza tu relación con cada uno de ellos. ¿Qué peso les das? ¿Les das más importancia a los autojuicios que te empoderan o a los que te limitan?

Seguramente te estarás preguntando cómo se originan estas creencias. Nuestras creencias están instaladas en nuestro subconsciente. Es esa parte del iceberg que no vemos. Es por ello por lo que tenemos que ir deshojando capa por capa hasta llegar a ellas, cual detectives…

Conviértete en detective:
Identifica tu autojuicio más potente. Cierra los ojos y reflexiona:

1. ¿Qué aspecto de ti juzgas en este momento?
2. Define en una frase tu autojuicio.
3. ¿Cómo te sientes al hacer este juicio? ¿Qué consecuencia tiene ello?
4. ¿De qué manera podrías perdonarte por juzgarte?
5. Respecto al punto anterior, repite y completa la siguiente idea: «Me perdono por juzgarme como…».

Recuerda: **una creencia no es más que una vibración practicada**. Lo más seguro es que, en este momento, ya te estés diciendo a ti mismo: «Muy bonito todo lo que dices, Ismael, pero ¿cómo es posible transformar mi vida? ¿Cómo puedo transformar mi realidad?».

Pues déjame decirte que ha habido momentos en mi vida en los que me sentí perdido y también sentí que necesitaba algo más; hasta que un día decidí romper los hilos que me controlaban y me daban la sensación de pesadez, de que no podía lograr lo que me proponía, de que no era lo suficientemente bueno para tal o cual cosa. Por ello, un buen día quise dejar de sentirme víctima y empecé a preguntarme qué era lo que me estaba pasando, cómo podría sentirme realizado, de qué manera podría recorrer el camino hacia la felicidad. Eso me bastó para empezar a cambiar el chip de mi vida, y una sola pregunta fue suficiente: *¿En qué creo?*

Puede parecer una pregunta rara en medio de tantas dudas. Pero si me estaba creyendo el cuento de que no era bueno para algo, de que no había futuro lejos de mi país, entre muchas otras cosas, significaba que estaba creyendo en algo que no era acorde con mis valores ni con quien realmente yo quería ser, esto es, con mi verdadera esencia.

Así me di cuenta de que lo que creía acerca de mí mismo y de mi realidad era lo suficientemente poderoso como para retraerme y ponerme obstáculos todo el tiempo. Por lo cual, luego vinieron más preguntas: *¿En qué quiero creer? ¿En qué cree el verdadero Ismael?* Entonces me di cuenta de que no creía en mí mismo y que ni siquiera había identificado en qué era lo que creía.

Una creencia es el estado de la mente en el que un individuo supone verdadero el conocimiento o la experiencia que tiene acerca de un suceso o una cuestión determinada; cuando se objetiva, el contenido de la creencia presenta una proposición lógica, y puede expresarse mediante un enunciado lingüístico como afirmación. Y voy aún más lejos, y tomo la definición de mi mentor Tony Robbins: «Las creencias son la brújula y los mapas que nos guían hacia nuestros objetivos y nos inspiran la confianza en que sabremos alcanzarlo».

Entonces, son las creencias las que guían nuestra vida, son ideas que consideramos verdaderas y a las que les damos total credibilidad. Sin embargo, muchas veces no nos detenemos a pensar en qué creemos, y por eso algunas de esas creencias se volvieron una piedra en el camino.

En otras palabras, las creencias son planteamientos e ideas de nuestra percepción que filtran la comunicación con nosotros mismos e influyen en nuestro comportamiento. Lo único que nos impide obtener lo que queremos en nuestra vida es simplemente la historia que nos contamos a nosotros mismos, lo que equivale a nuestro sistema de creencias.

¿Piensas que tus creencias te impiden avanzar?

Si traemos a este escenario la concepción budista de que «los engaños son percepciones distorsionadas de nosotros mismos, de los demás y del mundo que nos rodea, como un espejo defectuoso que no revela la realidad», como manifiesta Iván Ribas, director del Centro Budista Mahakaruna de Barcelona, podríamos comparar las creencias limitantes con engaños que nos hacemos a nosotros mismos.

¿Hemos estado engañándonos a nosotros mismos?

Todo en esta vida tiene una solución, así que no te asustes. Piensa en lo siguiente: la respuesta está en la mente, en nuestra capacidad de ser conscientes del poder que las creencias tienen en nuestras vidas. Y para esto es clave que entendamos de dónde vienen las creencias.

Las creencias nacen en nuestro interior a partir de nuestras propias convicciones. Y hasta ahí todo va perfecto porque, en teoría, si se originan en nosotros, pueden definirnos sin ningún problema. Sin embargo, estas creencias también están influidas por el mundo externo. Es decir, todos tenemos varias creencias que hemos adquirido por nuestras propias experiencias y hemos permitido, consciente o inconscientemente, que el entorno nos las imponga.

Todos los acontecimientos, sin importar si son grandes o pequeños, dan forma a nuestras creencias. Y lo curioso de las creencias es que, precisamente porque nacen de nuestro interior, no necesariamente coinciden con la realidad. Es muy distinto hablar de la realidad percibida que de lo que es real. Nuestro cerebro no distingue entre lo que es real y lo que es simplemente una percepción, por lo cual, nuestras creencias tienen todo el poder de hacer real lo que no lo es.

Prestemos atención a la siguiente historia, de un autor desconocido:

Los mineros

Seis mineros trabajaban en un túnel muy profundo extrayendo minerales desde las entrañas de la tierra. De repente, un derrumbe selló la salida del túnel y los dejó aislados. Atónitos y en silencio, se miraron entre sí. De un vistazo calcularon su situación. Con su experiencia, se dieron cuenta rápidamente de que el problema sería el oxígeno. Si hacían todo bien, les quedaban unas tres horas de aire o, como mucho, tres horas y media.

Mucha gente de afuera sabría que ellos estaban allí atrapados, pero un derrumbe como ese significaría perforar otra vez la mina para llegar a buscarlos. ¿Podrían hacerlo antes de que se terminara el aire? Los expertos mineros decidieron que debían ahorrar todo el oxígeno que pudieran.

Acordaron hacer el menor desgaste físico posible, apagaron las lámparas que llevaban y se tendieron todos en el piso. Enmudecidos por la situación e inmóviles en la oscuridad, era difícil calcular el paso del tiempo. Incidentalmente solo uno de ellos tenía reloj, y hacia él iban todas las preguntas: ¿cuánto tiempo pasó? ¿Cuánto falta? ¿Y ahora? El tiempo se estiraba, cada par de minutos parecía una hora y la desesperación ante cada respuesta agravaba aún más la tensión.

El jefe de los mineros se dio cuenta de que si seguían así la ansiedad les haría respirar más rápidamente y esto los podía matar, así que ordenó al que tenía el reloj que solamente él controlara el paso del tiempo. Nadie haría más preguntas, él avisaría a todos cada media hora.

El del reloj cumplió la orden; y cuando pasó la primera media hora, dijo: «Ya pasó media hora».

Tras esto, hubo un murmullo entre ellos y una angustia que se sentía en el aire. El hombre del reloj se dio cuenta de que a medida que pasaba el tiempo, iba a ser cada vez más terrible comunicarles que el minuto final se acercaba. El del reloj pensó que no merecían morir sufriendo, así que sin consultar a nadie, decidió avisarles pasados los cuarenta y cinco minutos, en lugar de la media hora pautada.

No había manera de notar la diferencia, así que nadie desconfió. Apoyado en el éxito del engaño, la tercera vez que informó lo hizo casi una hora después, y como las veces anteriores dijo «Ya pasó otra media hora»…; por lo cual, los cinco creyeron que habían pasado encerrados un total de una hora y media. Todos coincidieron en qué tan largo se les hacía el tiempo allí adentro. El del reloj continuó igual: a cada hora les informaba de que había pasado media hora.

Por su parte, la cuadrilla apuraba la tarea de rescate; sabían en qué cámara estaban atrapados los mineros y también que sería difícil poder llegar en menos de cuatro horas. En efecto, lograron llegar a las cuatro horas y media. Pensaban que se encontrarían a los seis mineros muertos, pero increíblemente hallaron vivos a cinco de ellos. Solo uno había muerto de asfixia…, el que tenía el reloj.

Esta es la fuerza que tienen las creencias en nuestras vidas. Esto es lo que nuestros condicionamientos pueden llegar a hacer de nosotros. Cuando creemos y confiamos en que se puede seguir adelante, nuestras posibilidades se multiplican. Como decía el poeta romano Virgilio: «Pueden porque creen que pueden».

Existen dos tipos de creencias: **las creencias limitantes y las creencias empoderadoras**. Revisa dentro de tu sistema de creencias cuáles de esas creencias te limitan, te paralizan o te cierran posibilidades y cuáles, por el contrario, te abren posibilidades, te empoderan y te permiten crecer en tu ser y en tu hacer y te acercan a tu propósito.

Ahora, vamos a trabajar con las creencias que te limitan. La intención del ejercicio es «invalidarlas»:

- ¿Cuál es mi creencia limitante?
- ¿Cómo sé que me limita?
- ¿Cómo sería mi vida si esta creencia dejara de limitarme?
- ¿Qué consecuencia tiene vivir bajo esa creencia?

Recuerda esta frase: **El mundo no es como es, sino tal como somos**. Dependiendo de los lentes que te pongas, verás el mundo y las circunstancias que te sucedan.

No soy mi mente, tengo una mente.

Lo primero que debemos hacer si queremos tomar el control de nuestra mente es aprender a desarrollar nuestro observador consciente, para que podamos darnos cuenta de nuestros propios pensamientos.

Ser conscientes de lo que pensamos es una manera eficaz de ayudarnos a clasificar nuestros pensamientos en positivos y negativos. De esta forma, podremos decidir si nos enganchamos a ellos o los dejamos ir, así como cuando dejamos pasar todo aquello que nos distrae al meditar. Con esta práctica, estarás ayudando a tu mente a encarrilar sus pensamientos y a despejarse, al decidir voluntariamente hacia dónde quieres que enfoque su atención, como el momento presente o cualquier pensamiento específico y positivo que quieras mantener en pos de tus metas.

Es posible, como ves, establecer una distinción valiosa entre quien piensa, es decir, el «pensador», y quien observa, el «observador consciente». En este caso, si logro observar lo que pienso, consigo despertar del sueño producto de la mente inconsciente, y abrir el camino a la observación de los pensamientos que la mente sostiene.

Ser conscientes de nuestros pensamientos y emociones es aprender a *desidentificarnos de nuestra mente*, algo que nos abre grandes perspectivas para el desarrollo personal. Te preguntarás en qué consiste eso de desidentificarnos de nuestra mente. Tal como afirma Eckhart Tolle, maestro espiritual y autor del libro *El poder del ahora*, **no somos nuestra mente**. Nuestra mente no es más que nuestro ego. Es por ello por lo que debemos convertir en un hábito el poder de observar nuestra propia mente, como si pudiéramos desdoblarnos y observar de manera objetiva lo que ocurre adentro y afuera de ella. Es una manera de encontrar paz y volver a nuestra alma o esencia. Si tu interior es bueno, el exterior estará en orden.

Nuevo paradigma: CREER-CREAR-CRECER

Este es el paradigma en el que creo y desde donde transito hace ya bastante tiempo. Porque estoy convencido de que nuestra realidad está estrechamente vinculada con aquello en lo que creemos y pensamos... Y cuando tomamos consciencia de ello, y tenemos como propósito crecer como seres humanos, lo más probable es que logremos sentirnos plenos; así, al final de nuestros días en este plano, nuestra vida habrá estado cargada de sentido y podremos trascender y dejar un buen legado.

El escritor norteamericano Orison Swett Marden afirma: «En lo más profundo del hombre habitan esos poderes adormecidos, poderes que le asombrarían, poderes que él jamás soñó poseer; fuerzas que revolucionarán su vida si despiertan y entran en acción».

Esas fuerzas de las que habla el autor son esencialmente las creencias. El primer elemento de este paradigma es la base para poder cumplir nuestros propósitos y consiste en la manera en que nos relacionamos con nosotros mismos; de eso trata **creer**.

El segundo elemento es **crear**. ¡Sí!, tenemos el poder de crear. Nuestra «realidad» no es producto del azar. Tenemos la posibilidad de incorporar nuevos hábitos de vida que nos permitan ir en búsqueda de la excelencia y de herramientas que se conviertan en el impulso para lograr lo que hasta este momento parecía inimaginable. Por otro lado, debemos borrar las palabras «imposible» e «inimaginable» de nuestro vocabulario. Todo es posible y hay muchas personas que nos lo demuestran con sus grandes invenciones y sus contribuciones a la sociedad.

Creer y crear desde un estado consciente y elevado nos permitirá **crecer**, alineados con nuestra esencia y propósito de vida, para así vivir con plenitud, uno de nuestros propósitos esenciales. Dado que son las creencias las que nos guían hacia una vida plena, empecemos por ser dueños de nuestros pensamientos, por controlarlos, y hacer que trabajen para nuestro bienestar y el de nuestro entorno. Para esto tenemos un reto muy importante:

Tal como nos propone Miguel Ruiz en su libro *Los cuatro acuerdos*: «Sé impecable con tus palabras». Y esto es una parte clave en el proceso de transformación de las creencias. Nuestras palabras son decretos, así pues, ¿eres consciente de lo que te dices y también de lo que les dices a otros?

El lenguaje crea y le da forma a todo. De manera que el reto es ser cuidadosos no solo con lo que decimos, sino con lo que pensamos. La fuerza que tiene la palabra en el interior de nuestra mente es mágica, transformadora. Frases como «no puedo», «no soy capaz», «es imposible», entre muchas otras, quedan prohibidas, rotundamente prohibidas en nuestro diálogo interior y en nuestro diálogo con los demás. En la medida en que repetimos estas palabras, más fácil es que empecemos a creérnoslas, y de ahí que lo que rige nuestra vida sea justo lo que nos inhibe.

Podemos empezar a cambiar esas creencias del «no puedo», «no soy capaz», etc., que en realidad se llaman creencias limitantes (autojuicios negativos), por creencias poderosas con ayuda de los decretos. Por lo cual, ¡deshazte de ese saboteador interno! Lo que manifestamos en nuestros decretos se irá convirtiendo en realidad (estamos creando), se arraigará en nuestro consciente e inconsciente hasta convertirse en una creencia y se reflejará en la manera en que actuamos. Es decir, se vuelve una guía en nuestro camino.

No somos nuestros pensamientos…, cuestiona lo que piensas:

- Pregúntate: ¿quién eres?
- Intenta romper las rutinas.
- Disfruta del monólogo interno, busca momentos de introspección.
- Distingue el ego positivo del negativo, administra tu ego.
- Busca el equilibrio de tu autoestima y la de aquellos que te rodean.

SOMOS ENERGÍA MANIFESTADA EN UN CUERPO FÍSICO

El pensamiento humano determina la realidad, este es uno de los principios fundamentales de la física cuántica. Cuando ponemos intención en nuestros pensamientos y acciones, nuestra energía fluye hacia ese objetivo y se expande. Entender nuestro cuerpo y sabernos parte de un todo es necesario para expandir nuestros límites. De esta manera entendemos que somos capaces de crear y de transformar.

En el modelo cuántico, el universo físico es un campo de información inmaterial, interconectado y unificado, que en potencia lo es todo, pero físicamente aún no es nada. El universo cuántico está esperando a que un observador consciente (como tú y yo) llegue e influya en la energía en forma de materia potencial con su mente (que es en sí misma energía), para que las ondas de probabilidades energéticas se manifiesten en materia física. Al igual que la onda de posibilidades del electrón se manifiesta como partícula en un hecho momentáneo en concreto, nosotros —los observadores— podemos hacer que una partícula o grupos de partículas se manifiesten en experiencias físicas en forma de acontecimientos en nuestra vida.

Esto es crucial para entender cómo puedes producir un efecto o hacer un cambio en tu vida. Cuando aprendes a mejorar tu capacidad de observación para modificar tu destino, ya estás en camino de vivir la versión ideal de tu vida.

Tú, como el resto de las personas, emites un patrón energético característico. En realidad, toda la materia está emitiendo siempre un determinado patrón energético. Y esta energía acarrea una información. Tus cambiantes estados mentales modifican de manera consciente o inconsciente esta marca a cada instante, porque no eres solo cuerpo físico, sino también una consciencia valiéndose de un cuerpo y un cerebro para expresar distintos estados mentales.

EL CUERPO COMO UNA PROYECCIÓN DE LA CONSCIENCIA

Si podemos cambiar nuestras creencias sobre nosotros mismos, podemos cambiar la energía que define nuestro campo energético con el que nuestro cuerpo está alineado.

El mundo cuántico nos está esperando para tomar una decisión y saber cómo comportarse. Es por eso por lo que los físicos cuánticos tienen tales dificultades para explicar y definir el mundo cuántico. Somos verdaderamente, en todo el sentido de la palabra, maestros de la creación, además de campo unificado.

En resumen, tenemos el control y la responsabilidad absoluta sobre lo que elegimos con nuestra atención a manifestarse en el campo de lo posible; nuestro poder y capacidad de hacerlo dependen totalmente de lo que creemos y la forma en que lo estamos sintiendo.

El origen del ruido (un cuento zen)

Cuentan que hace mucho existió en un lugar de la extensa China un maestro zen muy valorado y querido por todos. El hombre era un sabio al que muchos le pedían consejos. Su fama se extendió tanto que no tardaron en llegar discípulos de todos los rincones del país. Al principio el sabio estaba encantado con poder ayudar a los jóvenes aprendices, así que su fama aumentó más y más, hasta tal punto que él mismo tuvo que comenzar a escoger a los que serían sus discípulos, ya que no podía atenderlos a todos.

Pero el tiempo pasó deprisa y el sabio envejeció. El maestro comenzó a cambiar de actitud, y su trato se volvió duro y arisco.

Los jóvenes aprendices que acudían a él abandonaban aquel lugar un tanto sorprendidos por el trato recibido por el maestro. Y la fama de dulce y maravilloso maestro zen se transformó entonces en una creciente fama de sabio arisco e intratable.

Los discípulos comenzaron a buscar otro maestro, y poco a poco el famoso sabio zen se quedó solo. Se dedicó entonces al cuidado de su jardín y a sus reflexiones en soledad.

Pero un día, un joven aprendiz que hacía tiempo había oído hablar tan bien de este maestro, sorprendido por todo lo que se decía ahora de él, decidió ir él mismo y comprobarlo en persona, a pesar de las advertencias de todos acerca de su mal carácter.

El chico llegó hasta la casa del maestro y llamó a su puerta. Nadie salió a abrirle. Pero vio que había una vela encendida, así que imaginó que el maestro estaba adentro. Volvió a llamar, pero no hubo respuesta. Miró por una rendija y observó que el jardín estaba perfectamente cuidado: «No puede estar enfermo», pensó, y decidió esperar en la puerta a que le abrieran.

El pobre aprendiz pasó toda la noche a la intemperie. A la mañana siguiente, el anciano abrió la puerta y le dejó entrar a regañadientes.

El anciano le dijo al joven que se sentara, y al hacerlo, le gritó:

—¡Siéntate bien, con dignidad y no encorvado, estúpido!

El discípulo se sintió algo ofendido, pero le hizo caso y se sentó más erguido. Después, el anciano llegó con una tetera repleta de té recién hecho. ¡Olía fenomenal! Se sirvió la bebida en una taza, y al observar que el joven no paraba de mirar, le preguntó:

—¿Quieres té?

El joven asintió; pero cuando el anciano sirvió el té en otra taza, se la tiró a la cara al joven discípulo. El chico no podía creer lo que estaba pasando, y entonces, algo enojado, dijo:

—¿De verdad? ¿Es así como tratas a las visitas?

El anciano cerró los ojos y empezó a meditar. Y el chico decidió hacer lo mismo, hasta que sintió una sonora cachetada y, aún adolorido, abrió los ojos:

—Y bien… —dijo entonces el maestro zen—. ¿De dónde crees que nació el ruido de esta cachetada? ¿De mi mano o de tu mejilla?

El chico se quedó pensando y contestó:

—De mi mente, maestro. El ruido nació de mis pensamientos y emociones, y se originaron en mi mente.

El anciano sonrió y dijo:

—Por fin, eres el discípulo que estaba esperando.

Desde entonces, el anciano trató muy bien al joven discípulo; por su parte, él aprendió tanto que se convirtió en el maestro más venerado y sabio de todos.

«El ruido está en nuestra mente» y no contribuye con la ansiedad. Cuando alguien nos ofende, nos trata mal, a veces ni siquiera tiene que ver con acciones que nosotros hayamos cometido, sino con lo que ocurre en el interior de esa persona. ¿Cuántas veces te ha pasado que diste los buenos días y no te contestan o lo hacen con mala cara, como si fueras un extraterrestre?

Para eso meditamos: para identificar el ruido que está en nuestra cabeza. El ruido lamentablemente se convirtió hoy en nuestra vida. Por eso, el poder hacer estos ejercicios como una pausa dirigida es para separar el ruido de la realidad interna. Especialmente con las situaciones desafiantes que suceden en la actualidad. Yo no puedo regresar al iPhone de primera generación si ya conozco los beneficios del iPhone de última generación. Una «pausa programada» para observar te da la consciencia de saber que el ruido no es parte de la realidad interna de tu vida.

Para colmo, muchas personas te hacen sentir culpable de que estés de buen humor, mientras que ellos están malhumorados. Sin embargo, te cuento que esto no tiene por qué ser así. Nosotros somos responsables de cómo respondemos internamente ante las acciones de los demás, no de las acciones de los demás. Por ello, meditar nos lleva a aprender a conectar con nuestro ser superior, a enfocarnos y, por ende, a mantener la calma cuando el ruido del otro intenta perturbarnos. Pero eso se logra con la práctica diaria.

¿Estás en el aquí y en el ahora o, por el contrario, tu mente está constantemente preocupada por el futuro o pegada en el pasado? El mundo actual, con su ritmo acelerado y estresado, no ha podido acallar la necesidad imperiosa del ser humano de conectarse consigo mismo y escuchar su voz interior.

¿Has escuchado el término *mindfulness*? Para empezar, se hace indispensable distinguir *mindful* de *mindfull*, ya que puede prestarse a confusión. La traducción de *mindfull* es exactamente lo contrario a su definición, ya que implica que nuestra mente está llena (*full*) de pensamientos y creencias que están desconectados del momento presente. La mente es como un péndulo que siempre está oscilando entre pasado y futuro y rozando el presente a veces sin mucha consciencia de lo que allí ocurre.

A LA MENTE NO SE LE DA ÓRDENES, MÁS BIEN
LE PEDIMOS PERMISO PARA OBSERVAR

De origen budista, *mindfulness* proviene de la traducción al inglés de la palabra sánscrita *sati*, cuyo significado tiene que ver con la consciencia, la presencia y la aceptación. En español, son habituales los términos conciencia plena o atención plena. Dicha palabra fue desarrollada a finales de los años setenta en Estados Unidos por psicólogos e investigadores de gran trayectoria, como Jon Kabat-Zinn, Ronald Siegel o Jack Kornfield.

El objetivo del *mindfulness* es alcanzar un profundo estado de consciencia y de presencia en el aquí y el ahora, para lo cual se vale de varias técnicas de meditación. Con esta práctica buscamos que nuestra consciencia se relaje y no elabore juicios de nuestras sensaciones, sentimientos o pensamientos. Suena sencillo, pero es verdaderamente retador.

Por lo general, solemos prestar atención a las actividades del momento solo con una pequeña parte de nosotros mismos, mientras la mente y los pensamientos están completamente en otra cosa. Vivimos en modo «piloto automático», ocupándonos de nuestros asuntos con muy poca consciencia de los detalles de nuestra experiencia del momento; y mucho menos de las intenciones que motivan nuestras acciones.

Mediante la atención plena es posible transformar cualquier momento en el que podríamos sentirnos una víctima de la situación en un instante de sinceridad, proactividad y confianza. Prestar atención total a la realidad ayuda a lograr equilibrio interno, así como la armonía entre cuerpo, mente y espíritu, esencial para enfrentarse a un mundo tan volátil y cambiante como el actual. *Mindfulness* es escuchar nuestra voz interior, es dar espacio al silencio, a la emoción y a la serenidad.

Recuerda: ¡Es mejor estar meditado que medicado!

La dificultad radica en que hoy en día el mundo está hecho para que estemos distraídos. A través del teléfono celular, el cual considero un «arma de distracción masiva», nos desconectamos de nosotros mismos con mucha facilidad. La atención plena es como el camino a la autoconsciencia, para encontrar nuestro propósito y nuestra dirección. En el estado *mindfulness*:

- No se juzga lo que surja en el momento presente, ya sea adentro o afuera de nosotros.
- Estamos con el corazón abierto.
- Estamos atentos a cualquier cosa que surja en la consciencia.
- Se cultiva el prestar atención a un propósito profundo.
- Se presta atención a la autoconexión.

MINDFULNESS

...COMO SI TU VIDA DEPENDIERA DE ELLO

PRESTA ATENCIÓN
ESCUCHA, MIRA, Y CONSIDERA LO QUE EXISTE DE MANERA NATURAL

EN EL MOMENTO PRESENTE
ENFÓCATE EN EL AQUÍ Y EL AHORA

CON PROPÓSITO
AUMENTA INTENCIONALMENTE LA CONSCIENCIA DE LA EXPERIENCIA

SIN PREJUICIOS
SÉ CURIOSO Y OBJETIVO CON LAS EXPERIENCIAS

Hoy en día, atletas, artistas y cada día más figuras destacadas practican *mindfulness* como parte de sus rutinas, porque han confirmado sus múltiples beneficios, entre los cuales se encuentran el aumento de la lateralidad izquierda —que está asociada con la actitud positiva— y el reforzamiento del sistema inmunológico, con una mayor producción de anticuerpos. Por si esto fuera poco, el desarrollo del hemisferio cerebral izquierdo también está relacionado con una mejor autopercepción del individuo y un mayor desarrollo de la empatía y la compasión.

Fábula de los dos lobos

En la cultura de los indios norteamericanos cheroqui existe una historia que explica diferentes maneras de prestar atención.

Un adulto, hablando con su hijo, le dice:

—Tengo dos lobos luchando en mi corazón: uno temeroso, vengativo, envidioso, resentido y descarado. El otro lobo es compasivo, amoroso, generoso, sincero y pacífico.

—¿Y qué lobo ganará la pelea? —pregunta el niño.

—Ganará el que yo alimente —responde el adulto.

Eso no significa que tratemos de negar, herir o matar al otro lobo. Si hiciéramos eso, terminaríamos en una batalla muy larga en la que ese lobo acabaría siendo mucho más poderoso, gracias a nuestra hostilidad y nuestro miedo.

Odiar a ese lobo nos quita la fuerza. En su lugar, debemos prestarle atención a ese lobo enojado y debemos dejar de creer que tiene todas las respuestas. Si podemos hacerlo, terminará acostado junto a nosotros y dejará de ser nuestro enemigo.

Ayudaremos a fortalecer al lobo amable y amoroso, dándole sustento y apoyo para que se convierta en nuestro guía. Ese lobo pacífico podría convertirse en nuestro compañero fiel y mostrarnos el camino a través de todo tipo de experiencias de vida: relajadas o caóticas, placenteras o decepcionantes. Esas experiencias pueden ir y venir, pero podremos tener un guía que nos ayude.

Es muy poderoso saber qué sentimos mientras lo estamos sintiendo. Saber qué estamos pensando mientras lo pensamos. Y eso es lo que el *mindfulness* puede ayudarte a lograr, pues nos permite ver nuestros pensamientos y sentimientos cuando son incipientes. Por lo que con esta práctica podemos elegir qué fortalecer, y actuar acorde a ello, y qué cosas dejar ir. No tenemos que estar a merced de viejos hábitos, de viejas formas de pensar o de ser. Estaremos empoderados. Solo hace falta practicar…

En tu caso: ¿a qué lobo escuchas más? ¿Cuál es el que más alimentas dentro de ti? ¿Cuáles son los pensamientos recurrentes del lobo hostil y del lobo compasivo?

CEREBRO SUPERESTRELLA

Para fortalecer la mente tenemos un gran aliado que es el cerebro humano. Hasta hace poco se pensaba que la capacidad del cerebro de generar nuevas neuronas estaba restringida al periodo embrionario. Hoy en día sabemos que se siguen formando neuronas en determinadas áreas cerebrales. En el cerebro de los mamíferos, incluida la especie humana, tiene lugar una formación continua de nuevas neuronas, también en la edad adulta.

Este fenómeno, conocido como neurogénesis, ocurre en dos zonas concretas del cerebro: los bulbos olfatorios y el giro dentado del hipocampo.

El investigador de la enfermedad de Alzheimer Sangram Sisodia —doctor en Filosofía del Departamento de Neurobiología de la Universidad de Chicago— demostró que el ejercicio físico y la estimulación mental protegían a los ratones de padecer dicha enfermedad, incluso cuando se les había introducido la mutación humana del alzhéimer en su genoma. De este modo, si haces ejercicio diariamente, aumentarás el número de células nerviosas, al igual que cuando te propones aprender cosas nuevas.

Esto significa que debemos atender la relación entre mente y cerebro, es decir, entre nuestras decisiones y acciones que inciden en la salud del cerebro. Nuestro cerebro no hará cosas nuevas e inesperadas a menos que establezcamos una nueva relación con él.

Por otra parte, gracias a la neuroplasticidad, el cerebro tiene la capacidad de regenerarse a partir de la interacción con el medioambiente. Esto echa por tierra la antigua creencia de que, como dice ese refrán tan repetido e instalado en nuestro pensamiento: «Loro viejo no aprende a hablar».

Se ha demostrado que el cerebro puede remodelar y reconfigurar sus conexiones después de una lesión. La vieja teoría afirmaba que los niños configuraban sus redes neuronales de forma natural durante su desarrollo, y que más adelante el proceso se detenía y su cerebro se volvía inmutable. Hoy en día sabemos que las células nerviosas cerebrales se reconfiguran continuamente en función de las experiencias, el aprendizaje y las lesiones. De hecho, tu cerebro se está remodelando en este mismo instante al poner en práctica el hábito de la lectura.

A diferencia de un teléfono de gama alta, que no está al alcance de todos, nuestro más importante ordenador personal ¡es gratis! Así que no hay excusas...

Es importante que comiences a estimular tu centro de operaciones (es decir, el cerebro) con algunos ejercicios de neuroeducación. Uno de ellos es muy sencillo y se llama «movimientos conscientes». Te invito a que, a partir de este momento y durante todo un día, utilices únicamente la mano menos hábil para realizar todas las actividades cotidianas: escribir, sujetar cualquier objeto, comer, al ir al baño, etcétera.

ENTONCES, ¿QUIÉN ESTÁ AL MANDO?: ¿NUESTRO CEREBRO O NUESTRA MENTE?

Si partimos del hecho de que es nuestro cerebro el que domina nuestra interacción con el mundo, eso significa aceptar que existen limitaciones físicas que nos impedirán alcanzar nuestro máximo potencial.

Como vemos en la ilustración, el cerebro es el órgano reproductor al que tú le dices qué hacer a través de la mente. A su vez, el que se queda en la mente está también muy limitado, porque por encima de la mente está la consciencia que nos da la capacidad de ob-

servar la mente (es decir, nuestros pensamientos). Lamentablemente, muchas personas viven al nivel del cerebro, y sus hábitos determinan hasta dónde van a llegar en sus vidas.

Te lo explicaré a partir de estas tres categorías que definen los tres estados evolutivos: esclavo cerebral, emprendedor mental y explorador consciente:

Esclavo cerebral

La biología nos da un cerebro. El cerebro es el órgano que coopera con nuestras inteligencias superiores, aquellas que tienen que ver con la cognición, la comunicación, la imaginación, la capacidad crítica reflexiva, el poder de planificación y la creación de visión y propósitos.

Todo eso tiene que ver con la lingüística y nuestras inteligencias cognitivas, que se conectan a través del cerebro y nuestro sistema nervioso —tanto desde el punto de vista físico como electromagnético— con otras inteligencias, como la que viene desde el corazón. Por eso en la actualidad existe una tendencia a hablar de cardioneurología, porque se ha descubierto que el corazón tiene su propia red neuronal o sistema nervioso. Ahora bien, el esclavo cerebral es aquel que no ha optimizado su cerebro. Recuerda que nuestro cerebro tiene una programación que es evolutiva por supervivencia.

El ser humano tiende al fenómeno denominado sesgo de negatividad (*negativity bias*), que es nuestra tendencia a registrar los estímulos negativos más fácilmente que los positivos. Asimismo, tiende, por supervivencia, a familiarizarse con lo conocido. Si permitimos que nuestra mente robótica, en el estado primitivo evolutivo en el que el cerebro se desarrolla, tome el control, solo vamos a obtener reacciones para mantenernos con vida. En cuanto al condicionamiento social, muchas veces provoca un modo muy reactivo de vivir, en el que el cerebro más activo, el reptiliano, «gana la batalla» (recordemos que tenemos tres cerebros: el reptiliano, que gobierna instintos básicos como la sed, el hambre, etc.; el límbico, que asienta las emociones y los sentimientos, y el neocórtex, que rige la inteligencia). Dado que muchos crecemos sin una mentalidad educada para interpretar y autogestionar de manera asertiva nuestras emociones, no sabemos manejar la ira, y entonces dejamos que el cerebro escupa la ira, el asco u otros sentimientos afines.

El esclavo cerebral es alguien que se siente y se descubre continuamente pidiendo disculpas porque mete la pata, porque «es su cerebro el que toma decisiones, es su cerebro el que reacciona y ni siquiera crea respuestas». Así pues, es el nivel más básico y de muy baja consciencia, porque el esclavo cerebral no entiende que si no creamos una mentalidad de futuro, somos prisioneros de nuestro pasado.

EMPRENDEDOR MENTAL

El emprendedor mental es el que quiere convertirse en un pionero de su futuro. Dice, por ejemplo: «Yo no puedo estar usando mi cerebro como un mero reproductor de lo que he archivado en el condicionamiento recibido mediante la educación que me brindaron. Tengo que crear un futuro; por lo tanto, tengo que entrenar mi mente, tengo que invertir en hackear mi cerebro y tengo que estudiar inteligencia emocional para entender mis emociones, que, por otro lado, a veces son tan fuertes que no sé cómo dejarlas ir cuando no son elevadas y positivas».

El emprendedor mental emprende un camino para desaprender, aprender y reaprender, y también para estudiar su mente piñata, abrirla y hurgar en ella para detectar, por ejemplo, las creencias que hacen que se expanda o cuáles ha asumido como verdades (debido a comportamientos repetidos durante años, aunque realmente no lo sean). Es similar a quitar el *maya* —que en sánscrito quiere decir «ilusión o engaño»— para poder ver que tú tienes la responsabilidad, sobre todo cuando eres adulto y tu cerebro ya está anatómicamente formado.

El emprendedor mental pasa tiempo a solas y sabe encontrar esas voces dentro de su propio diálogo interior. Empieza a desarmar, como si se tratara de las patas de una mesa, creencias que no le permiten tener una cosmovisión expansiva del mundo. Así pues, el emprendedor mental es una suerte de *hacker*, un ser humano que se autoconoce para comprenderse mejor y desde esa gran comprensión se mejora a sí mismo, porque se considera un ser *evolucionante consciente*.

El emprendedor mental no se siente una víctima y un accidente de este universo, no dice: «Nací así, ¿qué puedo hacer?», como sí hace el esclavo cerebral. El esclavo cerebral afirma: «Pues sí, nací pobre, y quizá me muera pobre» y, también, «No tengo muchas alternativas, llevo tres generaciones con personas que han muerto de cáncer de próstata, así que yo también moriré de cáncer de próstata». O sea, se cree todo lo que su cerebro documentó y archivó debido al adoctrinamiento social y las múltiples herencias que ha recibido.

El emprendedor mental, en cambio, se sabe responsable, líder, consciente de la cocreación del destino a través de sus acciones e intenciones, y empieza a cuidar sus pensamientos y a depurar sus propias emociones para crear un estilo de vida que él mismo diseñó.

Explorador consciente

Por último, el explorador consciente va más allá y afirma: «Tengo una mente, pero no soy mi mente. Tengo un cuerpo, pero no soy mi cuerpo. Mi cuerpo es mi envase». Por lo tanto, crea un estado de neutralidad. Y con esa neutralidad empieza a *desidentificarse* de ese yo social que ha construido a través del ego, de su cabeza, para poder establecer una relación mucho más saludable con su propia mente fragmentada y construida a través del contacto con otras personas y la presión social que se da desde que nacemos.

En esencia, se trata de creer más en el elixir que proviene del corazón profundo, la esencia de la inocencia, la gracia de sentir que somos todos campos electromagnéticos viviendo en un gigante campo de información cuántica.

El explorador consciente le concede a la consciencia el ser, junto con la divinidad, el «CEO», su carrera y su misión de vida. Así pues, es aquel que levanta una suerte de dron invisible a pocos centímetros por encima de su cabeza para poder escuchar sus propios pensamientos —sin juicios y sin críticas— y así deconstruirlos y mejorarlos. No se engancha demasiado en sus propias autocríticas y autosabotajes, y tampoco les cree demasiado a las voces que lo elogian para hacerlo sentir superior en alguna capacidad respecto a otros seres humanos.

El explorador consciente no se siente víctima porque es cien por ciento responsable de mantener la integridad y el cuidado de su cuerpo, que es su templo físico, porque sabe que necesita liviandad, flexibilidad, vitalidad para tener longevidad y calidad de vida. El explorador consciente entiende que debe cuidar las frecuencias con las que nutre su mente, su mentalidad; también es consciente de que aquello a lo que se expone crece en él y, por lo tanto, estudia deliberadamente su círculo de influencias: qué escucha, de quiénes se rodea con más periodicidad, etc. El explorador consciente entiende perfectamente que es la energía y no el intelecto su mayor tesoro, porque la energía crea la actitud; y la energía —como dijo Albert Einstein— es la entidad gobernante sobre la partícula, entiéndase, la materia.

El observador consciente comienza a crear una misión de vida conectada con un propósito hacia el bien mayor, hacia el fin más alto, y no solo viviendo meramente para sus necesidades más básicas, sino que se propone dejar un legado, crear una misión.

Como líder, tu propia consciencia afecta a quienes te rodean. Las personas a quienes lideras y sirves dependen de tu valoración de los hechos. Debes acudir a tu interior para obtener la respuesta correcta. Tú solo puedes elevar la consciencia del grupo desde sus necesidades básicas a las más elevadas.

No hay límite respecto de lo que puedes cambiar, porque la consciencia trae luz a todos los aspectos de la vida. Sin embargo, si tu consciencia es limitada, todo lo demás también será limitado. Por otra parte, si te encuentras en un estado de consciencia expandida, todo lo demás se expandirá. Nada tiene mayor poder de transformación que la consciencia. Como dice mi maestro Deepak Chopra: «La consciencia es el lugar de nacimiento de la posibilidad».

Todo lo que quieres lograr comienza aquí. Cuando surge una nueva idea, debe reunir poder e influencia. Otras personas tienen que querer apoyarla, por lo que los medios para convertir tu visión en realidad deben entrar en juego. Todas estas cosas dependen de tu consciencia porque, en el momento en que tienes una idea nueva, muchos senderos conducen al futuro. En algún lugar en tu interior, el camino correcto llama. *El visionario exitoso acude a su interior día tras día para encontrar el siguiente paso en el camino.* Es decir, el éxito es un viaje que evoluciona.

En el mundo de las grandes tradiciones espirituales, la consciencia se considera un atributo de Dios y, por tanto, es infinita y omnipresente. Lo divino ve y sabe todo. Es por eso por lo que los sabios védicos de la India nos dicen: «Conozcamos aquello que da a conocer todo lo demás». Se refieren, por supuesto, a la consciencia que tiene sus propias cualidades innatas y cuyo objetivo último es ser transformada. En *El alma del liderazgo*, Deepak Chopra resume magistralmente los siete atributos de la consciencia, que en orden ascendente (véase ilustración de la p. 115) son:

1. Equilibrio

La consciencia irradia estabilidad y seguridad desde su núcleo, sin depender del apoyo externo. Cuando conectas con este atributo, te mantienes firme en medio de las crisis. Mientras otros se sienten inseguros, tú mantienes el equilibrio, y en tiempos de necesidad estás preparado para aliviar la ansiedad de quienes te rodean, inspirándolos a mostrar sus mejores cualidades.

2. Automotivación

La consciencia encuentra en sí misma todo lo necesario. Se nutre de su propia fuente interna obteniendo confianza y energía ilimitadas. Ve oportunidades donde otros ven peligro y lidera hacia el éxito.

3. Coherencia

La consciencia tiende hacia el orden y la organización, une las influencias de los sentidos en una imagen clara del mundo. Cuando te conectas con esta cualidad, inspiras a otros a unirse a tu visión. En lugar de confusión y conflictos, ves un propósito claro y unificador, convirtiéndote en un líder capaz de reunir a las personas adecuadas para apoyar tus ideas.

4. Intuición

La consciencia siempre observa, sin verse obnubilada por intereses personales. Percibe la realidad más allá de las ilusiones y comprende las situaciones sin esfuerzo. Esta intuición llega de forma espontánea, permitiéndote conectar con las necesidades de los demás. Como líder, logras que cada persona se sienta comprendida y escuchada.

5. Creatividad

La consciencia es el punto en el que lo desconocido y lo conocido se encuentran, convirtiendo las posibilidades mínimas en nuevas realidades. Cuando eres consciente, la incertidumbre no te inquieta; al contrario, te impulsa a mejorar y a explorar. Es la esencia de la creatividad y la innovación, y disfrutas descubriendo nuevas formas de hacer las cosas. Como líder, inspiras a otros a dejar atrás las perspectivas gastadas y a abrazar lo novedoso.

6. Inspiración

La consciencia emana amor, compasión, fe y virtud. Estas cualidades fundamentales surgen de un mar infinito de consciencia, y cuando eres consciente, puedes inspirar a los demás, permitiéndoles ver lo mejor de sí mismos y elevándolos.

7. Trascendencia

La consciencia no tiene límites, va más allá del mundo y existe en una realidad superior que es indescriptible pero experiencial. La maravilla y admiración se entrelazan en esta comprensión. Absorbiendo esta revelación, comprendes la trascendencia. No necesitas ir a ninguna parte, pues toda la realidad existe en ti. Eres un ejemplo de plenitud, unido con todo y todos a tu alrededor.

LA CONSCIENCIA PUEDE TRANSFORMAR

Nada tiene más poder para transformar que la consciencia. Cuando estás completo en tu interior, las peores condiciones del mundo pasan a un segundo plano. Hace algunos años, tomé un barco a la isla Robben, que está cerca de Ciudad del Cabo, en Sudáfrica. Azotada constantemente por un oleaje atlántico suficientemente fuerte como para romper o averiar cualquier barco que se topara con él, en alguna época se consideró que esta isla era ideal para albergar a leprosos, por lo que allí se construyó una prisión para presos políticos, uno de los cuales sería Nelson Mandela.

En 1964, Mandela fue sentenciado por sabotaje y por tomar parte en varias actividades *antiapartheid*. Afortunado por escapar a la condena de ahorcamiento, recibió en cambio una condena de cadena perpetua. Hoy, los visitantes pueden ver por sí mismos la minúscula celda y el catre de hierro donde Nelson Mandela pasó dieciocho años de su vida. Además del catre, el único mobiliario es una pequeña mesa y una lata con tapa que hizo las veces de excusado.

¿Cómo pudo un líder de ese calibre surgir de tan inhumanas condiciones? Hablar de motivación lisa y llana sería caer en el error. La motivación eleva temporalmente el espíritu, pero es difícil sostener ese estado. La inspiración, en cambio, es más duradera, y la inspiración de Mandela vino de su excepcional consciencia, que él eligió desarrollar aún más durante su desgracia. Mandela fue a prisión siendo un rebelde temperamental que admitía la violencia. Tras veintisiete años encerrado en la cárcel, surgió como un hombre transformado, firme aún en sus convicciones, renunció a la violencia y trascendió los abismos del odio y la amargura. Guiado por su consciencia iluminada, el Congreso Nacional Africano cambió su punto de vista: en lugar de centrar sus ideales en la dominación negra, los dirigió a la creación de un país unido que incluyera a todas las razas, sin desear mal a nadie.

Qué hacer hoy

La consciencia es innata, no tienes que buscarla fuera de ti. Pero la consciencia expandida debe cultivarse. Hoy puedes comenzar a andar el camino que lleva a la consciencia ilimitada; como verás, los pasos son sencillos. No tienes que adoptar todo lo que planteo en este libro de una sola vez; siempre puedes regresar a este apartado como si fuera un mapa del camino. Sea cual sea tu punto de inicio,

TU MAPA DE LA CONSCIENCIA

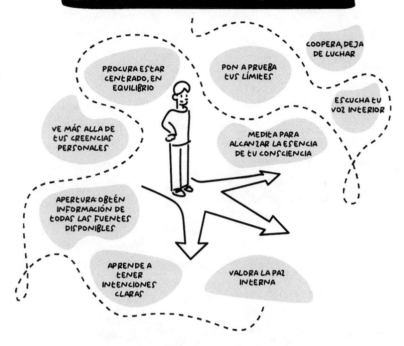

la andadura hacia una consciencia superior está siempre abierta. Aun cuando la consciencia es invisible, dar estos pasos hará que los beneficios de la consciencia expandida sean evidentes en tu vida.

El negocio de ser tú

Me gusta pensar que Dios
a todos nos conectó
con la fuente del amor.
Y su abundancia mayor,
ese don cautivador
de utilizar el cerebro,
proyectando lo imposible,
de visionario, celebro.

Nacimos con la verdad
del pionero e inventor.
Emprendemos al nacer
en un mundo
que en la bondad
nos invita a crecer
sin límites ni falsedad.

¿Qué nos limita, señor?
Si no hay fin en el cosmos,
ni tampoco en la creación,
toda idea que nos siembras
es una semilla de Acción.

Algunos llaman vida
a esa mediocre avenida
de quejas al por mayor,
mientras dormidos repiten
los lamentos de los pobres
en espíritu creador.

Unos pocos se sacuden
el polvo de sus rodillas,
al caer hacia el futuro
y soportar zancadillas.

Esos que llamamos líderes,
emprendedores, visionarias,
gente que va a la vanguardia
innovando y desafiando.
Cuestionando y arriesgando.
Cambiando su propio mundo
para cosechar lo propio.

Su visión está preñada
de riesgos que hay que descubrir.

Su lenguaje y su mirada
tienen misión pactada
en un futuro que deben construir.

No malgastan su energía
confrontando el día a día.

Invierten en su mente sabia,
para crear su valía.

Hablan de buenos negocios
basados en la pasión.
Conectados desde el ser
a su sagrada misión.

Reconocen en sus vidas
el valor de su lenguaje,
para crear realidades
y aprovechar sus caídas.

No hay fracaso en su mirada,
solo sed de aprendizaje,
para mirar al paisaje
que en su mente se dibuja,
con la fineza marcada
como bordado en aguja.

Así de clara es la idea
que le palpita en el pecho,
un llamado, un gran decreto
que se construye en sueños
del cimiento hasta el techo.

Ese ser de transgresión
es flexible en la vocación.
Firme en convicciones
y sereno en emoción.

Persuade con su palabra
a quien invita a su obra.
Seduce con pasión y convencimiento
a quien dinero le sobra,
para invertir con noble desprendimiento.

También cree en las alianzas
y el buen trabajo en equipo.
Inspira con su enseñanza
y con su buen prototipo.

No se queda con las ganas
de vivir en plenitud.
Abraza la incertidumbre
del negocio de ser Tú.

Espero que si me escuchas
en tu mente de cantor,
el canto que llevas adentro
sea el de un gran ruiseñor.
Un ave que abre sus alas
para volar desde el cielo
y no detenerse ante nada,
para manifestar con esmero.

Tu ruta es de peregrino,
llena de intuición incierta,
aquella que gana la apuesta
del principiante con fe y buen tino.

Tu ruta es de emprendimiento,
soltando sometimiento…
Riesgos que labran camino,
para forjar tu gran destino.

Tu visión en lo que ves,
adentro de tu mirada,
será siempre la portada
de tu camino a emprender.

Nunca dudes de tu brillo,
siempre confía en la fe
de quien usa su energía,
y logra que llueva café.

Tu luz y tu mente sabia
portan fuerza y gran talento
para levantar castillos
que danzan entre los vientos.
Álzate con tus ideas
de ese letargo sin tiempos.

Firma un pacto de coraje,
para que tu sueño cuaje
con el diseño excelente
que un Dios tan benevolente
ha guardado para ti.

Solo mira hacia adentro,
honra a tu gran corazón profundo,
y repite con certeza, optimismo y alegría:
hoy es mi día, llueve Maná sobre mí.
Lo manifestado es un SÍ, rotundo.

ISMAEL CALA
Escrito en el Cala Center,
el 30 de octubre de 2022.
Poema dedicado a todos aquellos seres
que están dispuestos a honrar su infinito
potencial creativo y emprendedor que
reside en su interior.
Dios es amor. Hágase el milagro.

**Descubre, con tu curiosidad, a dónde
te lleva este código QR:**

NO SOY MI MENTE
TENGO UNA MENTE

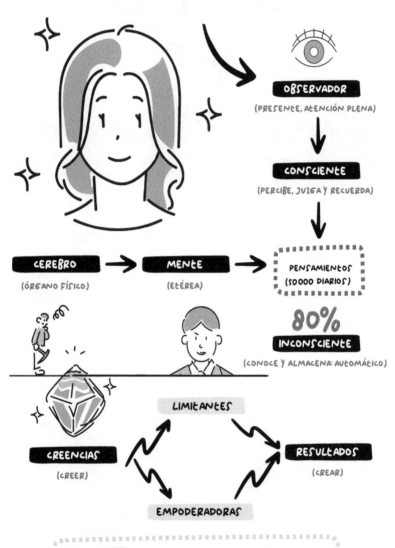

OBSERVADOR
(PRESENTE, ATENCIÓN PLENA)

CONSCIENTE
(PERCIBE, JUZGA Y RECUERDA)

PENSAMIENTOS
(50000 DIARIOS)

CEREBRO → **MENTE** →
(ÓRGANO FÍSICO)   (ETÉREA)

80%
INCONSCIENTE
(CONOCE Y ALMACENA: AUTOMÁTICO)

LIMITANTES

CREENCIAS
(CREER)

RESULTADOS
(CREAR)

EMPODERADORAS

TAREA — EDUCAR Y FORTALECER LA MENTE CONSCIENTE PARA QUE GOBIERNE LA INCONSCIENTE Y ACTÚE A NUESTRO FAVOR

El arte de escuchar tu cuerpo

Hola, muerte

Hola, peregrina eterna,
asustadora de multitudes,
temeridad que nos enferma,
autoridad de todas las latitudes.

Te acosan en ignorancia,
te blasfeman los inseguros,
tu llegada se hace rancia,
entre aquellos tan impuros.

Habitas entre las sombras,
de la memoria deshecha.
Creces en muchas mentes
secas por la ideología maltrecha.

Pocos te quieren ver,
y a esos los repudiamos.
Son juzgados,
son culpados
los que te invitan a ser.

Ser quien eres,
llena de silencio y viento,
dama sin juicio y tiempo,
ente que mientras se viste
te saluda con un «lo siento».

Altares en tu nombre llegan,
mientras vas y vienes entre la bruma,
llamando a los desdichados
y también a una que otra fortuna.

Contigo aprendí a Dormir
bajo tu brazo abrigado.
Despertando al sonreír
feliz de que te hayas marchado.

Algún día llegarás,
en medio de las sospechas,
de que el tiempo se hizo sal
y el corazón ya se estrecha.

Muerte, te quiero muy lejos
y siempre te siento tan cerca.
Soy de tus pródigos hijos,
aprovechando la brecha,
ese tiempo indefinido
que junto a Dios lanza flechas.

Me enseñaron a esconderte
cada vez que te apareces,
nadie vuelve de tu embrujo,
de piedad creo que careces.

Sin firma ni forma llegas,
sigilosa y en puntillas.
A veces escuchando quejas,
a veces robando sillas.
Eres juez y también verdugo,
eres paz entre las penas,
liberas de las condenas
a aquellos presos del yugo.

Un pacto de amor tenemos
de respeto y tolerancia.
Mientras tu eterna fragancia
anuncia tu oscura estancia
y tu partida queremos.

Te aviso cuando algún día
mi corazón de alegría
agradezca por la vida
y hecha a mi medida
acepte de buena fe,
señora de cada día,
tu silente pasantía.

ISMAEL CALA

Decidí comenzar este capítulo con un poema a la muerte porque, como seres humanos, es un tema que nos afecta a todos. El hecho de saber que nacemos con la muerte a cuestas nos hace emprender esta aventura de diferentes maneras. Personalmente, creo que, como dice el autor Stephen R. Covey, somos seres espirituales viviendo una travesía humana. Somos partículas de Dios viviendo una experiencia corpórea. Y esta travesía nos regala un vehículo transitorio que es a la vez el canal para conectarnos con lo eterno: el cuerpo humano.

Usamos el cuerpo muchas veces como una máquina, sin darle la importancia de lo que nos puede guiar y servir, siendo un cuerpo vital, energizado y flexible. Nuestro cuerpo es un templo sagrado, es un envase mágico, es el vehículo para vivir la experiencia de lo sensorial y también es el canal para trascenderla. Nuestro cuerpo está hecho con la sabiduría del gran creador, y aún hay mucho enigma en torno a lo que hemos conocido de lo que somos y lo que sigue sorprendiendo a la comunidad científica en cuanto a la capacidad ilimitada del cuerpo para autosanar y cambiar, vivir y revivir. A este cuerpo que tenemos lo llamaremos «nuestro templo físico, nuestro templo con forma». Y esa forma cambia porque somos procesos y nunca eventos estáticos.

TRANSFORMANDO TU BIOLOGÍA

> *Eres salud sublime. Tu farmacia interior*
> *está siempre abierta… ¡A tu salud!*
>
> ISMAEL CALA

Los seres humanos somos las únicas criaturas en la faz de la tierra con la habilidad de modificar nuestra biología a través de nuestros pensamientos y emociones.

¿Qué significa esto? Que eres pura creación. Tu biología responde al diario de tu autobiografía.

Nuestras células están constantemente observando nuestras ideas y se ven moldeadas por ellas.

Un embate de tristeza puede devastar tu sistema inmune, pero encontrar serenidad lo refuerza de manera significativa.

La felicidad y la armonía no solo nos mantienen saludables, sino que también prolongan nuestra vida.

La memoria de un hecho triste o doloroso desencadena en ti las mismas hormonas perjudiciales que el estrés.

Tus células están todo el tiempo procesando tus vivencias y las metabolizan según tus puntos de vista.

Tu perfil bioquímico cambia radicalmente cuando experimentas calma; hasta el proceso de envejecimiento se equilibra día tras día.

¿Cómo está tu cuerpo hoy? Recuerda lo que pensaste y sentiste ayer.

¿Cómo estará tu cuerpo mañana? Cuando pienses en esto ¡cuida tus pensamientos y emociones hoy!

¿Cómo me convierto en mi médico de cabecera?, el cual tiene todo el tiempo para escuchar su cuerpo, que es ultrainteligente.

Al abrirte a conocer tu cuerpo evitarás que en tu lugar lo haga un cirujano.

La medicina está en ti y muchas veces no la utilizas. La enfermedad viene de ti sin que te des cuenta…

¡Despierta!

Nunca es tarde para escuchar tu cuerpo

Dado que no fui un fanático de la educación física en mi juventud, entendí la importancia de cuidar el templo del cuerpo ya de adulto. En mi adolescencia, me enfoqué más en alimentar mi mente que en nutrir mi cuerpo. Pero con la madurez llegó la sabiduría de equilibrar ambos aspectos.

Aprendí que mente y cuerpo están profundamente interconectados. Cuando cuido mi salud física, mi bienestar mental y emocional también se benefician. Aunque antes no lo valoré, la educación física desempeña un papel vital, ya que nos ayuda a adquirir hábitos de ejercicio y buena alimentación, que son esenciales para nuestro crecimiento.

Según los expertos en estas materias, como mi maestro Deepak Chopra, nuestro cuerpo tiene una inteligencia innata que nos guiará si aprendemos a escucharla. Otros, como la doctora Lissa Rankin, afirman que nuestro cuerpo envía señales cuando algo está desequilibrado, pero a menudo las ignoramos. Aprender a interpretar estas señales a tiempo puede prevenir los problemas de salud.

Al desarrollar la habilidad de escuchar a mi cuerpo y vivir en armonía con él, he logrado disfrutar de mayor bienestar y salud. Incorporar rutinas de ejercicio, meditación y buena nutrición me ha ayudado a integrar cuerpo, mente y espíritu. Así que no importa la edad que tengas: ¡nunca es tarde para aprender a honrar el templo de tu cuerpo!

HABLEMOS DEL ESTRÉS (UN MONSTRUO QUE AL PARECER... NO ES TAN MALO)

El estrés inunda nuestro día a día. Y, la verdad, no me sorprende. En un mundo cada vez más incierto y vertiginoso es normal sentirnos así. Pero esta no puede ser la norma. Porque si estamos en constante estrés, no podemos vivir en plenitud.

En mi vida personal, por la naturaleza de mi profesión, el periodismo, viví durante largo tiempo con mucho estrés, el cual trasladaba a mi vida personal y me afectaba física y emocionalmente.

Cuando dejé el periodismo, el estrés no se fue, pero sí sucedió algo: fui consciente de él. Y como mi mayor pasión es que vivamos todos en plenitud, investigué sobre el tema y descubrí que el estrés de por sí no es malo, ya que puede ser beneficioso para que alcancemos nuestras metas. Pero sí hay un tipo de estrés muy negativo, ese que puede llevarte a la enfermedad, la ansiedad y la depresión.

El latín siempre nos da una pauta de la dimensión más profunda de las palabras. En el caso de *estrés*, deriva del latín *stringere*, que significa «apretar». Y es que el estrés es esa sensación de presión en la que nos sentimos un poco acorralados, como un boxeador arrinconado contra las cuerdas.

¿Y qué pasa cuándo nos sentimos contra las cuerdas? Percibimos el peligro.

El estrés es una reacción fisiológica del organismo en la que entran en juego distintos mecanismos de defensa, para afrontar una situación que se percibe como amenazante o peligrosa. La Organización Mundial de la Salud lo define como el «conjunto de reacciones fisiológicas que prepara el organismo para la acción». En términos globales se trata de un sistema de alerta biológico necesario para la supervivencia. Cualquier cambio o circunstancia diferente que se presente en nuestras vidas —como cambiar de trabajo, hablar en público, presentarse a una entrevista o cambiar de residencia— puede generar estrés.

Absolutamente todas las personas hemos pasado (y pasamos a diario) por situaciones de estrés. La clave es darnos cuenta de cómo funciona nuestro organismo y conseguir mejores respuestas. Ahora bien, así como existen el yin y el yang, la luz y la sombra y, también, la energía positiva y negativa de las baterías, el estrés tiene dos formas o polos que debemos aprender a distinguir: el positivo y el negativo.

Aunque la palabra «estrés» tiene casi siempre una connotación negativa —principalmente en los seres humanos—, lo cierto es que el estrés no es necesariamente malo. Veamos cómo funciona su bioquímica: cuando te enfrentas a una amenaza percibida como, por ejemplo, a un perro grande que te ladra mientras das un paseo, el hipotálamo —una pequeña área en la parte interior del cerebro— activa un mecanismo de alerta en tu organismo. A través de una combinación de señales nerviosas y hormonales, este mecanismo estimula las glándulas suprarrenales para liberar una serie de hormonas, entre ellas la adrenalina y el cortisol.

La adrenalina aumenta la frecuencia cardíaca, eleva la presión arterial y aumenta los niveles de energía disponibles. El cortisol, que es la hormona principal relacionada con el estrés, incrementa los niveles de azúcar en sangre, mejora la utilización de la glucosa en el cerebro y aumenta la disponibilidad de sustancias que facilitan la reparación de los tejidos.

Además, el cortisol restringe las funciones que no son esenciales o podrían ser perjudiciales en una situación de amenaza. Altera las respuestas del sistema inmunológico y suprime el funcionamiento del sistema digestivo, el reproductivo y los procesos de crecimiento.

En resumen, un cierto grado de estrés estimula el organismo y permite que este alcance su objetivo, volviendo al estado original cuando el estímulo ha finalizado. Por ejemplo: el estrés puede aparecer cuando tenemos frío y tensamos los músculos para producir calor, cuando se produce un esfuerzo para hacer la digestión o cuando dormimos menos para estudiar. Si una persona se presenta a un examen sin ese nivel de alerta o de estrés, su rendimiento bajará. Dicho en otras palabras, es un estrés que viene dado cuando el organismo entiende que debe hacer un «esfuerzo extra» para alcanzar un objetivo. A este estrés positivo se lo denomina *eustrés*.

El problema surge cuando se mantiene la presión y se entra en estado de resistencia. Ahí entra en juego el estrés negativo, también llamado *distrés*. Aparece cuando ciertas circunstancias —como la sobrecarga de trabajo, las presiones económicas o sociales, o un ambiente competitivo— se perciben inconscientemente como una «amenaza» y se empieza a tener una sensación de incomodidad. Cuando esta sensación se mantiene en el tiempo, se puede llegar a un estado de agotamiento con posibles alteraciones funcionales y orgánicas, generando fatiga, mayores niveles de ansiedad, irritabilidad e ira.

Dicho todo esto, te invito a que visites la página de recursos, donde encontrarás un autodiagnóstico o *check list* para el estrés. Te aclaro que esto no equivale ni reemplaza un diagnóstico médico, solamente es una primera aproximación para que puedas tomar consciencia de tu grado de estrés.

De acuerdo con los síntomas comunes, la idea es que marques con una cruz aquellos que reconoces que tienes tanto en el cuerpo como en las emociones, pensamientos y conductas. Así pues, te pregunto:

- ¿Cuál es la relación con tu cuerpo?
- ¿Vives constantemente en tu mente o eres capaz de escuchar a tu cuerpo cuando te está enviando señales?

ENTONCES... ¿VIVES O SOBREVIVES?

Cuando tú, o cualquier organismo de la naturaleza, percibes alguna situación de peligro o amenaza del ambiente, de inmediato se activa un sistema nervioso de alarma primitivo llamado reacción de lucha o huida (en inglés, *fight or flight*). A estas dos soluciones clásicas de supervivencia, habría que agregar una tercera: la respuesta de congelación. Esto sucede cuando el cerebro toma conciencia en milisegundos de que no hay salida y, por ende, que no es posible pelear ni escapar. Entonces, se activa una respuesta autoparalizante. Muchos animales la usan porque con la parálisis simulan estar muertos y esto les ofrece una oportunidad inteligente para pasar desapercibidos.

En cualquiera de los casos, de manera natural nuestro organismo comienza a movilizar una cantidad enorme de energía y recursos para poder adaptarse a esa situación estresante. Desbloqueamos todos los recursos vitales que hay en nuestro organismo como solución de adaptación al ambiente exterior. Imagínate un venado que está comiendo en el bosque y de pronto aparece un león hambriento o un guepardo, en ese momento su organismo genera toda la energía y adrenalina necesarias para adaptarse y sobrevivir. Al activarse la reacción de lucha o huida, en su cuerpo tienen lugar una serie de cambios orgánicos: las pupilas se dilatan y las glándulas salivales se bloquean, ya que no es momento de comer, sino de salvarse.

Lo mismo nos ocurre a nosotros: al sentirnos amenazados, nuestro ritmo cardiaco aumenta, nuestra respiración se altera, la sangre se envía a las extremidades y se detiene el flujo normal hacia el resto de los órganos, ya que es el momento de correr, de pelear o de esconderse. En el caso de un animal, si pudo zafarse del depredador que lo acechaba, treinta minutos más tarde la respuesta de estrés comenzará a apagarse y el cuerpo volverá a la normalidad, ya que los organismos necesitan descansar y repararse.

Pero ¿qué pasa cuando el agente estresor está permanentemente acechándonos? Llámese jefe, compañero de trabajo, tu mamá, tu suegra, tu pareja, un trabajo o cualquier situación que nos desafía. ¿Qué sucede si no nos adaptamos? ¿Qué pasa si estamos en constante lucha o aprensión? Todos los organismos de la naturaleza tienen la capacidad de tolerar cierta cantidad de estrés, pero cuando encendemos la respuesta al estrés y no podemos apagarla es cuando creamos el ambiente perfecto para enfermarnos.

El exceso de cortisol en nuestro organismo es un detonante para generar las enfermedades. Es un hecho científicamente probado que los efectos de un estrés prolongado disparan los pulsadores genéticos que crean la enfermedad.

En la actualidad, existen muchas enfermedades generadas por un sistema inmunológico inmunosuprimido, se las denomina enfermedades inmunomediadas: cáncer, lupus, artritis reumatoide o alergias y sensibilidad a alimentos que comprometen nuestro sistema inmunológico.

Ningún organismo puede permanecer en estado de emergencia por un periodo largo. Si tu organismo está constantemente volcando su energía en resolver una amenaza de tu mundo exterior, se quedará sin energía para reparar tu mundo interior.

Dicho todo esto, te invito a que reflexiones sobre los siguientes aspectos:

- ¿Qué o quién representa para ti una amenaza? ¿Por qué?
- ¿En qué ámbito de tu vida te sientes más amenazado?
- ¿Qué costo trae a tu bienestar vivir bajo ese estado?
- Siendo consciente de este comportamiento, ¿qué podrías hacer diferente a partir de ahora?

PODEMOS VOLVERNOS ADICTOS AL ESTRÉS

Si una persona está acostumbrada a vivir estresada y con los químicos que esto conlleva, con el tiempo comenzará a utilizar los problemas y sus circunstancias para reafirmar o sustentar su acondicionamiento o adicciones a esa emoción. Somos tan adictos a esas sustancias y esos estados que, como un drogadicto, necesitamos ese trabajo que no nos gusta, necesitamos esa relación tóxica que nos afecta, necesitamos ese pensamiento recurrente sobre el pasado o cualquier otra situación difícil en nuestra vida para seguir recibiendo esa dosis de adrenalina, de cortisol y de energía.

En cierto modo, la persona se vuelve adicta a esa vida a la que termina por resignarse. Por ejemplo: pensar todo el tiempo en que no quiero estar sola o solo el resto de mi vida, o que soy incapaz de tener una pareja estable, está ligado a una producción de químicos en nuestro organismo a los cuales nuestras células ya están acostumbradas, del mismo modo que se acostumbran al dulce. Las células se vuelven adictas y piden más. Por ello, cada vez que te encuentres ante una situación de tu yo antiguo: detente, obsérvala y transforma tu pensamiento y emoción. Con la práctica comenzarás a romper el ciclo.

Debido al tamaño de nuestro neocórtex (cerebro pensante), podemos hacer que nuestros pensamientos sean tan reales como cualquier otra cosa. Las personas pueden activar la respuesta de estrés con solo pensar en sus problemas. Ya sabemos que esos químicos son adictivos, y que con un simple pensamiento detonamos esos químicos.

Entonces, si tus pensamientos pueden enfermarte, ¿es posible que también puedan curarte? La gran noticia es que SÍ. Como afirma William James, profesor de medicina, filosofía y psicología de la Universidad de Harvard: «La mayor arma contra el estrés es nuestra habilidad para elegir un pensamiento en detrimento de otro». Con esta afirmación coincido yo, y en la actualidad también la avalan diversos neurocientíficos.

Una vez que entendemos el poder que los pensamientos tienen en nuestra realidad, tanto física como circunstancial, en nosotros reside tomar consciencia y prepararnos para darles dirección y poner nuestra mente a andar en favor de nosotros mismos. Pero, entonces, te estarás preguntando: ¿eso es posible? ¿Cómo domestico mi mente desde un estado consciente?

Me observo, luego existo

Te propongo que hagas el siguiente ejercicio de autoobservación:

Ante una situación que te estrese, primero observa el detonante y luego pregúntate: ¿qué me hizo sentir incómodo? ¿Lo había sentido antes? (por ejemplo: Me criticaron en mi trabajo). Luego, observa tus pensamientos y pregúntate: ¿qué pensamientos están presentes en mi mente? ¿Habían estado allí antes? (por ejemplo: No soy lo suficientemente bueno para dibujar). A continuación, observa los sentimientos presentes y pregúntate: ¿qué estoy sintiendo? ¿Qué emociones o sensaciones están presentes? ¿Habían estado allí antes? (por ejemplo: Siento ansiedad y desmerecimiento;

cansancio y falta de apetito). Por último, observa tu reacción y pregúntate: ¿cuál fue mi reacción ante ese detonante? ¿Había estado ese comportamiento antes en mí? (por ejemplo: Me aíslo, evito el contacto con otros).

Te darás cuenta y tomarás consciencia de desde qué *espacio y estado del ser* estás en ese momento específico. A medida que lo pongas en práctica, poco a poco irás incorporando el hábito de autoobservarte, y así podrás conocer más de ti mismo, para hacer los ajustes necesarios y alinearte con el **nuevo yo** que quieres crear. La autoobservación nos ayuda a «darnos cuenta»; ese es el primer paso para despertar nuestra consciencia. De esta manera comenzarán a cambiar tu biología y tu autobiografía; y podrás ver cambios significativos tanto en tu cerebro como en tu cuerpo y, definitivamente, en tu realidad.

DESCODIFICACIÓN BIOLÓGICA DE LAS ENFERMEDADES

> *El síntoma es un mensajero, y al tomarnos una pastilla matamos al síntoma. Imagínate que un cartero te entrega una carta, y como no te gusta el mensaje que lees, le disparas al cartero.*
>
> BRUCE LIPTON

Déjame contarte la siguiente historia. Hasta el año 1978, la vida del médico alemán Ryke Hamer transcurría en relativa felicidad, con su carrera en Medicina Interna, una familia amorosa y una posición en una clínica universitaria. Sin embargo, el curso de su vida dio un giro trágico el fatídico 18 de agosto de dicho año. Esa noche, en la idílica isla corsa de Cavallo, Víctor Manuel de Saboya —el hijo del último rey de Italia— se enfrentó a unos ladrones que intentaban robar su bote inflable. En su intento por detenerlos, ejecutó dos disparos, uno de los cuales alcanzó trágicamente a Dirk, el hijo de

Hamer, mientras dormía en una embarcación cercana. Tres meses más tarde, Dirk sucumbió a las heridas, lo cual dejó devastado al doctor Hamer y desencadenó una serie de hechos que cambiarían el rumbo de la medicina.

El dolor por la pérdida llevó al doctor Hamer a descubrir una conexión sorprendente entre las circunstancias emocionales y la salud física. A pesar de que antes nunca se había enfrentado a problemas de salud graves, Hamer se encontró luchando contra un cáncer testicular poco después de la muerte de su hijo. Además, su esposa Sigrid desarrolló un cáncer de mama, por el que finalmente falleció en 1985. Este mar de tragedias personales desató en Hamer un profundo anhelo de entender la relación entre el sufrimiento emocional y las enfermedades físicas.

Hombre de mente inquisitiva, Hamer, quien en ese momento dirigía el departamento de Medicina Interna en una clínica oncológica en la Universidad de Múnich, se embarcó en una investigación sin precedentes. Descubrió que muchas mujeres con cáncer tenían historias similares de conflictos emocionales previos a sus enfermedades. Esos descubrimientos llevaron a Hamer a postular, en 1981, la ley de hierro del cáncer, la cual afirma que los traumas emocionales intensos pueden dar lugar a respuestas biológicas en el cuerpo, como el desarrollo de tumores. A pesar de su innovador enfoque, Hamer estuvo en desacuerdo con la corriente médica convencional y se enfrentó a la pérdida de su licencia médica y a la persecución legal. Su búsqueda de una comprensión más profunda de la relación mente-cuerpo y su lucha por una perspectiva diferente en el tratamiento del cáncer continúan siendo un testimonio de su valiente exploración en los límites de la medicina.

Podríamos decir que su error fue su radicalismo al plantearle a sus pacientes que dejaran a un lado la quimioterapia y los tratamientos convencionales. No obstante, los estudios de Hamer dieron sus frutos al conocer al psicoterapeuta Christian Flèche, quien, gracias al encuentro con Hamer, en 1991 terminó desarrollando el método de la descodificación biológica de las enfermedades. La metodología de Flèche se basa, sin embargo, en un trabajo que va en paralelo con la medicina tradicional.

Este nuevo enfoque del sentido de las enfermedades se apoya en las funciones biológicas de cada órgano y permite descodificar los síntomas que «hablan» de nuestra historia, como reacciones de adaptación a unos hechos concretos.

La enfermedad ya no se percibe como un incidente fortuito o una desgracia sin sentido, sino como un signo en el que cada individuo puede basarse para su transformación. Se revela como la manifestación de una estrategia de supervivencia que nuestro cuerpo desarrolla en respuesta a un conflicto emocional. Un antecedente que vale la pena mencionar en este campo es la psiconeuroinmunología, cuyo pionero fue el psicólogo y científico Robert Ader en los años setenta. El término se refiere a la interacción entre los sistemas nervioso, endocrino e inmunológico, y a cómo los factores psicológicos pueden influir en la función inmunológica y viceversa.

Cada persona puede vivir un mismo conflicto de manera distinta.

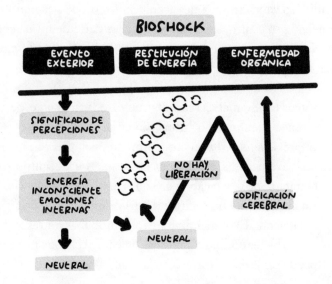

Si el conflicto se vive (inconscientemente) como una experiencia desagradable, en ese instante surge una emoción fuerte (*bioshock*). El *bioshock* es un momento de encuentro entre el mundo exterior y el mundo interior (un acontecimiento exterior y cómo lo vivo en mi interior, es decir, el sentido que el inconsciente otorga a un hecho determinado). Si la emoción queda atrapada y no se libera, se genera lo que se llama la masa conflictual. Esa masa tiene una relación entre intensidad y duración en el tiempo. A mayor intensidad y duración, la resolución del conflicto biológico (enfermedad) será de mayor grado.

La descodificación biológica posibilita la comprensión del origen de cualquier enfermedad. De acuerdo con ella, la ubicación en el cuerpo de un síntoma señala una emoción reprimida que puede ser identificada y vinculada a un hecho que se percibe como negativo, conocido como *bioshock*.

CUATRO CRITERIOS QUE GENERAN UNA ENFERMEDAD

Un *bioshock* provoca una codificación inmediata del acontecimiento conflictivo. Los criterios del acontecimiento que generan una enfermedad son cuatro, los cuales tienen que darse de forma conjunta. No es un acontecimiento exterior (histórico), sino interior (emocional), y se vive de manera:

1. **Intensa y dramática:** se trata muy frecuentemente de un acontecimiento único, brutal e intenso.
2. **Imprevista:** el *bioshock* nos sorprende siempre donde uno no se lo espera. Es subjetivo, incontrolable. Puede simplemente tratarse de una palabra, una imagen o hasta un silencio.
3. **En aislamiento:** no sería un drama de no haberlo vivido en aislamiento. El primer drama es el de no haber sido escuchado, no haber podido compartirlo (ejemplo: cuando mi sentir puede ser juzgado como socialmente incorrecto).

4. **Sin solución aparente:** frente a un *bioshock* nos sentimos desprovistos; surge entonces la reacción animal, arcaica y biológica, esto es, el síntoma (no encuentro respuesta dentro de mi mapa mental).

Entonces, la enfermedad es la resolución biológica (solución de adaptación) de un conflicto no resuelto. Lo que la psique no resuelve, lo hace el cuerpo a través del órgano según su función biológica.

Hipócrates afirmaba que «el cuerpo crea una enfermedad para curarse». ¿Pero curarse de qué?

- De algo forzosamente peor que la enfermedad.
- De algo de lo que no tenemos conciencia.
- De algo de lo que la enfermedad equivaldría a la solución, la salida de emergencia.

Esto mismo es lo que propone la biodescodificación: ¡la enfermedad es útil y, a veces, vital! Es lo que llamamos el *sentido biológico* de las enfermedades. El cerebro, que no distingue entre lo real y lo virtual, busca preservar la vida; por tanto, si en la psique no hay solución, aquel envía la señal al órgano correspondiente según su función biológica para que lo solucione. Esto se traduce en «enfermedad».

El sentido biológico es la forma en que nuestro inconsciente se adapta a situaciones externas, reales o imaginarias, a través de la función de los órganos.

Por ejemplo: estoy en un valle y voy a ascender una montaña, dado que allí hay menos oxígeno, corro el riesgo de que me falte este elemento vital, por lo cual puedo morir. Algo en mí lo sabe y ordena fabricar mayor cantidad de glóbulos rojos, que facilitan el transporte del oxígeno de los pulmones a las células. Otro ejemplo: una persona me vio desnuda en la regadera, y me sentí agredida en un lugar concreto; entonces me aparecen unas manchas en la piel allí donde noté su mirada con el fin de crear una distracción.

Por tanto, al suceder un *bioshock* se programa un conflicto; este puede permanecer toda la vida latente o puede ocurrir un hecho desencadenante que active el conflicto, y entonces aparece el síntoma.

IMPORTANTE

La descodificación biológica de las enfermedades es un acercamiento a la enfermedad que no reemplaza a una consulta médica ni a cualquier otro profesional de la salud. No reemplaza sus praxis ni sus prescripciones. No es ningún tratamiento médico, ni hace ningún diagnóstico médico. La descodificación biológica de las enfermedades es una forma de observar la enfermedad. No es ninguna promesa de sanación definitiva, no es una verdad absoluta ni una certidumbre, como a veces tampoco lo es la medicina. Simplemente se debe experimentar. Es un campo de hipótesis que solo el paciente que lo practique podrá confirmar.

¡No creas nada, experiméntalo y saca tus propias conclusiones! Como una primera aproximación al tema, comparto contigo el siguiente protocolo de reflexión y exploración emocional según la biodescodificación:

1. Identificación del síntoma o la enfermedad: escoge un síntoma físico o una enfermedad que desees explorar desde la perspectiva de la biodescodificación.
2. Investigación del síntoma o la enfermedad: ¿en qué área del cuerpo se manifiesta el síntoma o la enfermedad? Christian Flèche sugiere que cada área del cuerpo tiene un significado emocional y simbólico.
3. Reflexión emocional:
   • Siéntate en un lugar tranquilo y cierra los ojos.
   • Lleva tu atención al área del cuerpo donde se manifiesta el síntoma o la enfermedad.

- Pregúntate a ti mismo: ¿qué emoción o situación podría estar relacionada con ese síntoma?
- Permite que surjan pensamientos, recuerdos o emociones sin juzgarlos.

4. Exploración de emociones y creencias:
   - Escribe los recuerdos, las emociones o situaciones que hayan surgido durante la reflexión.
   - Examina si hay creencias limitantes o patrones emocionales que puedan estar contribuyendo al síntoma o la enfermedad.

5. Autoindagación profunda:
   - Explora la posible relación entre tus emociones y creencias y el síntoma o la enfermedad.
   - Pregúntate cómo podrían estar conectados y cómo podrían estar influyendo en tu bienestar físico.

6. Liberación emocional:
   - Si identificas emociones o patrones negativos, considera formas saludables de liberarlos, como escribir en un diario, hablar con alguien de confianza o practicar técnicas de relajación.

7. Integración y cuidado personal:
   - Reflexiona sobre lo que descubriste y cómo podrías aplicar lo que has comprendido en tu vida.
   - Considera adoptar prácticas que fomenten tu bienestar emocional y físico, como la meditación, la actividad física y un estilo de vida saludable.

¿Revelan los órganos nuestras emociones atrapadas?

Dice el maestro Deepak Chopra: «La fuente de toda creación es la divinidad (o el espíritu); el proceso de creación es la divinidad en movimiento (o la mente), y el objeto de la creación es el universo físico (del cual forma parte nuestro cuerpo)».

Todo lo que ocurre en nuestro cuerpo físico guarda relación con la espiritualidad, los pensamientos y las emociones. Hace cientos de años, la medicina china determinó que cada emoción influye en uno o más órganos vitales. La medicina china sostiene que existen siete emociones, que son consideradas las más importantes y frecuentes en el ser humano; cada una de ellas afecta a la salud de un órgano específico. Estas son:

1. Alegría - Corazón
La alegría beneficia al corazón y promueve una buena circulación. Pero el exceso de alegría puede debilitar el corazón.

2. Cólera - Hígado
Un poco de cólera es normal, pero el exceso lastima el hígado.

3. Ansiedad/pensamiento excesivo - Bazo
La ansiedad y los pensamientos repetitivos dañan el bazo y causan deficiencia en la sangre.

4. Tristeza/pena - Pulmón
La tristeza moderada es normal, pero la excesiva obstruye los pulmones e inhibe su función.

5. Miedo/temor - Riñones
El miedo agota la esencia de los riñones y debilita la voluntad.

6. Terror - Corazón

El terror extremo hiere al corazón y en casos graves causa colapso cardiovascular.

7. Susto/shock - Riñones

El susto agudo afecta a los riñones, debilitando el *zhi* (voluntad) y el *yuan qi* (esencia).

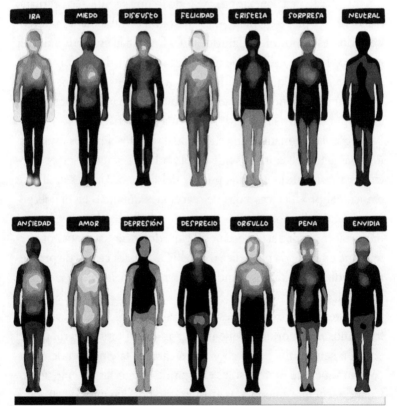

Así pues, es evidente que la salud de nuestros órganos internos está estrechamente ligada a nuestro estado mental. Cómo nos sentimos emocionalmente tiene un irrevocable impacto en nuestro estado físico. La medicina china distingue entre trece tipos de órganos que están divididos en dos categorías: los órganos yin (hígado, corazón, pericardio, bazo, páncreas, pulmones y riñones) y los órganos yang (vesícula biliar, intestino delgado, triple calentador o meridiano del corazón, estómago, intestino grueso y vejiga).

Esta medicina analiza los órganos y la salud desde una perspectiva distinta a la medicina occidental. La cultura oriental interpreta el cuerpo y la mente como una sola unidad psicofísica. Los grandes sabios y maestros experimentados en este tipo de medicina aseguran que existe una conexión entre todo lo que acontece en el plano físico y en el plano mental. Ambos están inevitablemente interconectados, es imposible separarlos, pues forman la estructura del ser humano. La salud se mantiene gracias al equilibrio de ambos planos, que al verse quebrantado por alguno de los dos aspectos da lugar a un trastorno. Un desequilibrio en alguna de las dos partes afecta por entero a la unidad del sistema energético.

Según la medicina china tradicional, los dos ámbitos están tan internamente relacionados que hasta podemos activar ciertas emociones presionando algunos puntos del cuerpo. Un desequilibrio emocional produce cascadas de reacciones químicas en el cuerpo, estimulando algunos sistemas de órganos e inhibiendo otros. Esto es importante porque si padecemos de una dolencia, sabemos con certeza qué emoción la perjudica o beneficia. Si padecemos de problemas cardiacos, evitamos grandes contrastes emocionales o la alegría excesiva, por citar un ejemplo.

Existen varias expresiones populares, a las que muchas veces no les damos la importancia que merecen: «Sentí tanta alegría que el corazón se me salía del pecho». La alegría es la emoción del corazón, aunque este órgano sufre el rigor de casi todas las emociones. Cuando tenemos miedo, nos asustamos o nos llenamos de ira, también el corazón responde, les impregna más fuerza a los latidos, experimenta taquicardias y hasta arritmias, pero es la alegría su gran emoción. El amor forma parte de esa alegría.

La alegría es positiva, es fundamental para el bienestar integral, pero un «exceso de alegría» que llegue a la euforia genera síntomas que estimulan el corazón más de lo debido y puede traer consecuencias nada alegres.

Otra expresión: «Fue tanto el susto que se orinó en los pantalones». Está demostrado que el miedo incide en los riñones. En los niños se manifiesta en las noches cuando, por miedo, tienden más a «mojar la cama». Además, el insomnio, la ansiedad, la parálisis momentánea y el exceso de sudor que suele provocar el miedo son producto de respuestas del riñón, que se descontrola y deja escapar una serie de sustancias tóxicas al organismo.

Cinco consejos para evitar o controlar el estrés

1. Haz ejercicio físico. Permite liberar sustancias tóxicas, relajar la mente y rejuvenecer.
2. Sigue una alimentación adecuada. Intenta por todos los medios mantener los horarios de las comidas.
3. Duerme bien el tiempo necesario. Si no logramos dormir adecuadamente, no podemos esperar ningún efecto positivo, aunque comamos de forma saludable y hagamos ejercicios. Es decir, el dormir mal es perjudicial para la salud mental.
4. Medita. Permite conocernos mejor y estar al tanto de nuestros límites. Fortalece la salud de la mente.
5. Revisa tus creencias y la manera en que te miras y miras el mundo. Recuerda que no es lo que sucede sino cómo reaccionamos ante ello lo que nos afecta realmente.

En la medicina tradicional china, el término *chi* —en japonés, *ki*— se traduce como el «flujo de la energía vital», y es un concepto parecido al del *prana* en el hinduismo. *Chi* es la energía del macrocosmos (universo) en el microcosmos (el cuerpo humano y su psique). Es la fuerza vital que hace que podamos pensar, sentir, movernos y, en definitiva, existir.

Gracias al *chi*, el organismo realiza sus funciones fisiológicas y mantiene las actividades vitales. De acuerdo con la medicina china, la interrupción de ese flujo de energía en el cuerpo es la base de todos los trastornos físicos y psicológicos del ser humano. Cuando el empleo de una fuerza determinada nos produce daño, significa que estamos usando mal la energía y que no la dejamos fluir con todo su potencial porque la bloqueamos con tensiones y resistencias de todo tipo.

¿Cómo se mueve la energía o *prana*?

Mediante la respiración, estableces una conexión con todo lo que te rodea. En esencia, tanto los seres humanos como los animales y las plantas compartimos el mismo aire, de modo que inhalas lo que otros exhalaron y viceversa. Sin embargo, la respiración no solo nos conecta con el mundo exterior, sino que también establece un vínculo y un flujo ininterrumpido hacia el interior. Nuestra respiración llega hasta las células más diminutas, infundiendo vitalidad en nuestro cuerpo.

De hecho, en sánscrito *prana* significa «aire inspirado o energía vital». Según Maharishi, gurú y filósofo hindú, «el *prana* es la energía vital en nosotros, la vida en nosotros». Mientras nos llena de vitalidad, cualquier forma de energía —ya sea luz, calor o electricidad— también es considerada *prana*.

El *prana* viaja a lo largo del cuerpo por medio de los chakras. Los chakras son centros de energía situados en un canal, a través del cual pasa la energía divina en el cuerpo físico y espiritual. Tradicionalmente, hablamos de siete chakras o portales de energía: la base de la columna vertebral, el sexual, el plexo solar, el corazón, la garganta, la frente (entre las cejas) y la coronilla.

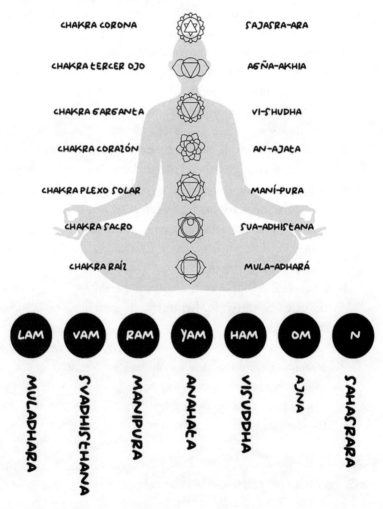

1. Chakra raíz (*muladhara*: «sostén de la raíz»): situado entre la zona del ano y los genitales, justo en la base de la columna vertebral (donde se apoya el cuerpo al sentarse con las pier-

nas cruzadas). Está relacionado con las necesidades básicas que tenemos como personas, el amor, la seguridad y la subsistencia.

2. Chakra sacro (*svadhisthana*: «su-propio lugar-de-estar»): se encuentra en la zona umbilical. Está relacionado con la sexualidad y la energía de la creación.

3. Chakra plexo solar (*manipura*: «joya-ciudad»): se encuentra en la punta del estómago o epigastrio, junto al bazo. Es donde reside nuestra identidad, lo que buscamos de la vida, nuestras intenciones y lo que pretendemos hacer con ellas. Se relaciona con las emociones.

4. Chakra corazón (*anahata*: «no herido o no golpeado»): se encuentra en el centro del pecho, junto al esternón. Representa el fluir del amor y está relacionado con la empatía, la capacidad de perdonar y la gratitud.

5. Chakra garganta (*vishuddha*: «muy puro»): se ubica en la laringe, a la altura de la garganta. Está vinculado con la comunicación y la expresión.

6. Chakra tercer ojo (*ajna*: «conocer por el entendimiento»): se ubica en el entrecejo. Representa la imaginación, la intuición y la percepción.

7. Chakra coronilla (*sahasrara*: «conexión con la consciencia cósmica»): se ubica en la coronilla. Está relacionado con la sabiduría y la iluminación y es considerado el chakra maestro. Es la vía para comunicarnos con lo divino, con algo que trasciende la experiencia humana, con el universo.

¿CÓMO PODEMOS INCREMENTAR EL *PRANA*?

El *prana* impulsa toda actividad. Por ende, cultivar el *prana* puede aumentar nuestra energía y claridad mental. Existen técnicas sencillas de respiración consciente conocidas como *pranayama* que pueden infundir más vigor en nuestras vidas y mejorar tanto nuestro estado mental como físico. En la página de recursos encontrarás una meditación especialmente diseñada que te guiará de forma práctica y sencilla en esta práctica. Otra forma de equilibrar tu energía es a través del ayurveda, una medicina ancestral de la India que ahora es popular en todo el mundo como un sistema de medicina complementaria y alternativa.

LA NUTRICIÓN ES MI PRIMERA MEDICINA

El ayurveda se basa en la idea de que la salud depende del equilibrio entre tres *doshas* o principios bioenergéticos llamados Vata, Pitta y Kapha. Los *doshas* son un concepto central en la medicina ayurvédica que puede ser útil para entender nuestra constitución física y mental. Cada uno de estos *doshas* tienen sus propias características:

Vata: liviano, frío, seco, irregular.
Pitta: caliente, ligero, penetrante, fluido.
Kapha: pesado, lento, estable, viscoso.

Cada persona tiene una combinación única de los tres *doshas*, con uno o dos predominantes que determinan sus rasgos físicos y de personalidad. Conocer tu perfil *dosha* te permite elegir hábitos más acordes a tu naturaleza. Los desequilibrios *dosha* a menudo preceden a enfermedades o malestar. Por ejemplo: un exceso de Vata puede causar insomnio y ansiedad. Un exceso de Pitta, irritabilidad e inflamación. Un exceso de Kapha, letargo y congestión.

Reconocer los *doshas* y contrarrestar sus excesos es una manera natural y preventiva de cuidar nuestra salud, que podemos incorporar fácilmente a nuestras vidas ocupadas de Occidente. ¿Quieres saber cuál es tu perfil bioenergético? En la página de recursos encontrarás un test para descubrir cuál es tu combinación de *doshas*. Conocerla te ayudará a elegir la dieta y el estilo de vida ideales para ti.

Mi experiencia con el ayurveda

En mi caso, conocí el ayurveda en los retiros de mi maestro y mentor Deepak Chopra; él fue quien me enseñó el concepto de los *doshas* o bases biológicas. En el año 2014 fui con él a la India a un retiro en Kerala, un encuentro muy exclusivo destinado a unas cuarenta personas. Allí, hablando con los participantes que le hacían sus consultas a Chopra (cada uno por diferentes temas, pero todos con la prescripción de darse masajes), le pregunté a Chopra por este tema y él me explicó que los masajes, según la medicina china y el ayurveda, son parte de los preventivos para la salud del mismo modo que la meditación, el yoga, el taichí o el *chi kung*: no se practican para salir de un bache, tampoco porque alguien se enfermó; se practican para no caer seriamente enfermo, pues las defensas se mantienen altas. Fue entonces cuando entendí que tenía que cambiar el concepto de masaje al estilo occidental como un gasto y un lujo y concebirlo como una necesidad para el tempo que es mi cuerpo. Eso sí, los masajes deben combinar la mecánica del masaje y, también, la energía; y deben hacerlos los terapeutas holísticos que estudian la energía y son prácticamente sanadores o chamanes (que hay que saber buscarlos). Es decir, no tiene nada que ver con un masaje deportivo.

Así es como desde 2014 recibo un masaje prácticamente todas las semanas, y cuando viajo y tengo muchos eventos, me doy masajes a diario, así no me canso tanto. En la actualidad, el masaje es una parte de mis rituales de salud; algo que me ha cambiado la vida muy positivamente.

Chi kung: **soltar lo que nos pesa para vivir más ligeros**.

Hace diez años aproximadamente estuve en La Montaña Azul, Costa Rica, en un centro de desarrollo espiritual y transformación del ser que dirige el maestro Sifu Rama junto a otros maestros como Sifu Simón y Adelaida Nieto. Allí fue donde conocí el *chi kung* y me enamoré de esta práctica.

El *chi kung* con fines médicos y terapéuticos es parte de lo que en la medicina china, a través de los meridianos y el uso del *chi* (la energía vital que, como dijimos, es lo mismo que el *prana*), funciona como una meditación activa en movimiento. Incluye varios movimientos de diferentes animales del bosque, por ejemplo, el *chi kung* de la grulla, el del oso, el del león, el del tigre y otras posturas de animales que se hacen de una forma muy suave y relajada.

Para atender a lo que sucede en el cuerpo, lo más importante del *chi kung* no tiene lugar mientras haces los movimientos, sino cuando te quedas en reposo. Es lo que se denomina *wu wei*, que es cuando te quedas de pie, contemplando con los ojos abiertos o cerrados, y permaneces como un bambú que oscila, que gira y que se siente sostenido por un hilo invisible con el cosmos, soltando y confiando en el vaivén, en la danza de ese bambú. El *wu wei* es maravilloso porque es en esa instancia cuando uno empieza escuchar su cuerpo, a aceptar y soltar todo lo que sin juicios se va descubriendo. Es una gran forma de soltar toxinas emocionales y energéticas. Mi experiencia a lo largo de diez años con la práctica del *chi kung* ha sido increíble, y lo estoy incorporando en todos mis programas del Cala Center para integrarlo a las experiencias con mis participantes.

REIKI: PONIENDO A PRUEBA MIS PREJUICIOS

El reiki es una técnica de sanación energética mediante la imposición de manos en los chakras y las zonas que requieren sanación; libera emociones y traumas almacenados en el cuerpo recurriendo a la sabiduría innata para sanar.

Lo cierto es que, como muchas otras personas, yo tenía mis prejuicios al respecto. En 2019 leí en un periódico español un artículo que afirmaba que el reiki era una pseudociencia. Eso despertó mi curiosidad. ¿Por qué lo llamaban así? Desde mi escepticismo como periodista, porque yo también era afín al viejo paradigma de la ciencia que reza aquello de «ver para creer», decidí estudiar reiki para ver hasta qué punto era cierto.

Así pues, realicé una maestría de nueve meses e hice todos los niveles hasta graduarme como máster Reiki. Aún recuerdo el primer día, cuando se hizo la iniciación con un pequeño acto ritual. El maestro Alberto Becerra propició que se activara la energía de todo el cuerpo y se canalizara hacia las manos. Literalmente, mis manos empezaron a soltar llamaradas de fuego. Fue maravilloso poder sentir cómo el cuerpo respondía a la intención de direccionar la energía del cuerpo hacia ese remolino que son las manos y sentir cómo se ponían como llamas encendidas para sanar.

Allí entendí que el mundo está hecho de lo tangible y de lo intangible, de lo efímero y de lo eterno, y que vivimos bajo un viejo paradigma en el que el espíritu está sometido a la materia. Porque lo cierto es que pude experimentar, vivir y validar la realidad de cómo podemos usar nuestra energía para autosanarnos y sanar a otros.

Para mí el reiki es una herramienta maravillosa para escuchar al cuerpo, para sanar a través de su propia energía y la de otros. De hecho, yo utilizo el reiki con las plantas; aprendí a escucharlas y es estupendo, pues se trata de una escucha muy sutil. No es la escucha de la materia, no estamos hablando aquí de escuchar al cuerpo desde la densidad de la materia, sino de darle vigor a nuestra vibración para hacer una escucha mucho más elevada, que es una escucha de cómo está nuestra energía vital, la cual condiciona el estado de nuestra materia física, que es el cuerpo biológico. Recordemos la maravillosa frase de Einstein: «La energía es la entidad gobernante sobre la partícula, entiéndase, la materia».

Yoga: ¿camino físico o espiritual?

El yoga es una práctica milenaria que se originó en la India hace más de cinco mil años. Como concepto filosófico, la práctica del yoga está muy alejada de ser únicamente una actividad física; si bien esta es una parte importante, no lo es todo. La palabra *yoga* proviene del sánscrito y significa «unión» o «conexión». Se refiere a la unión del cuerpo, la mente y el espíritu, así como a la conexión del individuo con la consciencia universal o divina.

En mi caso, comencé haciendo *bikram yoga*, o yoga caliente, en el año 2010, al mudarme a Brickell con CNN. Allí descubrí el estudio de yoga de Nacho Cano, uno de los fundadores de Mecano. Durante muchos años practiqué a diario en una sala a más de 40 °C. No me gusta el calor y el yoga era una práctica nueva para mí, así que fue todo un desafío. Un día realmente creí que me desmayaba, pero no lo abandoné. Y la verdad es que lo agradezco porque fue toda una conquista de un espacio mágico del cuerpo y sobre todo de la mente. Bruno, mi socio fundador en Cala Group, se certificó como profesor de yoga y le fascina hacer que despejemos la mente, además de empaparnos de la filosofía del yoga, que va más allá de las *asanas* o posturas físicas.

¿Cuáles son algunos de los beneficios ya probados de la práctica del yoga?

Beneficios físicos

El yoga puede mejorar la flexibilidad, la fuerza y la resistencia del cuerpo. Las posturas de yoga (*asanas*) se enfocan en estirar y fortalecer diferentes grupos musculares, lo que puede ayudar a mejorar la postura y reducir el dolor de espalda. Algunas posturas pueden ser beneficiosas para mejorar la digestión y la circulación sanguínea.

Beneficios emocionales

El yoga puede suponer un aumento de la autoestima y la confianza en uno mismo. Su práctica se enfoca en la atención plena y la conexión con el ser interior, lo cual puede ayudarnos a comprender nuestras emociones y pensamientos. Esto contribuye a una mayor aceptación y amor propio, lo que a su vez puede mejorar las relaciones interpersonales.

Además, la práctica regular del yoga promueve la mejora de la calidad del sueño, lo que puede colaborar a reducir los síntomas de la depresión y la ansiedad.

Beneficios mentales

El yoga puede ayudar a mejorar la concentración y la atención, así como la memoria y la capacidad de aprendizaje. Asimismo, puede contribuir a mejorar la salud del cerebro. Algunas investigaciones sugieren que la práctica regular de yoga puede promover el aumento del grosor de la corteza prefrontal, una región del cerebro involucrada en la toma de decisiones, la resolución de problemas y la regulación emocional.

Yo respiro, tú respiras, pero... ¿cómo respiramos?

Es importante ser conscientes de nuestra respiración, algo que tú mismo puedes comprobar. El lenguaje de nuestra respiración es tan profundo que se comporta de acuerdo a cómo nos encontramos y también a cómo somos. La respiración se realiza inconscientemente, pero a diferencia de otros procesos fisiológicos también la controlamos de forma consciente.

Si adquirimos el hábito de respirar de forma voluntaria aproximadamente ocho veces por minuto, esto será reflejo de tranquilidad y calma interior. Si lo reducimos a cuatro, o menos, podemos decir que vivir, en ese caso, será un continuo meditar. Incluso antes de irnos a dormir, si conseguimos una respiración continua y consciente, nos encontraremos en un estado de tranquilidad que hará de nuestro sueño un magnífico descanso, además de facilitar el viaje astral.

Aquí van algunos datos para que tomes conciencia de lo que implica el acto, la mayor parte de las veces inconsciente, de respirar:

- Una persona respira normalmente de 15 a 18 veces por minuto.
- 1 000 respiraciones por hora.
- 24 000 respiraciones al día.
- La cantidad de aire inhalado es de unos 0.5 litros por cada respiración.
- Lo que equivale a 12 000 litros al día.

RESPIRAMOS COMO ESTAMOS

Nuestra forma de respirar refleja directamente nuestros niveles de tensión. Por ejemplo, cuando experimentamos enojo, nuestra respiración se vuelve rápida y entrecortada. En momentos de miedo, a menudo retenemos temporalmente la respiración, y cuando algo nos toma por sorpresa, nuestra respiración puede volverse agitada. Del mismo modo, cuando nos molesta algo, es común que resoplemos. Sin embargo, cuando sentimos alivio tendemos a suspirar profundamente. La relación entre la respiración y la relajación es evidente. Cuando estamos tranquilos, nuestra respiración se vuelve plena, rítmica y serena.

Aunque nuestros pulmones son los órganos responsables de la respiración, es importante entender que la acción de inhalar y exhalar el aire no es ejecutada directamente por ellos, sino por la caja torácica y el diafragma, un músculo crucial ubicado debajo de los pulmones que separa la cavidad torácica y el estómago. En situaciones de tensión, nuestra forma de respirar tiende a involucrar básicamente la parte superior de la caja torácica. Un ejemplo de esto se observa en atletas como los boxeadores, cuya actividad física los mantiene en un estado de tensión constante. Estas personas respiran utilizando principalmente el pecho.

Por otro lado, la respiración relajada se inicia en el diafragma. Al inhalar, el diafragma se contrae y se desplaza hacia abajo y hacia afuera, permitiendo que los pulmones se llenen de aire. Al exhalar, los músculos del diafragma se relajan y se elevan, impulsando la salida del aire. Este tipo de respiración resulta mucho más adecuada y beneficiosa.

¿Siempre respiramos a través del diafragma? La verdad es que no. En gran parte, nuestros hábitos de vida actuales contribuyen a desarrollar patrones de respiración inadecuados. Factores como el uso de prendas ajustadas, estilos de vida agitados y situaciones de estrés acarrean un ritmo de respiración acelerado y superficial, que involucra principalmente la parte superior de los pulmones. Este enfoque limitado provoca una menor oxigenación de los tejidos,

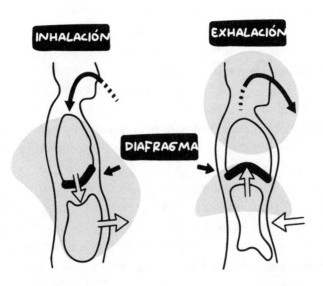

aumenta la carga sobre el corazón y conlleva una acumulación mayor de toxinas en el organismo.

Durante momentos de estrés, nuestra respiración se acelera notablemente. Aunque seguimos absorbiendo la cantidad necesaria de oxígeno, lo hacemos de una forma más superficial y rápida, lo cual, en última instancia, demanda más energía al cuerpo de lo normal.

Así pues, la diafragmática es la mejor forma de respirar, porque lleva aire a la parte más baja y más amplia de los pulmones. La respiración es lenta y profunda, por lo que se efectúa un uso adecuado del diafragma.

Me gustaría invitarte a hacer un breve ejercicio de respiración. Aquí mismo, en el lugar en el que estés ahora. Es una técnica muy sencilla para saber si tu respiración es diafragmática o no. Puedes hacerlo de pie o acostado, lo importante es que estés cómodo y mantengas una posición recta.

- Coloca una mano en la parte superior del pecho y la otra mano sobre el abdomen. Esto te permitirá sentir cómo se mueve el diafragma mientras respiras.
- Respira de manera natural. Al inhalar, observa tus manos. ¿Cuál de ellas sientes que se mueve? Si es la mano que está sobre el abdomen, estás practicando la respiración diafragmática. En este caso, los hombros y el pecho no deberían moverse. Si la que se mueve es la mano que se encuentra encima del pecho, entonces tu respiración es pectoral o superficial, la cual es menos eficaz y profunda.
- Haz una inhalación lenta y profunda por la nariz durante unos tres segundos, permitiendo que el abdomen se eleve. Durante este proceso, trata de mantener la mano en el pecho lo más quieta posible. Luego contén el aire durante tres o cuatro segundos.
- Exhala suavemente por la boca durante unos seis segundos, haciendo que el abdomen descienda de forma lenta. Mantén

los labios ligeramente cerrados, como si estuvieras soplando muy suave. Durante este tiempo, procura que la mano que está encima del pecho permanezca lo más inmóvil posible.

Aunque respirar es algo que hacemos desde que nacemos, con el paso del tiempo vamos perdiendo la profundidad al respirar respecto a cuando éramos bebés. Cuando somos adultos, nuestra respiración se vuelve —como nuestra vida— agitada y azarosa, sin ninguna conciencia de su importancia para nuestro funcionamien-

BENEFICIOS DE LA RESPIRACIÓN

MEJORA EL ESTADO DEL SISTEMA NERVIOSO, INCLUYENDO EL CEREBRO, LA COLUMNA, LOS CENTROS NERVIOSOS.

AUMENTA LA CAPACIDAD DEL CUERPO PARA DIGERIR Y ASIMILAR LOS ALIMENTOS.

EQUILIBRA LA ENERGÍA.

RELAJA LA MENTE Y EL CUERPO.

PRODUCE UN AUMENTO EN LA ELASTICIDAD DE LOS PULMONES Y EL TÓRAX.

EQUILIBRA LA ENERGÍA DENTRO DE NOSOTROS.

GENERA UN AUMENTO EN EL FLUJO SANGUÍNEO DE OXÍGENO.

REJUVENECE LAS GLÁNDULAS, SOBRE TODO LA PITUITARIA Y PINEAL.

REDUCE LA CARGA DE TRABAJO DEL CORAZÓN. ESTO PRODUCE UN CORAZÓN MÁS EFICIENTE Y FUERTE, QUE FUNCIONA MEJOR Y DURA MAYOR TIEMPO.

to óptimo como seres humanos. Con esta técnica vas a lograr una respiración más completa, profunda y pausada. La respiración es la mejor herramienta para encontrar nuestro centro y paz. Utilízala en cualquier momento de tu rutina diaria, ya que es tu mejor medicina preventiva; por lo cual ¡no esperes a sentirte ansioso o estresado!

Según mi experiencia, la respiración genera tranquilidad y nos ayuda a poner el foco. Por lo tanto, es importante concentrarnos en ella. Básicamente, en eso consiste meditar; en lugar de esforzarte por *no pensar* en los problemas que suelen estresarte, te invito a concentrarte en algo positivo: la respiración.

Recuerda: debes mantener presente la respiración consciente a lo largo del día y en cualquier instante de tu rutina diaria, no reservarla solo para momentos específicos, al igual que la meditación. Repito: no esperes a sentirte ansioso o estresado. La respiración es la herramienta para encontrar nuestro centro y paz.

Practicar la meditación

La meditación es el nombre genérico que engloba una gran cantidad de prácticas diferentes que van desde las visualizaciones, los procesos de pensamiento positivo y el trabajo mental hasta la indagación sobre los procesos de la conciencia. Se la asocia con las tradiciones espirituales más importantes, en especial con el budismo, pero más recientemente en Occidente se ha adaptado a los contextos seculares.

Durante miles de años la gente ha utilizado la meditación para ir más allá de los pensamientos que agobian nuestra mente y los trastornos emocionales, con el objetivo de conseguir la paz y la claridad de la conciencia en el momento presente. Si pudiéramos resumir en una frase la verdadera intención de la meditación, desde su concepto más profundo, sería: lograr el desarrollo y la expansión de la consciencia.

En la práctica, la meditación es una actividad intelectual que busca un estado de atención enfocado en un pensamiento o sentimiento (felicidad, paz, armonía), un objeto (una piedra, una vela) o algún elemento de la percepción (los latidos del corazón, la respiración, el calor corporal). Este estado se recrea en el momento presente y pretende liberar la mente de pensamientos dañinos. La meditación nos permite acallar nuestra mente para conectar con nuestro ser interior y escuchar esa voz llena de sabiduría que nos revela el camino que debemos seguir.

Siempre digo que es mejor estar *meditado* que *medicado*, y es que con este juego de palabras rescato la importancia de la meditación como camino al autodescubrimiento y la llave de la sabiduría y el bienestar integral. Es como si al meditar, accediéramos a nuestra farmacia y biblioteca interior, donde a la vez encontramos las respuestas a los males del cuerpo y del alma.

GROUNDING: HACIENDO ANCLAJE EN LA TIERRA

En este apartado te hablaré sobre la práctica del anclaje o *grounding*.

Diversos científicos y expertos en medicina ambiental de la UCLA avalaron el *grounding* o *earthing*, que consiste en conectarse con la tierra a través de los pies descalzos.

Dado que los seres humanos poseemos una naturaleza eléctrica, resulta esencial mantener un equilibrio entre las cargas de energía eléctrica que emanan de la tierra para preservar nuestra salud. El desequilibrio de energías puede dar lugar a desajustes; pero debido a la presencia de múltiples terminaciones nerviosas en los pies, al ponerlos en contacto con superficies naturales como el pasto, la tierra o la arena, activamos nuestros puntos energéticos, mejorando así la circulación sanguínea y la oxigenación, mientras prevenimos la oxidación del cuerpo.

Al practicar *grounding*, la energía negativa sale de nuestro sistema y se regula al mismo nivel que la del planeta, lo que hará que nos sintamos mucho mejor con nosotros mismos, además de conectarnos con la naturaleza. En el *grounding*, los pies ejercen una gran función de conexión y pueden emular las raíces de un árbol.

Podemos ayudar a desbloquear esta puerta de energía que tenemos en los pies reduciendo su estrés, lo cual se logra, básicamente, tratándolos bien, esto es: cuidándolos con aceites y cremas o pisando sobre piedras lisas en agua tibia. Además, los pies están conectados con los órganos, y la reflexología es la técnica que estudia dicha conexión. Por ejemplo: el centro del pulgar está conectado con el cerebro; el resto de los dedos, con diferentes dientes; la base del meñique, con el oído y, por último, en la planta del pie podemos encontrar desde el hígado hasta el corazón o los pulmones.

Los beneficios del *grounding* o anclaje se han demostrado en el ámbito médico, por ejemplo:

- Contribuye al equilibrio y a la salud del cuerpo físico.
- Mejora la calidad del sueño.
- Aumenta el nivel de energía.
- Reduce el estrés y la ansiedad.
- Normaliza el ritmo biológico del cuerpo.
- Alivia la tensión muscular y el dolor de cabeza.
- Protege el cuerpo de las perturbaciones originadas por los campos electromagnéticos.
- Acelera la recuperación después de esfuerzos intensos.
- Regula el ciclo circadiano cuando cambiamos de huso horario.

Te invito a que visites la página de recursos escaneando el código QR que está al final de este capítulo, donde encontrarás una meditación exclusiva de la práctica del anclaje.

Mi consejo: lleva un diario de meditación

Si en algo se parecen los escritores, que acumulan décadas enteras dedicadas a la literatura, y los meditadores experimentados es en el estado de consciencia abierta, esto es, la apertura a un espacio de observación y conocimiento más profundo, en el que se pueden experimentar diversas sensaciones, lo cual se logra a través de un trabajo de contemplación que luego se reflejará en el diario de meditación.

Usualmente, solemos mirar la escritura como un acto más cercano a pensar que a experimentar, por lo que muchos no logran entender que escribir de manera creativa no tiene nada que ver con pensar.

Si unes el proceso de meditación a la escritura, que, como decía, te permite moldear a tu favor todo aquello que percibes a través de la meditación, irás abriendo el corazón y reduciendo el miedo, de manera que aumentará tu capacidad de maniobra para actuar libremente, basándote en las situaciones que te toque atravesar en el presente. El trabajo con la escritura y la meditación combinadas te puede llevar a cambiar tu vida desde los cimientos.

Y no estoy hablando de relajarte un poco y de escribir correctamente, sino de algo mucho más profundo. Tanto la escritura como la meditación, de forma aislada, son herramientas extremadamente poderosas. De modo que combinadas anclan experiencias.

La sensibilidad, la creatividad, la capacidad para visualizar, la imaginación, la empatía y el sentido del humor que desarrollan los escritores pueden resultar de mucha ayuda para meditar. Mientras que las cualidades que desarrolla la persona que medita (estabilidad, no lucha, concentración, consciencia, sentido de lo sagrado, apertura de corazón, etc.) serán de gran ayuda a la hora de escribir. Es decir, son dos disciplinas que se pueden apoyar la una a la otra y te hacen conectar con tu cordura intrínseca y con el mundo que te rodea.

Según mi experiencia, escribir después de meditar es un proceso de la mente que me lleva a reflexionar integrando el corazón. Genera una catarsis natural.

Nuestro cuerpo habla por nosotros

¿Sabías que la comunicación está influenciada en más de un 90 % por lo no verbal que, a su vez, está representado por nuestra corporalidad?

El cuerpo es nuestra principal herramienta de comunicación, pues, junto con la voz, nos permite acercarnos y acariciar a nuestro interlocutor (ya sea una persona o miles) con nuestro mensaje. Es por ello que en el arte de hablar, los movimientos, el uso de las manos, los brazos, la postura o forma de estar de pie y nuestros gestos

POSTURA CORPORAL

EMPODERAD@ · DESGARBAD@

	EMPODERAD@		DESGARBAD@
LEVANTADA	**CABEZA**	CAÍDA	
HACIA EL FRENTE	**MIRADA**	HACIA ABAJO	
LEJOS DEL CUELLO	**MENTÓN**	CERCA DEL CUELLO	
ALINEADO	**CUELLO**	DESALINEADO	
RETRAÍDOS	**HOMBROS**	ENCOGIDOS	
ERGUIDA	**ESPALDA**	ARQUEADA	
FIRMES	**BRAZOS**	SUELTOS	
CONTRAÍDO	**ABDOMEN**	DISTENDIDO	
ESTIRADAS	**PIERNAS**	FLEXIONADAS	

son contenidos de suprema importancia. Tanto como lo es el mensaje que vamos a transmitir.

Uno de los principales elementos que cabe considerar en este marco tiene que ver con la postura. El aspecto que mostramos dice mucho de cómo nos sentimos. El pensamiento antecede a la acción, por lo que, desde la postura y sin decir ni siquiera una palabra, ya estamos comunicando una intención y un mensaje.

Dicho esto, te pregunto:

- Si observas una foto tuya en la que no estás posando, ¿cómo crees que es tu postura?
- ¿Denota energía, vitalidad y firmeza?
- ¿Desde qué emoción construyes tu postura?

Dime cómo caminas y te diré cómo eres...

Nuestra corporalidad dice mucho de nosotros: desde qué espacio «interno» estamos transitando o viendo el mundo hasta dónde están nuestros pensamientos y juicios. Lo importante es tener coherencia entre lo que decimos y nuestro cuerpo para generar confianza y credibilidad.

La forma de andar y de moverte puede determinar tu personalidad y tu salud. Una persona, al entrar en una sala, trae consigo la energía en la que se encuentra. No es lo mismo alguien que entra en un lugar con una corporalidad que transmite una actitud de empoderamiento, seguro de sí mismo, que otro que entra con una corporalidad de desdén o de inseguridad.

¡OBSÉRVATE!

La postura ideal para comunicarnos es aquella en la cual nos sentimos cómodos y tenemos la columna vertebral erguida, para que la voz pueda salir sin dificultad y proyectarse sin forzar las cuerdas vocales. Para lograr esa postura, imagina que un hilo invisible asciende desde la coronilla y te «estira».

Analiza tu postura corporal: ¿tienes una postura erguida o, por el contrario, encorvada?

TE REPITO: NO ERES TU CUERPO

Todas estas prácticas que hemos revisado se deben abordar con la neutralidad y la certeza de saber que «No soy mi cuerpo, tengo un cuerpo. No soy mi mente, tengo una mente».

Hay que aprender a escuchar cómo nos hablamos a nosotros mismos. De hecho, algo observable es cómo los adultos mayores empiezan a aislarse en sus casas y a monopolizar sus conversaciones en torno a sus citas médicas y su falta de salud, los tratamientos farmacológicos o las terapias. Allí donde llevas tu atención, algo crece. Si tú llevas tu atención a la enfermedad, la enfermedad sigue ahí; pero si llevas tu atención a la cura totalmente expedita y le quitas un poco de importancia a la enfermedad, tu cura será mucho más eficaz. Así pues, hay que escuchar, cuando nos falta salud, cómo nos hablamos a nosotros mismos. Es muy importante repetir esta suerte de mantra: «No soy mi cuerpo, tengo un cuerpo. No soy mi mente, tengo una mente».

Es importante, también, que no te sintonices a «Radio cadena enfermedad», porque, recuerda el efecto placebo, lo que escuchas en tu mente, si te enganchas en esos pensamientos, se convierte en un eco, una lucha de manifestación, una escucha que empieza a justificar con conductas y síntomas lo que estás pensando.

La verdadera salud perfecta no es la ausencia de enfermedades; la salud radiante es armonía, equilibrio y paz con dicha divina.

Para finalizar, te dejo algunos consejos para que evites quedarte atrapado en quejas sobre las dolencias de tu cuerpo, lo cual puede retrasar la sanación:

- Acepta con ecuanimidad cualquier malestar o dolor. Reconoce que es parte de la experiencia humana, no un defecto personal. Evita dramatizar o criticarte.
- Enfoca tu energía en soluciones positivas para sentirte mejor, por ejemplo: descansar, llevar una buena alimentación, practicar ejercicio suave y realizar terapias complementarias.
- No te compares con otros ni juzgues tu proceso de sanación. Cada cuerpo es diferente y sana a su propio ritmo.
- Cultiva pensamientos amables y compasivos hacia tu persona. Hablarte de forma crítica solo genera más estrés, el cual impacta en tu sistema inmune.
- Si sientes frustración o enojo, exprésalo de manera constructiva, por ejemplo: escribe un diario o habla con un amigo de confianza. No reprimas las emociones, pero no las dirijas contra ti mismo.
- Rodéate de personas positivas que te apoyen en lugar de personas que refuercen tus quejas. Evita caer en el victimismo.
- Usa afirmaciones edificantes y enfocadas en soluciones para motivar tu proceso de sanación, por ejemplo: «Estoy haciendo todo lo posible por mejorar mi salud».
- Sé paciente contigo mismo y celebra cada pequeña mejoría en lugar de enfocarte en lo que falta por sanar. El progreso gradual genera buena energía.

Es hora de tomar las riendas de tu bienestar y darle a tu cuerpo la atención que merece. Piensa lo siguiente: somos capaces de cuidar el coche y de llevarlo a la revisión anual, o de mantener cargado el teléfono celular; pero muchas veces somos incapaces de hacernos un chequeo anual o una limpieza dental semestral, o de recibir masajes cuando sentimos que el cuerpo lo necesita, o no tomamos plena consciencia del tipo de alimentación que le damos a nuestro cuerpo. Es como si estuviéramos más preocupados por el mantenimiento de nuestras posesiones que por nosotros mismos. No olvides que tu cuerpo es tu templo, tu herramienta más valiosa en esta travesía llamada vida. Por ello, es el momento de escuchar sus señales, de nutrirlo con cariño y comprometerte a cuidarlo como se merece.

¿Estás listo para abrazar este cambio de hábitos y darle a tu cuerpo el cuidado que te pide? El viaje hacia una vida más saludable y equilibrada comienza contigo.

Descubre, con tu curiosidad, a dónde te lleva este código QR:

TRANSFORMANDO TU BIOLOGÍA

TUS CÉLULAS OBSERVAN

A TRAVÉS DE **PENSAMIENTOS** **EMOCIONES**

ESTRÉS

POSITIVO «EUSTRÉS»

○ PERMITE ALCANZAR UN OBJETIVO
○ VUELVE AL ESTADO ORIGINAL
○ CUANDO EL ESTÍMULO CESA

NEGATIVO «DISTRÉS»

○ SE MANTIENE LA PRESIÓN
○ ESTADO DE RESISTENCIA Y AGOTAMIENTO
○ ALTERACIONES FUNCIONALES Y ORGÁNICAS
○ AGENTE ESTRESOR SE MANTIENE «ACECHÁNDONOS»

ESTADO DE EMERGENCIA PROLONGADO

EXCESO DE CORTISOL

AMBIENTE IDEAL PARA ENFERMARNOS

JEFE   MAMÁ
COMPAÑERO DE TRABAJO
SUEGRA   PAREJA
MIS PENSAMIENTOS

SPOILER ALERT PUEDES VOLVERTE ADICTO AL ESTRÉS

| PRANA (HINDUISMO) | «AIRE INHALADO» |
| CHI (MEDICINA CHINA) | «FLUJO DE LA ENERGÍA VITAL» |

INTERRUPCIÓN

BASE DE TRASTORNOS FÍSICOS Y PSICOLÓGICOS

¿CÓMO EQUILIBRO MI ENERGÍA?

CHI KUNG
AYURVEDA
REIKI
YOGA
MEDITACIÓN
PRANAYAMA
ESCANEO CORPORAL
«GROUNDING»

RESPIRACIÓN

CONEXIÓN CON TODO LO QUE TE RODEA

MUNDO EXTERIOR   MUNDO INTERIOR

El arte de escuchar tus emociones

Marcha triunfal de la mañana

Muy buen día,
luz del día.
Buenos días,
fresca mañana de Dios.
Amanece con poesía,
es el Alba del amor,
despertando el corazón.

Muy buen día
en valentía,
serena fuerza interior.
Eterna sabiduría
que habita en mi ser superior…
Soy quien se despierta en paz
con todo lo que en mí habita.
Aceptando que palpita,
en cada célula mía,
buen chi, prana, energía,
salud radiante gravita
en coherente armonía.

Mi palabra y pensamiento
conectan al sentimiento
una alta vibración.
Es decreto en firmamento,
destino y magia,
en infinita revelación.

Así diseño mi día,
reclamando mi valía,
perdonando lo que ayer
no sucedió,
y no sabía.

Hoy es sin lugar a dudas
el mejor de mis días.
El hoy que me representa
guiando mis Emociones
es fuente inmensa de ocasiones
en todo lo que se presenta.

Hoy no hay quejas ni excusas
permitidas en mi mente.
Quizá llegan y se asoman,
al final eso es la mente.
Y ante mi intención atenta,
las impuras se desploman.

Activo mi observador,
consciente como el creador,
de todo este vasto universo,
que mi palabra hace verso.

Despierto con mis sentidos
agradeciendo la vida.
El milagro más sentido
de esperanza concedida.

Admiro lo que este día
presenta sin prisa alguna.
Celebrando la fortuna
de diseñar mi alegría,
felicidad en disciplina,
de agradecer sin reparo
todo aquello que regalo
y lo que el creador me trajo.

Un lienzo en limpio recibo
para mi obra pintar
de colores y sentidos,
danzando entre hilos de azar.
Obra que en esencia vibra
desde la pasión de amar.

Hoy activo mi entusiasmo,
al vórtice del bienestar.
Esa corriente infinita
con la que debo crear.

Soy luz, amor y servicio.
Excelencia es mi espiral.
Abrazo la incertidumbre
con certeza sin igual.

Me gustan las madrugadas,
las mañanas y su rocío celestial.
Y las tardes bien doradas
que a la noche ven llegar.

Soy lunático en amor
a las noches del Señor.
Ese que cada mirada
la convierte en primor.

La vida fluye en un río.
Manantial de revelación.
Magia que se manifiesta
sin esfuerzo ni reacción.

Es diseño en intención…
Cristalina y transparente,
es emoción elevada
que nos ilumina en mente
y al corazón le consiente.

Hoy reviso mi pasado.
Ese que en límites ciegos
mi historia antigua
ha robado, y mal plagiado.

Soy un nuevo peregrino.
Soy aprendiz y pupilo
que va labrando caminos.
Soy amor, carisma y trino
de un cantor sin desatinos.

Hoy me siento conectado
a la fuente de riqueza
que obliga a mi pereza
a marcharse de una vez.
La abundancia es mi derecho,
conferido al nacer.
Acepto mi designio y rol
en mi responsabilidad del ser.

Nada cambio de mi historia
en hechos, heridas y dolor.
Me acepto en todo decreto
como imperfecta creación.
Una ruta en seguimiento
siempre en evolución.

Acepto el cambio en el mundo.
Provoco cambio interior.
Cambio es alegría que afina
las cuerdas del gran corazón.
Cambio es la materia prima
de esta oda a la vida,
hecha tiempo en una sinfonía divina.

Hoy, soy yo,
nuevo en este día.
Lleno de potencial sagrado,
riesgos en pura osadía.
Sueños que se manifiestan
y que emergen del sagrado.

Siento viva la emoción
de deseos que precipitan
en mi nueva celebración.

Abro mis brazos a recibir
todo aquello en lo que vibro,
todo aquello que ya soy.
Limpio de malos recuerdos
rencores y no perdón.
Sintonizo y me conecto
con el manantial de Dios.

Siento, suelto y sonrío,
hoy potencio mi pasión,
conectado con la vida
y miedos alrededor.
Miedos que con valentía
palidecen en temblor.
Se sacuden de mi mente,
se liberan del motor,
mientras mi sangre se mece
en la cuna del creador.

Hoy es un día de magia,
de historias por compartir.
Prometo a este universo:
mi energía en amor subir.
Resiliencia a toda prueba,
amor que rompa cadenas,
¡en su nombre repartir!

Hoy es un día perfecto,
es el día que aquí va.
Ayer nos pasó de largo
y el mañana aquí no está.
Amo el tiempo presente
donde somos realidad.

Hoy con mi fuerza serena
soy garante de mi paz,
recibiendo bendiciones,
agradeciendo no más.
Encendiendo la templanza
de mi alma en libertad.

Soy quien ama esta mañana,
¡gracias, bondad infinita,
llueve sobre mí, Maná!,
al redoble de la campana.

ISMAEL CALA

EMOCIÓN ES ENERGÍA EN MOVIMIENTO

Elegí este texto para iniciar el capítulo dedicado al universo de las emociones —un poema en meditación para recitar y escuchar al despertar—, porque considero de vital importancia lo que te dices por la mañana para calibrar tu energía del día. Es decir, cómo te hablas a ti mismo cuando te despiertas (y cuando te vas a dormir), y cómo eliges diseñar tu día desde el primer minuto.

No sé si sabías que la palabra *emoción* significa, desde el punto de vista etimológico, «energía en movimiento». Todas las emociones, gracias a las energías que de ellas emanan, influyen de una u otra manera en los procesos fisiológicos y mentales. No utilizar sus energías a favor de los propósitos personales es desperdiciar una parte esencial de las potencialidades humanas.

Sin emociones, los pensamientos pasan de largo, carecen de sentido; de ahí mi interés en que veas las emociones como un arma de poder, una fuente de energía inagotable y también muy económica, pues ¡tú mismo la produces!

Debemos prestar atención a nuestras emociones porque en ellas reside una carga de información vital, que incluye procesos que llevan millones de años llevándose a cabo y que está en nosotros hacerlos conscientes y ponerlos al servicio de nuestros objetivos, nuestro bienestar y nuestro desarrollo personal.

¿Con qué frecuencia hablas sobre tus emociones y te haces responsable de ellas? ¿Con qué frecuencia invitas a tu pareja, a tu hijo, a tus hermanos o tus padres para hablar sobre sus emociones, la ira, el resentimiento, la tristeza o el amor?

Como muchos saben, yo estudié Comunicación Social con especialidad en Periodismo, y nunca en esos cinco años recibí formación sobre las emociones. Durante mucho tiempo fui un analfabeto emocional, hasta que entendí el gran obstáculo o barrera mental-emocional que significaba no entender, no identificar y no gestionar mis emociones. La decisión que tomé de cerrar mi ciclo profesional en CNN fue parte del desarrollo de mi inteligencia emocional, pues entendí el diálogo entre el ego y el alma o espíritu. Mi ego me decía: «No dejes esto porque es una cadena prestigiosa, es un trabajo seguro y muy bien remunerado; además te hace famoso, te da acceso a personas importantes y el público te elogia y te reconoce». Pero mi alma me decía: «Hay una misión muy importante. Yo agradezco cada cosa que me ha tocado vivir en los últimos años que me dediqué a los medios de comunicación».

ENTONCES, ¿QUÉ ES LA INTELIGENCIA EMOCIONAL?

La inteligencia emocional es la capacidad de una persona para reconocer y manejar sus propias emociones, así como de entender y responder a las emociones de los demás. Como ves, no solo se trata de gestionar nuestras propias emociones, de aprender a nombrarlas y comunicarlas, sino también de comprender, interpretar y responder a las emociones de los demás.

Imagina un mundo en el que no pudieras entender cuándo un amigo se siente triste, o cuándo un compañero de trabajo está enojado. O donde los demás no pudieran darse cuenta de que algo te sucede a ti. La inteligencia emocional es una avenida de ida y vuelta que nos invita a discernir entre diferentes emociones, etiquetarlas

adecuadamente y utilizar esa información para guiar el pensamiento y la conducta hacia nuestros objetivos.

En el siglo XXI, educarnos emocionalmente ya no es algo de unos pequeños sectores progresistas. Es, sin ir más lejos, lo que marca la diferencia entre una vida exitosa en todos los ámbitos y una vida trabada, llena de lucha y limitaciones en los vínculos laborales, familiares y afectivos.

Por lo cual, es necesario ampliar nuestra formación y alinearla a los desafíos que demanda el mundo actual. Y no es que con esto desmerezca los conocimientos que nos inculcaron de chicos, que son también necesarios, pero ya no suficientes: hablo de lo que aprendimos en la escuela sobre matemáticas, geografía, historia, idiomas, etc., por supuesto que son necesarios para sobrevivir. Pero para adaptarnos a este mundo debemos dar un plus que no recibimos en esa educación tradicional, en la que no se transmitían herramientas de autoconocimiento, de inteligencia emocional y crecimiento personal, que son claves para el desarrollo de cualquier persona en el mundo actual. En estos tiempos, el kit de herramientas de la inteligencia emocional ya no es un bien de lujo, sino de primera necesidad. Es muy importante entender que la inteligencia emocional no es lo opuesto o la enemiga de la inteligencia racional, analítica o cognitiva; tampoco es el triunfo absolutista y excluyente del corazón sobre la cabeza, es la intersección de ambas.

Durante muchos años se ha considerado que el examen de coeficiente intelectual —que mide la memoria, el pensamiento analítico, la visión espacial y la capacidad matemática— era la mejor forma de medir las perspectivas de trabajo futuras. Hoy sabemos que esta mirada es incompleta. Si bien es cierto que existe una relación entre el coeficiente intelectual y el éxito profesional, está demostrado que la inteligencia emocional juega un papel decisivo en ayudarnos a tener éxito en múltiples aspectos de la vida.

Lo que realmente importa para el éxito, el carácter, la felicidad y los logros vitales es un conjunto definido de habilidades sociales, no solo habilidades cognitivas, que son medidas por test convencionales de cociente intelectual.

DANIEL GOLEMAN

Sin ir más lejos, LinkedIn publicó un artículo con las cinco aptitudes más buscadas en el mercado laboral para el año 2022, y los resultados arrojaron que las empresas valoran, sobre todo, estos aspectos: creatividad, persuasión, colaboración, adaptabilidad e inteligencia emocional. Si te fijas, todas las aptitudes están directa o indirectamente relacionadas con la inteligencia emocional. ¿Te resulta extraño? Hagamos el siguiente ejercicio: si yo te pido que pienses en los problemas más habituales que has tenido en tus diferentes trabajos, ¿qué porcentaje les asignas a los problemas referidos a los conocimientos técnicos y qué porcentaje les concedes al trato humano y el mundo emocional? Seguramente te sorprenderá tu propia respuesta.

El psicólogo Daniel Goleman, quien popularizó el término *inteligencia emocional* en su libro homónimo, publicado en 1995, divide dicho concepto en: **inteligencia intrapersonal**, que es la capacidad de comprenderse uno mismo, teniendo acceso a los propios sentimientos y a usarlos como guías en la conducta, e **inteligencia interpersonal**, que es la capacidad de comprender a los demás: qué los motiva, cómo operan y cómo relacionarse adecuadamente con ellos.

Las emociones no son algo que podamos separar de nuestros pensamientos y de nuestras acciones. Son como colores que tiñen el mundo y que nos dan información sobre cómo nos vinculamos hacia afuera (mundo exterior) y hacia adentro (diálogo interno). Por eso resulta conveniente distinguir las emociones de los sentimientos. Así pues, veamos sus diferencias:

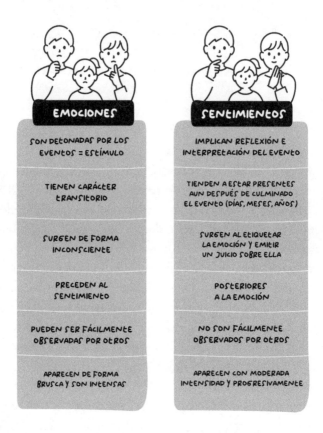

EMOCIONES

- SON DETONADAS POR LOS EVENTOS = ESTÍMULO
- TIENEN CARÁCTER TRANSITORIO
- SURGEN DE FORMA INCONSCIENTE
- PRECEDEN AL SENTIMIENTO
- PUEDEN SER FÁCILMENTE OBSERVADAS POR OTROS
- APARECEN DE FORMA BRUSCA Y SON INTENSAS

SENTIMIENTOS

- IMPLICAN REFLEXIÓN E INTERPRETACIÓN DEL EVENTO
- TIENDEN A ESTAR PRESENTES AUN DESPUÉS DE CULMINADO EL EVENTO (DÍAS, MESES, AÑOS)
- SURGEN AL ETIQUETAR LA EMOCIÓN Y EMITIR UN JUICIO SOBRE ELLA
- POSTERIORES A LA EMOCIÓN
- NO SON FÁCILMENTE OBSERVADOS POR OTROS
- APARECEN CON MODERADA INTENSIDAD Y PROGRESIVAMENTE

¿DE QUÉ MANERA PODEMOS DISCRIMINAR LAS EMOCIONES DE LOS SENTIMIENTOS?

Las emociones suelen dispararse a causa de los eventos que nos ocurren, por lo cual tienen carácter transitorio. Si una eventualidad tiene lugar, el estado en que estaba cambia; es decir, cuando el evento desaparece, también se desvanece la emoción. Por ejemplo: cuando concretas un negocio que estabas esperando, sientes alegría y tras ese momento la emoción desaparece. Si vamos caminando por un callejón oscuro y vemos una figura a lo lejos que se nos acerca, sentimos miedo. Si corremos alejándonos rápidamente del lugar, el miedo pasa y llegamos a olvidar lo ocurrido.

Los sentimientos, en cambio, implican la reflexión e interpretación de lo que nos ocurre. Por tanto, conllevan la elaboración de un juicio y su proceso de formación es progresivo, por lo que pueden durar meses e incluso años. Esto hace que la manera de vivir nuestras emociones esté condicionada por lo que pensamos acerca de ellas.

Veámoslo de la siguiente forma: cada vez que haces funcionar tu cerebro de una determinada forma se activa la mente. **La mente es tu cerebro en acción.**

Si repites constantemente los mismos estados de mente, tu cerebro enciende los mismos patrones, secuencias y combinaciones. Si todos los días le recuerdas a tu cerebro quién (tú crees que) eres, él se comportará de esa misma forma. Es decir, encenderá las mismas

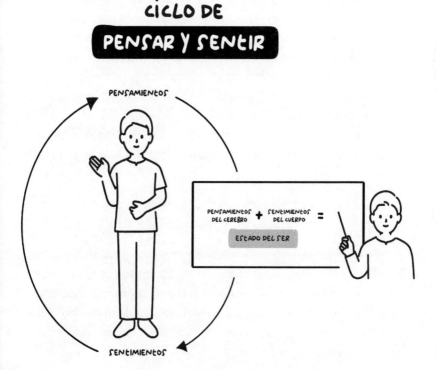

conexiones y los mismos patrones una y otra vez; como resultado, tu cerebro creará una marca exclusiva: tu personalidad.

Tu personalidad no es más que un software instalado en tu cerebro que va a funcionar, del mismo modo que lo hace el de una computadora, con los mismos patrones y secuencias mientras hagamos lo mismo y no le demos órdenes distintas.

Cada vez que tenemos un pensamiento, la química del cerebro se activa. Cuando tenemos pensamientos de confianza o alegría, se activan determinados circuitos en nuestro cerebro, que enciende patrones, secuencias y combinaciones específicas; este, a su vez, genera químicos que te permiten sentirte confiado y alegre. Cuando tenemos pensamientos limitantes, de tristeza o baja autoestima, se encienden otros circuitos de patrones que, a su vez, originan una química distinta y que se manifiestan en tu cuerpo sintiendo pena, por ejemplo. Entonces, en el momento en que comienzas a sentirte de la manera en que estás pensando (porque tu cerebro y tu cuerpo están en constante comunicación) comienzas a pensar de la manera en que estás sintiendo, lo cual se convierte en un ciclo interminable. ¡Y así podemos estar durante veinte, treinta o cuarenta años! La repetición constante de este círculo a lo largo del tiempo crea lo que Joe Dispenza llama el «estado del ser». Dicho estado se produce cuando tu mente y tu cuerpo trabajan juntos o tus pensamientos y emociones están conectados a un concepto o una creencia.

> Los pensamientos son el lenguaje de la mente;
> los sentimientos son el lenguaje del cuerpo.

Cuando alguien se queda atrapado en esta secuencia de pensamientos y emociones, condiciona a su cuerpo y su mente consciente a memorizar todo aquello con lo que están alineados, y es a esto a lo que llamamos un hábito. Un hábito se crea cuando tu cuerpo es tu mente, por lo que si quieres cambiar, tienes que reacondicionar tu cuerpo a una mente nueva.

Gracias a la neurociencia se ha descubierto que nuestro sistema nervioso es plástico y, como consecuencia, nuestras neuronas tienen la capacidad de cambiar (lo que conocemos como neuroplasticidad); esto es, se modifican con cualquier pensamiento que tenemos, cualquier experiencia o cualquier decisión que tomamos.

La rueda de las emociones

Recordemos que, evolutivamente, la emoción precede al lenguaje; por ende, el sentido que damos a nuestras experiencias está marcado por nuestras emociones. Uno de los desafíos más profundos que afrontamos como sociedad hoy en día es cómo lidiar con el vacío y la falta de sentido que surge del analfabetismo emocional. Al respecto, te cuento un dato impresionante para ilustrar esto: los españoles Eduardo Punset y Rafael Bisquerra, ambos escritores y divulgadores científicos, llegaron a identificar un total de 543 emociones diferentes en los seres humanos, cada una de ellas con capacidad para incitarnos a la acción o paralizarnos.

Llamamos emociones primarias a aquellas con las que nacemos y que cumplen una función adaptativa. Son las siguientes: el miedo, la ira, el asco, la tristeza, la sorpresa y la alegría. La ira, por ejemplo, nos da la fuerza y el coraje para frenar los abusos; gracias a lo cual somos capaces de decir: «Esto es injusto». El miedo se presenta porque nuestra seguridad se puede ver afectada y, por lo tanto, nuestra integridad está en peligro. En cuanto al asco, tiene también una función de supervivencia, lo que explica que tengamos ese sentimiento atávico hacia insectos como las cucarachas propagadoras de enfermedades. La tristeza, por su parte, busca el silencio, nos aleja del mundo por un rato para poder mirarlo con cierta distancia, con una nueva perspectiva, y nos invita a valorar lo que tenemos y lo que hemos perdido. Tiene una función importante en el aprendizaje reflexivo.

De estas seis emociones primarias se desprenden otras emociones secundarias más sutiles y específicas. A su vez, cada una de las emociones secundarias puede dar lugar a dos emociones terciarias más específicas todavía.

A continuación encontrarás una variante de la **rueda de las emociones** creada por el psicólogo Robert Plutchik, un diagrama circular de las emociones primarias y sus derivaciones que representa de una manera visual la relación y evolución de las emociones.

Como dice el autor Mariano Sigman en su libro *El poder de las palabras*, el espacio emocional se organiza en categorías a veces borrosas, la falta de fronteras da un margen para reinterpretar la experiencia emocional. Sin embargo, siguiendo su analogía, uno puede confundir el sabor de una mandarina con el de la naranja, pero raramente confundirá el de la ciruela con el del pescado. Lo mismo ocurre con las emociones y su forma de nombrarlas.

Dicho esto, te invito a que observes y explores esta rueda de las emociones y respondas:

¿Qué emociones de este gráfico no suelo nombrar?

¿Con cuál de los seis grupos estoy más o menos familiarizado?

En mi vida diaria: ¿cuántas palabras tengo al alcance de la mano para nombrar lo que siento?

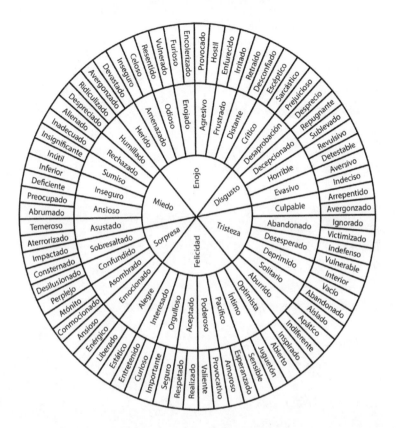

En relación con lo que vengo diciendo, a mí me gusta mucho la siguiente frase atribuida a Buda: «Aferrarse al enojo es como sujetar un carbón caliente con la intención de arrojárselo a alguien; el que sale herido eres tú».

En efecto, guardar rencor nos causa más dolor psicológico a nosotros mismos que a la persona que nos lastimó. O como dice el refrán mexicano: «El resentimiento es un veneno que me tomo esperando que le haga daño al otro». De ahí la importancia de darle la bienvenida al enojo, e igualmente importante es darle su lugar para la retirada. Al respecto, me gustaría compartir contigo el siguiente poema:

La danza del enojo

Ya llegan los bailarines
montados sobre patines.
Sus ruedas de fuego intenso
nos roban hasta el aliento.
Es un gran show el que montan,
mientras se desploman las sombras.

Es una danza mortal,
donde la ira remonta,
llevando la gran corona
de la pasión infernal.

¿De qué llenas tu cuerpo, Gran dama de ocasión?

¡De lo mismo que en tu cuerno
oxida tu corazón!

Así responde con fuerza
el galán de Alta pasión.

Bailan como si no hubiera mañana,
uno de los dos casi gana.

Y cuando el triunfo celebra,
su salud ya se quiebra
de tanta euforia y rencor.

Es enojo sin sentido,
observa quién Razones tiende,
para alzar su voz potente
y hacer que el enojo tiemble.

Es señora indignación,
indignada y con razón,
ante el enojo burdo y mundano.
Ese que alza la mano
y da un puño sin amor.

Enojarse es de humanos.
Indignarse es de guerreros.
Valientes héroes de luz,
que en el mundo hacen sendero.
Justicieros de lo digno,
que con su voz hacen himno.

Que te enojes por lo simple,
aquello que te contrasta,
eso que mata tu sueño
y angustia al entusiasta...
Es perder tiempo y sentido,
en una lucha sin nido.

Permite que todo fluya,
como un río ya crecido,
desbordando tu sentido
de amor y perdón alegre.

No resistas lo que llega y a dónde llegas,
no resientas lo que te deja y dejas,
es el ciclo de la vida.
Te abraza.
Te celebra.
Te reta y vuelve a retar.
Te habla, escucha y vuelve a callar.
Te inspira a no quedar nunca igual.

¿Por qué nos cuesta entender que en el dolor hay placer?

¿Qué más nos da enfurecer si el final es perecer?

No soy aquel quien se enoja,
ni el que de angustias se moja.
Cultivo una rosa blanca
en un corazón limpio y puro,
abrazo cuando me indigno
de una injusticia y un sin futuro.
Advierto cuando se asoma
el enojo bruto y rudo.
Lo respiro, lo acepto,
le doy el lugar de siervo.
Y me siento a su lado,
preguntando, ¿qué hay de cierto?

Enojo, busca otra sombra,
en la mía ya hay más luz.
Te quiero cuando me llevas
a espacios de plenitud.
A luchar por lo que es justo
en un mundo desigual.
A dar honra a otros seres
que nuestra voz honrarán.

Enojo que a nuestros ojos
ciegas con Alta reacción.
Soy yo quien te concibe,
alimenta y elimina,
a través de una poesía
hecha melodía y canción.

Ismael Cala
Escrito en el vuelo de Santo
Domingo a Miami,
el 24 de noviembre de 2021

Perdonar: el camino a la libertad

Para que tenga lugar el perdón tiene que haber un esquema básico de un ofensor, una ofensa y un ofendido. Frente a la ofensa cabe un natural sentimiento de dolor y de enojo, ¿verdad? Enojarnos con quien nos ataca es un sentimiento de autodefensa que nos hace rechazar lo que nos daña, sea física o psíquicamente. Pero por la condición humana de ser simbólico que tenemos, el enojo perdura en el tiempo más allá de la agresión y se convierte en resentimiento, es decir, volver a sentir a cada instante la ofensa. Es por eso que el perdón es liberador, porque nos libera de la presencia constante del ofensor, a quien tenemos ofendiéndonos todo el tiempo dentro de nosotros. En el caso de la culpa, es el propio juicio que está en mi cabeza.

Hay una fábula muy bonita que ilustra el poder destructivo del rencor, que dice que cuando alguien te lastima es similar a que te muerda una serpiente. Una vez que la mordedura cesa, sanar esa herida puede ser un proceso largo y desafiante; sin embargo, cualquier herida cicatriza tarde o temprano. El problema es que si la serpiente es venenosa, a pesar de haberse ido, deja un veneno interior que impide la cicatrización de la herida. Los venenos más comunes son la culpa, el resentimiento y el deseo de venganza. Esos venenos pueden continuar actuando durante muchos años, evitando así la sanación de una herida. El dolor persiste a lo largo de ese tiempo y tu vida pierde alegría, fuerza y energía.

Cada vez que recuerdas la ofensa infligida por otros —o por ti mismo— la herida se reabre y duele. Esto se debe a que revives el daño causado y el recuerdo del sufrimiento te lleva a sentirlo de nuevo. Somos nosotros quienes decidimos cuándo quitar ese veneno y que deje de consumirnos por dentro. Así nos sentiremos más liberados, porque esa carga de plomo que se llama resentimiento nos impide levantar vuelo, despegar, desapegarnos del sufrimiento.

Para ilustrar el valor liberador de perdonar, me gustaría contarte una historia real. Te voy a pedir que te ubiques en el siguiente escenario: década de los ochenta, Hospital Estatal de Hawái, pabellón de criminales dementes de alta peligrosidad. El personal que se acerca al pabellón camina con la espalda contra la pared porque tiene miedo de ser atacado. Las agresiones físicas y verbales a los médicos son constante. El ambiente es muy tenso, casi inmanejable. Los psicólogos contratados para trabajar allí renuncian a los pocos días. El personal médico y administrativo se declara enfermo para no ir a trabajar. En ese escenario descontrolado deciden buscar ayuda y llaman al terapeuta Ihaleakala Hew Len. Él solo pide un requisito: tener una oficina para estudiar las historias clínicas de cada uno de los pacientes. Asegura que no necesitará verlos ni atenderlos personalmente. El doctor comienza a trabajar. A los pocos meses se empiezan a ver los resultados: algunos pacientes que recibían fuertes medicaciones empiezan a reducir sus dosis, los índices de violencia bajan, los empleados empiezan a disfrutar más de su trabajo.

Un tiempo después, los pacientes más peligrosos, que habían estado encadenados, podían caminar libremente y, al cabo de años, los internos que jamás pensaron que tendrían la posibilidad de salir

HO'OPONOPONO

LO SIENTO
PERDÓNAME
TE AMO
GRACIAS

PASOS PARA USAR HO'OPONOPONO

IDENTIFICA EL PROBLEMA

ASUME RESPONSABILIDAD TOTAL

REPITE 4 FRASES CON SENTIMIENTO:
LO SIENTO, PERDÓNAME, TE AMO, GRACIAS

LIBERA Y SUELTA EL PROBLEMA

fueron liberados. Poco a poco se requirió menos personal, pues los pacientes eran cada vez menos. Hoy, ese pabellón está cerrado. Hew Len nunca vio a ninguno de sus pacientes. Te preguntarás, entonces, ¿cómo lo hizo? Su respuesta te asombrará: «Sanando en mí la parte que había creado sus enfermedades. Simplemente limpié la parte de mí que compartía con ellos».

Resulta que lo que el doctor aplicó es una versión moderna de la técnica del *ho'oponopono*, una antigua práctica hawaiana de reconciliación y perdón. Era utilizada por los kahunas (chamanes hawaianos) para corregir errores y restaurar la armonía adentro de la comunidad.

La palabra *ho'oponopono* significa «arreglar» o «hacer correcto». Se basa en cuatro frases simples que se repiten durante la práctica:

- Lo siento.
- Perdóname.
- Te amo.
- Gracias.

Al repetir estas frases mientras se piensa en el problema, se limpia la parte del ego que creó el conflicto. Así se eliminan sentimientos negativos y se restaura la paz interior y exterior.

Cómo usar el *ho'oponopono*

1. Identifica un problema que quieras resolver. Puede ser un conflicto con alguien, una situación estresante o un sentimiento negativo recurrente.
2. Toma total responsabilidad. Reconoce que tú creaste el problema a través de tus pensamientos, palabras y acciones. No culpes a otros.
3. Siéntate tranquilamente y cierra los ojos. Visualiza a la(s) persona(s) o situación problemática.
4. Repite internamente o en voz alta las cuatro frases: «Lo siento, perdóname, te amo, gracias». Siente cada frase profundamente.
5. Repítelas tantas veces como necesites, hasta sentir liberación emocional y mental.
6. Suelta el problema. Confía en que se resolverá de la mejor manera posible para todos.
7. Agradece por el aprendizaje y cierre del proceso.

Cuando yo no me perdono

Quiero hacer un apartado especial para este punto, que podríamos llamar el autoperdón. Antes de perdonar a otros es necesario aprender a perdonarnos a nosotros mismos. A algunos les puede sonar extraño este concepto, pero todos tenemos autojuicios o autorreproches; esa vocecita interna que es tan exigente, inflexible y que genera culpas. Es una voz que ya se hizo propia, pero que es parte de voces que se escucharon en el pasado y que provienen de la familia, la sociedad y la cultura. Con el perdón a uno mismo se puede trabajar de la misma forma que si se perdonara a otra persona porque, al fin y al cabo, a quien perdono es a un Yo del pasado.

Por eso quiero empezar por contarte una anécdota personal, que puede parecer un poco tonta, pero que realmente me marcó en su momento. Algunas veces pasa que hay cosas que nos da vergüenza contar, por miedo a mostrarnos vulnerables o porque creemos que no deberían afectarnos. Pero lo cierto es que a cada persona le afectan distintas experiencias según su historia de vida, y el dolor es absolutamente legítimo y puro en cada caso.

Cuando tenía quince años, estaba en un internado donde, desde el domingo hasta el viernes por la noche, era residente becado. Allí sufrí un acto de *bullying* por parte de los compañeros de dormitorio de los varones que para mí en un principio fue imperdonable.

Me había costado más de un año convencer a mi papá de que me regalara una carpeta, como un *briefcase*, un maletincito o un sobre de esos donde se meten papeles, que ni siquiera era de cuero, sino de material sintético, pero a mí me encantaba para llevar mis cuadernos. Le dije: «Regálamelo, papá, que no lo estás usando», y después de varios meses me lo regaló. Yo lo cuidaba mucho, por el significado emocional de que mi padre se hubiera desprendido de él para que yo lo usara en la escuela.

El caso es que un día llego al dormitorio y veo que unos chicos están riéndose en un círculo, y enseguida me doy cuenta de que era un círculo de burla. Mientras me acerco a mi clóset, al lado de la litera donde dormíamos, siento un olor horrible, un olor a caca… Al abrir el armario, veo que hay heces humanas adentro del sobre que mi padre me había regalado… Como te imaginarás, yo estallé en una ira tremenda; pero ellos eran como veinte riéndose de mí. Recuerdo que ese día fui a la dirección del centro, hice llamar con urgencia a mi mamá y le dije: «Si no vienes aquí me aviento del quinto piso». Fue más una amenaza impulsiva que algo que pensara en serio, pero sí me sentía desesperado, y muchas veces la desesperación ciega la razón.

Me costó mucho perdonar eso, porque le había fallado a mi padre, y también porque lavar aquello fue un gran reto… Siempre permaneció el mal olor y no pude recuperarlo del todo, y además me sentí impotente por no haber podido responder al acoso con violencia, puesto que nunca creí en la violencia.

Pasaron unos meses, y creo que hasta un par de años, y todavía tenía aquello adentro. Hasta que aprendí que tenía que liberar esa energía, que incluso tenía que limpiar ese sentimiento y también los autojuicios de debilidad que yo había hecho sobre mí por el simple hecho de haberme escapado y no haberme enfrentado a esos chicos, es decir, por no haber dicho nada para hacer respetar mi voz.

Fue un proceso de perdón que tuve que hacer tanto conmigo como con los chicos que me hicieron eso. Hoy puedo reírme, pues ahora es una anécdota graciosa para mí, pero en su momento no fue absolutamente nada gracioso, de hecho fue traumático y me costó mucho pasar de la negación y la ira, en ese proceso de duelo, al perdón y a la aceptación.

Me gustaría compartir contigo este poema que escribí dedicado a todas esas culpas que he sentido sin sentido:

Mea culpa mea

Se asoma bajo las sombras
de una discreta morada.
Tras un velo de prudencia.
Tras una inquietante fachada.
La llaman señora culpa,
la que nunca se disculpa.

Llega…
como un asombro,
de madrugada.
Te arropa bajo sus alas.
Te mima con su mirada.
No esperes de ella nunca
nada que la deshaga.

Llega lista para quedarse,
como si tu casa fuese
su propia vieja morada.

Te persuade y te sonsaca
hasta caer desmayada.
Posando como la amiga
de aquellas faenas pasadas.

Nunca dice quién la envía
y mucho menos…
quién le paga.
Es la dueña de las sombras
que solo la luz acaba.

Te esconde de la verdad
mientras el miedo la ampara.
Nada sabe de verdades,
poco le importa tu paz…
Es una pobre de mente
y de espíritu, rapaz.

Culpa, la llaman sus hijos.
Inocentes ya sin paz,
a quienes ella secuestra…,
mientras duermen perturbados
bajo su magia siniestra.

Vaya timo, vaya engaño,
culpa, alcanza con sus años.
Años que resta de vida,
a todo aquel quien le alquila.
Morada, sitio, lugar,
mientras su gozo transpira
un perfume peculiar.

Aroma que nos embruja,
hechizo de falsedad,
dueña se hace de todo
esta bruja de la maldad.

Vete al destierro de tu quebranto,
diabla vestida de sucio blanco,
como novia fea y desplantada,
llena de rabia y espanto.

Me engañaste ya mil veces,
te escondiste entre mil llantos.
No hay máscara que no conozcas,
hechicera de quebrantos…

Aquí ya no hay cabida
para tu hábil salida.
Te vigilo cada noche,
en cada sol de partida.
No te temo.
No te odio.

Solo respeto me inspiras…
A ti, culpa compartida,
nada, nada, de lo que pidas.

He rescatado mi vida
celebrando entre vítores
tu destierro y despedida.

ISMAEL CALA

Cuando hablamos del perdón pienso también en el lenguaje, y en que fortalecernos es una manera de construirnos. Asimismo, pienso en cómo algunos patrones de comportamiento aprendidos se transforman a través de la experiencia en creencias limitantes. Y esto es clave a la hora de perdonar y perdonarse: entender que podemos intervenir en esa «programación mental» para enfrentar el futuro y lograr objetivos específicos.

En esta línea, te propongo hacer el siguiente ejercicio para empezar a sentir verdaderamente el proceso transformador del perdón, respondiendo las preguntas del cuadro:

¿A quién o qué no he perdonado?	¿Qué fue lo que sucedió?	¿Cuál es el juicio interno que hay detrás de ese hecho?	¿Cuál es la emoción asociada? (Puedes incluir más de una)
¿Qué limitaciones emocionales te llevaron a actuar como lo hiciste?	¿Qué herramienta necesitas adquirir?	Visualízate en el futuro actuando con esa nueva herramienta.	

Ahora, quisiera presentarte un texto que, en lo personal, me interpela mucho. Es de la escritora argentina CinWololo, y se encuentra dentro del libro *Loca, cósmica y otros viajes: relatos de amor, fernet y semillas* (por si no lo sabes, el fernet es una bebida italiana que en Argentina se toma con Coca-Cola):

> Y si un día estás muy triste y no sabes para dónde correr, toma una foto de cuando eras chico, mírate a los ojos, perdónate por todo lo que no pudiste manejar o entender; perdónate por las culpas que cargaste, por los miedos que te llevaste puestos, perdónate por las veces que guardaste silencio ante lo injusto, por los monstruos que no elegiste, por las veces que quisiste ser más feliz. Y agradécele a quienes nunca te soltaron la mano. Perdónate por todo, manda todo a la mierda, llora hasta secarte y sentirte vacío, en carne viva y todo roto. Junta los pedazos, acuérdate de todo lo que pudiste cambiar hasta ahora, de todo el amor que recibiste y empieza de nuevo. Empieza de nuevo esta vez. Esta vez y todas las necesarias.

¿Qué te pareció el texto? Es simple, pero también muy potente, ¿verdad? La imagen de vernos a nosotros mismos en una foto de niños, con la ternura que inspira un niño, que somos nosotros mismos, pero con la distancia suficiente para ser otros, más compasivos. Por eso quiero que hagas este ejercicio como tarea de autoperdón y resiliencia: busca una imagen de cuando eras pequeña o pequeño, puede ser digital o impresa, y perdónate por todo. Libera a ese niño interior de todos sus juicios internos que lo hicieron vivir sentado en el banquillo de los acusados. Haz que renazca ese niño florecido desde el dolor y libre de todas las voces que hizo propias y las transformó en juicios. Perdónalo, perdónate en un acto de liberación.

Liberarte de tu juicio es como cortar el listón de un regalo que te haces a ti mismo. Dátelo y recíbelo.

El siguiente ejercicio es una carta para escribirte a ti mismo, observando esa foto de cuando eras niña o niño:

Me perdono por… Me perdono por juzgarme… El hecho que viví es… La carga emocional es… Quiero desapegarme o soltar… Reconozco que… Acepto que…

Estas líneas constituyen un modelo de carta, luego puedes añadir todo lo que quieras decirte y perdonarte. Además, en la página de recursos encontrarás una meditación guiada especialmente diseñada para perdonar y perdonarte, llamada «la rueda del perdón», pensada también como un acto de entrega y empatía con el otro, formando una gran cadena de sanación.

Está científicamente probado que perdonar disminuye los niveles de estrés. Hoy sabemos que el sistema nervioso central y el sistema inmunológico están comunicados. En 1974, el psicólogo Adler descubrió que, de manera similar al cerebro, el sistema inmunológico tiene la capacidad de adquirir información. Por otro lado, se demostró la relación entre las emociones y el sistema inmunológico, es decir, cómo un mensaje de una fibra nerviosa puede influir en la respuesta defensiva del cuerpo. Las emociones también se conectan con el sistema inmunológico a través de ciertas hormonas, las cuales se liberan en situaciones de alto estrés. Además de ello, perdonar mantiene el corazón sano, ya que convivir con la ira aumenta el riesgo de sufrir enfermedades coronarias, reduce el dolor crónico y prolonga la vida. Así que ¡perdona y vive!

A continuación, comparto contigo un poema:

El perdón

Aquel que viene llegando
no conoce de rencores.
La vida va perdonando
entre botones y flores.

No se atasca en la desidia,
lo feo desestima a tiempo.
Conserva en su corazón
pura miel…
cero lamentos.

Ese que ya vive en ti
llegó primero que tú.

Identidad mal servida
por un ego revanchista
que en el ruido se enquista.
Ese que se nombra:
Perdón…
desmonta tus propias
¡excusas!

Habla desde el corazón:
profundo, sabio, amoroso.
Repudia tu mente en ocio,
buscando confrontación.

El perdón no te hace débil,
su regalo es la fuerza...
Serena, firme y sutil,
llena de liberación,
en medio de la agresión.

Perdón no invita al olvido,
sí, a tu sabia expansión.
Libre y llena de luz
tras un golpe recibido.

Perdón no aprueba el dolor
ni todo el daño sufrido.
Habla de liberar veneno
en la sangre del agredido.
Tus juicios y pensamientos
enferman en resentimiento.
Perdón te pide perdón,
para expulsar tus lamentos.
Deja ir de tu conciencia
esa sed de hacer justicia.
Limpia y aliviana el alma,
mientras Dios, siempre amor,
te entrega dicha y candor.

Ya sea cerca o en lejanía,
haz que tu corazón suene
como un tambor de alegría.

Perdón, sonríe, al rencor…
Arrinconado en las sombras.
Le advierte: no más dolor,
sonreír es tu misión.
El pasado ya cerró.
Ese capítulo triste
es pasado, y ya no está…
si tu memoria no insiste.

Dale brillo a esa foto,
quítale poder al miedo.
Siente cómo el amor
¡te protege!
blindando tu corazón.

Danza…
Llora…
Salta…
Ríe.

¡Mientras vives con perdón!

Dale gracias a la vida,
inteligencia es amor.
Amor que todo perdona
para amar al cocreador,
al igual que amamos
a ese Dios que es puro amor.

Perdón a todos,
perdón a quien escucha
en mi interior.
Habla la voz de mi alma
con inocencia y candor.
Recuerdos que pasan a ser
anécdotas de valor.
Heridas que quedan tatuadas,
para elevarme en quien soy.
Gracias, agravio pasado,
por la luz de mi presente.
Es un acto de valientes
concienciar con su pasado
y saborear el instante presente.

ISMAEL CALA
Escrito en el vuelo
de Paraguay a Panamá,
el 22 de marzo de 2023

DE LA ENVIDIA A LA ADMIRACIÓN: CÓMO TRANSFORMAR EL ÉXITO AJENO EN INSPIRACIÓN PERSONAL

En la era de las redes sociales, en la que cada aspecto de la vida de las personas es compartido, comentado y comparado en línea, la envidia y la comparación social encontraron un terreno fértil para crecer. En un entorno donde la imagen y la apariencia cobran un papel preponderante es fácil caer en la trampa de medir nuestro propio éxito y valía a través de las cifras de seguidores, *likes* y comentarios que recibimos. Esta constante exposición a las vidas aparentemente exitosas de otros puede generar un sentimiento de envidia y descontento.

La envidia surge cuando comparamos nuestras vidas y logros con los de los demás, y percibimos que están en un nivel más alto que el nuestro. Este sentimiento puede ser destructivo, pues aminora nuestra autoestima y genera ansiedad. Sin embargo, es crucial recordar que lo que vemos en las redes sociales es solo una fracción de la realidad. Las personas tienden a mostrar su mejor versión en línea, seleccionando cuidadosamente qué compartir y ocultando los aspectos menos favorables de sus vidas.

Para transmutar la envidia en una fuerza positiva, es importante practicar la sana admiración. En lugar de resentirse ante el éxito aparente de los demás, podemos cambiar nuestra perspectiva y buscar inspiración en sus logros. Aquello que vemos como éxito en otros puede convertirse en una fuente de aprendizaje y motivación para nosotros. En lugar de compararnos negativamente, podemos preguntarnos qué pasos tomaron esas personas para llegar a donde están. ¿Qué habilidades desarrollaron? ¿Qué desafíos enfrentaron y superaron? ¿Qué decisiones tomaron?

En lugar de envidiar el viaje de otra persona, podemos tomarlo como un mapa de ruta para nuestro propio crecimiento y éxito. La clave reside en centrarse en el propio progreso y desarrollo en lugar de obsesionarse con lo que otros están haciendo. Establecer metas realistas y medibles, y celebrar los logros personales, por pequeños que sean, puede contribuir a edificar una autoestima sólida y a reducir la tendencia a sentir envidia. Además, desconectar ocasionalmente de las redes sociales y cultivar intereses fuera del mundo digital puede ayudarnos a mantener una perspectiva equilibrada.

Les dedico este poema a todos aquellos que, como yo, han tenido que afrontar la comparación social y la malsana envidia para sanar su corazón; y a todos aquellos que aún se permiten vivirla, sin ubicarla en el tiempo y el espacio, y transfigurar su energía en admiración honesta y celebración del éxito ajeno.

Envidia, envidia

Se asoma muy maquillada
la temible condenada.
Compara sin tomar aliento,
se ofende en todo momento.

Siempre celando a otra gente,
balbucea por tu mente.
Te confunde defendiendo
tus deseos indigentes.
Avienta puertas…
Lanza ventanas.
Te roba el hoy…
Y también el Mañana.
A tus órganos irrita
con su falsa sonrisita.

Honestidad no conoce,
ni le importa la verdad.
Es hija de la maldad,
que su malhumor cose:
es huérfana de bondad.

Cuando camina
todo examina
del que el éxito domina.

¡Ella se hace notar!
Se siente su malestar.
En la mala sangre,
en tu cuerpo hecho
pesar.

¡Envidia, envidia!
A secas.
Sin apellidos.

Tu solo nombre al pronunciarse
hace a nuestra buena vibra...
Ensuciarse.
Llenarse de fango y sarro,
manchar de resentimiento,
ese noble sentimiento,
que en otros es: admirar.

Te confunden con halagos,
¿envidia de la buena? Dicen
aquellos a los que engañas
con tus palabras huecas
y tus macabras musarañas.

Muchos aún no descubren,
te escondes en su mirada.
No te disfraces de ingenua,
ya no más...
Que me das pena.

Te conozco por detrás,
por delante te confronto,
y a los ojos te respondo:

no hay cabida en mi vida,
no hay espacio en mi guarida,
ese corazón ingenuo
sin ti, ya, se volvió genio.

Me atrapaste en su momento,
cuando mi juventud inmadura
abrazó tu gran locura
socavando mis cimientos.

Qué amargura en tu sabor,
qué tristeza en tu portada.
Eres fría y despiadada
con quien abrigo te dio.

¡Envidia, envidia!

Eres vida sin amor.
Eres ausencia de Dios.
Una mente flagelada
sin vergüenza ni razón.

Te he visto habitar en mí,
conozco cuando te acercas.
Te veo en pupilas grises,
mustias por tu frenesí.

No compares,
no intervengas.
Este es un corazón depurado
de tu nefasta herencia.

Da la vuelta en mi puerta.
No toques con tanto interés.
No te atrevas a tentarme
con tu juego de ajedrez.
¡Jaque mate! Es tu destino,
con este valiente pupilo,
de un camino grato y fino
que sin tu hechizo labré.

Me sirve haberte tenido,
para no volverte a ver.
Eres polvo del destino,
lluvia seca del revés.
Eres tormento dañino,
rabia, ciega, en doblez.

Enciérrate y toma camino
al calabozo cochino,
que tu vida quema en brasas,
mientras yo sigo en mi casa
con amor puro y genuino.

Ese amor que todo admira…
en el éxito de los amigos.
Y que estudia lo que aprecia
sin contártelo al oído.

Eres maestra de embrujos,
soberbia, vil caminante.
Recibe luz muy radiante
en tu destierro aberrante.

Te dejo porque me dice
la Diosa de la alegría:
que es mejor dejarte ir
que sentir antipatía.

Te retiro mi palabra.
Oídos sordos a tus gritos.
Sé que te sientes ahogada
al derrumbarse tu mito.

Te pido que no te enojes.
Te juro que no hay agravio.

Solo borra mi morada.
Ingrata desfachatada.

Ismael Cala
Escrito en el vuelo de
Asunción a San Pablo,
el 4 de noviembre de 2021

LA ANSIEDAD COMO PANDEMIA

En la sociedad moderna, la ansiedad se ha convertido en una suerte de pandemia silenciosa que afecta a millones de personas en todo el mundo. Según un estudio de 2017 de la Organización Mundial de la Salud (OMS), más de 264 millones de personas en todo el mundo sufren de trastornos de ansiedad. Y esta cifra ha aumentado en un 25 % después de la pandemia de COVID-19. Esta inquietante estadística refleja la creciente preocupación sobre la salud mental en un tiempo caracterizado por la interconexión digital y el uso constante de las redes sociales.

A medida que nos adentramos en la era digital, surge un nuevo fenómeno relacionado: la «ansiedad social digital». Esta es una manifestación de ansiedad que se desencadena por la interacción en línea y la exposición constante a las vidas de los demás a través de las redes sociales. Las plataformas digitales, diseñadas para conectar a las personas, a menudo generan una paradoja: mientras nos brindan la oportunidad de estar en contacto con otros de manera instantánea, también pueden alimentar la ansiedad y el estrés.

La ansiedad social digital se manifiesta como una sensación de incomodidad y aprehensión en torno a las interacciones en línea. A medida que compartimos momentos y pensamientos en las plataformas públicas, surge la preocupación sobre cómo seremos percibidos y juzgados por los demás. La comparación constante con los logros y vidas aparentemente perfectas de otros puede llevar a una autoevaluación negativa y a la sensación de estar siempre en desventaja.

La validación social en forma de «me gusta», comentarios y seguidores puede convertirse en un factor desencadenante de ansiedad. La falta de respuesta o la recepción negativa de las publicaciones puede alimentar sentimientos de inadecuación y rechazo. Además, la presión por mantener una imagen cuidadosamente construida en línea puede llevar a una autenticidad reducida y a la sensación de estar viviendo una vida en función de la audiencia.

Recuerdo muchas noches que, al terminar el programa en CNN, leía los comentarios de Twitter y veía cientos de miles positivos y unos pocos nefastamente groseros e insultantes, lo cual me dejaba en un estado de ansiedad y alteración arraigado a esos comentarios, sobre todo ideológicos o políticos, que eran el reflejo de la grieta social que vivimos más que del resultado de mi trabajo. En el basurero que pueden ser hoy las conversaciones masivas en las redes sociales se escondían desde amenazas de muerte hasta blasfemia y difamación. El tener tanta exposición mediática y presión de estar representando una línea editorial que no es solo propia, sino también del medio al que representas, creaba en mí una importante dosis de estrés y ansiedad. He tenido incluso ataques incipientes de pánico cuando después de tener todo listo para un programa en vivo con entrevistados, teníamos que dejarlos ir para atender en directo y durante una hora una *breaking news*, o noticias de última hora, de cualquier lugar del planeta. En esas situaciones, la incertidumbre de la noticia en desarrollo generaba en mí los síntomas de «no tengo el control» sobre esta noticia para llenar toda una hora de televisión en directo. En esos momentos fue cuando descubrí que el éxito de mi carrera no residía en la parte técnica relacionada con la comunicación social que había aprendido en la Universidad de York, en Toronto, sino en todo lo que de forma autodidacta había estudiado con los mejores mentores sobre inteligencia emocional, psicología positiva, *mindfulness* y, sobre todo, neurociencias, que me ayudaron a pasar de ser un esclavo cerebral a un explorador y observador consciente. Manejar altos niveles de estresores internos y externos y fluir con fuerza serena ante ellos es lo que nos hace ser capaces de liderar con los grandes desafíos de nuestra vida personal y, sobre todo, poder alcanzar altos niveles de liderazgo saludable y consciente en el ámbito corporativo, político y público.

Con la ansiedad en tu vida, tus logros serán tus propios tropiezos a tu salud radiante y perfecta; porque resolver el tema de la ansiedad es liberar tu calidad de vida y tu longevidad. La ansiedad nos acorta la vida y nos enferma en vida.

Ansiedad del desolado

Me llenas de adrenalina y cortisol en vena,
eres película ajena,
una historia en mi cabeza
que Revolotea incesante
llenándola de maleza.
Desesperanza en pena,
historia que no renuncia…
Y sentencia mi condena.

¿Quién te llama?
¿Quién te entiende?

Ansiedad tan impaciente.

Secuestras el jardín, mi mente,
quemas en él todo puente…
hacia un futuro que tiñes
con las sombras de la muerte.
Una muerte prematura,
de tantos miedos y bruma,
que me deja indiferente.
Cuánto engendras a tu paso,
apatía sorprendente…
Que crece rápido como el pasto
en la duda hecha mente.

Ansiedad, ella está de moda,
es la amiga complaciente
del mal encumbrado Estrés,
que lastima a tanta gente.

Ansiedad cuando visita…
tu corazón agita.
Te turba de pensamientos,
confunde tus sentimientos.
Trastoca tus intenciones
con un futuro preñado
de impuras limitaciones.

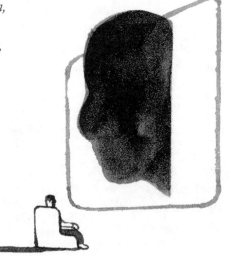

Desde que se asoma grita:
¡Aguas,
cuidado,
peligro a la vista!
Tu alegría va y se desploma,
cuidado con lo que avista
la muy inútil ladrona.

Casi nunca tiene pistas
de lo que parece y no es.
De la realidad dista
con ebria alucinación soez.

Ansiedad llega y se sienta…
en el trono de tu sabio interior.
Lo insulta con gritos sordos
creyéndose superior.
Lo colma de incertidumbre
hasta causar deserción.

No respeta tus anhelos
ni tu fuerza en acción.
Pone en duda tu manejo
con el señor de la Creación.
Te mutila y se revuelca
sobre tu lecho de amor
haciéndote sentir pobre
en autoestima y valor.

¿Qué haces con mi futuro, ansiedad tan desdeñable?
Justificar lo Mediocre que desde tu miedo creas.
Un mar de malas noticias que en el cerebro recreas.

Eres depredadora de sueños
que arrebatas con enseño
a millones de mortales,
muertos de miedo,
por tu tan torcido ceño.

Te veo llegar y salgo al ruedo
como un Novato torero
que al toro quiere ganar.

Eres tú la asesina de paz y dicha divina.
Eres tú la hechicera y bruja de la neblina.

Cuando entras sanguinaria,
mi corazón atraviesas
con flechas de mortal veneno
clavadas sobre el futuro
que frente a mí queda en piezas:
marchitando mi presente…
Con tu fuerza hecha un nudo.

Nudo que mi mente ata
congelando mi sonrisa.
Encogiéndome en la brisa,
más pequeño que una rata.
Al caminar, ya con prisa…
toda ilusión ella mata.

¿Quién te alimenta, malvada?
¿Será doña Amígdala la inflamada?

¡Insolente descarada!

Ahhh, ya te crees inquilina
y mi cabeza, tu morada.
Me mantienes bajo el embrujo
esperando que el futuro
se pierda en mi propia mirada.

Soy tu siervo cuando duermo,
soy esclavo de tu tiempo.
He permitido tu mando
mientras me arropa un «lo siento».

Hoy te invito a darme tregua.
No más angustia permito.
No más hurtos de deseos.
Porque a mi corazón remito,
su gozo sin tu presencia
es de puro amor infinito.

Ansiedad de mil temores,
existes entre mil gritos.
Historias que crean horrores
entre leyendas y mitos.

Te destierro en el exilio
de las penas y delitos.
Te condeno al aislamiento
en un calabozo entre mitos.

Entretienes con astucia
a los que en ti se entretienen,
dando crédito a tus mañas…
de arañas imaginarias,
tejedoras incansables
de hilos con los que engañas.

El futuro es mi decreto,
es el que creo con fe,
es un hermoso proyecto
con aroma de café.

Es el diseño del día,
la semana y todo el mes.
Futuro es mi gran promesa…
Levantándome de pie.
En él cabe la prudencia,
más ansiedad ya no usted.

Es un espacio de Dios,
de creación sin ataduras.
Basta de sus amarguras
balbuceando disparates.
Vuelva a su escaparate,
romperé la cerradura.

Gracias por lo que me enseñó
y por todo lo que me ha robado.

Nunca es tarde
si al final…
de tu yugo me he librado.

Qué bendición del señor.
Ansiedad se ha encerrado
en su armario oscuro y frío,
y con doble arcoíris de amor,
FE, Paz y Esperanza han llegado.

Siento que doña Esperanza
a la ansiedad ha desterrado,
y todo futuro en virtud y amor…
ya está siendo deslumbrado.

ISMAEL CALA

LOS DOS CAMINOS DE LA NEUTRALIDAD

En el año 2018, al participar en el TEDxRoma, en Italia, hablé sobre neutralidad y salud mental. Sin embargo, para que no haya confusión, una cuestión es el análisis de nuestra propia vida, y otra, el de las tragedias del mundo. Hay conexión entre ambas realidades, pero solo podemos aplicarnos la neutralidad a nosotros mismos.

Ponernos en modo neutro es útil para distanciarnos de nuestra propia historia y nuestros traumas, para empezar a quitarles valor. Ser neutral es un dilema humano, porque estamos programados para formarnos una opinión definitiva sobre todo lo que sabemos, lo que creemos que sabemos e incluso sobre lo que no sabemos.

Muchas veces estamos más obsesionados con tener razón que con ser felices, pues nos traicionan nuestros propios mapas mentales. Nuestro cerebro no puede resistirse a dejar ir una pregunta sin respuesta, y siempre quiere tener la razón. Y aunque resulta complicado ser neutrales sobre nuestros dolores, luchas y fracasos, estoy convencido de que la neutralidad es la clave para una vida consciente, saludable y feliz.

Sin embargo, no podemos mantener neutralidad ante los graves problemas del mundo. Como ciudadanos conscientes que somos, no debemos ser neutrales frente a la pobreza, la corrupción de los gobiernos o la maldad de las dictaduras. Eso sí, podemos ponernos en modo neutro para evaluar mejor cada situación que nos incumbe y tomar las decisiones más acertadas. De hecho, la objetividad está cada vez más cuestionada en el periodismo. Debemos ser equilibrados y justos, pero no neutrales. No solo en la prensa, sino en la vida diaria, pues todos los seres humanos vemos la realidad a través de filtros personales. Es decir, la objetividad no existe.

El dramaturgo Manuel Tamayo y Baus resume a la perfección la neutralidad ante las urgencias del mundo: «También se lavó las manos Pilatos; y no hay manos más sucias que aquellas manos tan lavadas».

Podemos hacer dos ejercicios respecto a la neutralidad: uno interno y otro externo. En cuanto a lo que sucede fuera de ti, toma conciencia y posiciónate sobre algún conflicto humano, local o internacional. Porque el mundo solo cambiará si cada uno de nosotros cambia. En cuanto a lo que sucede dentro de ti, mi consejo es que tomes la mayor distancia posible de tus experiencias para verlas en perspectiva, sin juicio ni victimización.

La neutralidad absoluta es difícil de alcanzar, ya que todos tenemos nuestras propias experiencias y perspectivas que influyen en cómo nos expresamos. Sin embargo, el esfuerzo por ser más neutral en nuestras comunicaciones puede contribuir a un diálogo constructivo y respetuoso con los demás. Por eso te dejé en la página de recursos un test de neutralidad para identificar qué tan desapegado estás del resultado y hasta qué punto puedes colocarte en el rol de observador.

Diseñando mis emociones elevadas

Siguiendo con esta línea, la neutralidad es una vara fundamental para medir nuestros niveles de conciencia. ¿A qué me refiero con

Mapa de la Conciencia

VISIÓN DE DIOS	VISIÓN DE LA VIDA (ES)	NIVEL DE CONCIENCIA	NIVEL DE CALIBRACIÓN	EMOCIÓN	PROCESO EXPERIENCIA VIDA
SER INTERNO		ILUMINACIÓN	700-1000	INDESCRIPTIBLE	CONCIENCIA PURA
SER UNIVERSAL	PERFECTA	PAZ	600	ÉXTASIS	ILUMINACIÓN
UNO	COMPLETA	ALEGRÍA	540	SERENIDAD	TRANSFIGURACIÓN
AMOROSO	BENIGNA	AMOR	500	VENERACIÓN	REVELACIÓN
SABIO	SIGNIFICATIVA	RAZÓN	400	COMPRENSIÓN	ABSTRACCIÓN
MISERICORDIOSO	ARMONIOSA	ACEPTACIÓN	350	PERDÓN	TRASCENDENCIA
EDIFICANTE	ESPERANZADORA	VOLUNTAD	310	OPTIMISMO	INTENCIÓN
CONSENTIDOR	SATISFACTORIA	NEUTRALIDAD	250	CONFIANZA	LIBERACIÓN
PERMISIVO	FACTIBLE	CORAJE	200	CONSENTIMIENTO	EMPODERAMIENTO
INDIFERENTE	EXIGENTE	ORGULLO	175	DESPRECIO	ENGREIMIENTO
VENGATIVO	ANTAGONISTA	IRA	150	ODIO	AGRESIÓN
NEGATIVO	DECEPCIONANTE	DESEO	125	ANHELO	ESCLAVITUD
CASTIGADOR	ATEMORIZANTE	TEMOR	100	ANSIEDAD	RETRAIMIENTO
ALTIVO	TRÁGICA	SUFRIMIENTO	75	REMORDIMIENTO	DESALIENTO
CENSURADOR	DESESPERANZADORA	APATÍA	50	DESESPERACIÓN	RENUNCIA
VINDICATIVO	MALIGNA	CULPA	30	CULPA	DESTRUCCIÓN
DESDEÑOSO	MISERABLE	VERGÜENZA	20	HUMILLACIÓN	ELIMINACIÓN

Anotaciones al margen:

- SALTO A LA ILUMINACIÓN
- SALTO AL PODER
- PODER PERSONAL
- FUERZA
- CORAJE
- DEBILIDAD

esto? Estudios como los del doctor en Medicina y Filosofía David Hawkins dan cuenta de la posibilidad real de medir nuestro nivel de conciencia a través de determinados estados y de cómo reacciona nuestro cuerpo a ciertos estímulos. Esto se ha estructurado a través del «mapa de los niveles de conciencia», en los que a menor nivel de conciencia, más emociones de baja vibración podemos sentir; mientras que a mayor nivel de conciencia, también se van elevando nuestras emociones.

En 1996, Hawkins propuso una escala de conciencia que va de cero (muerte) a mil (consciencia de Jesús, Buda o la conciencia más alta posible de vivir como humano), en la que intentó reflejar, en esencia, el crecimiento espiritual en una escala de referencia de niveles energéticos. El mapa presenta una lista de actitudes y emociones con sus correspondientes valores numéricos calibrados.

Todo tiene una vibración energética: la gente, la comida, la música, los libros, las películas, las enseñanzas, los lugares, etc. Todo esto puede ser calibrado para determinar su nivel específico de consciencia. Igual de importante son los niveles de las emociones que se mueven a través de nosotros. Los niveles son considerados como escalones de vibración de energía; son logarítmicos, no lineales, por lo que cada nivel superior es exponencialmente más poderoso que el anterior. Todos son la misma energía a diferentes niveles de vibración.

En la parte inferior de la escala están las emociones *negativas*, las que nos llevan hacia abajo. La mitad superior de la escala se compone de los estados *positivos*, que son los que nos elevan.

¿Cómo determinaba Hawkins los niveles de conciencia en sus pacientes? Utilizaba el test muscular de kinesiología para determinar los valores numéricos en la cuarta columna. Básicamente, tenía en cuenta lo siguiente: los músculos del cuerpo reaccionan con fuerza a estímulos positivos y verdaderos, y con debilidad a los estímulos negativos y falsos.

El nivel 200 es importante, porque es el umbral por encima del cual los campos de energía comienzan a elevarnos (la verdad) y por debajo del cual los campos de energía comienzan a llevarnos hacia abajo (la falsedad).

Emociones que encadenan, emociones que elevan

Conocer la diferencia entre estas dos secciones es una de las mayores habilidades que se pueden cultivar. Uno puede darse cuenta de cuándo está bajo la influencia de las emociones negativas y aplicar técnicas de conciencia para remediar la situación.

En el nivel 200, nivel del «coraje», comienza a aparecer el poder. Por debajo de 200 el resultado es la «debilidad». Todas las personas responden con fortaleza a los campos que apoyan la vida por encima de 200. Esta es la línea crítica que distingue las influencias positivas de las negativas de la vida.

En los niveles de vergüenza, culpa, apatía, sufrimiento o tristeza, miedo, enojo y orgullo siempre proyectamos la «causa» de nuestro sufrimiento hacia afuera. Nos sentimos víctimas, sin poder, frustrados. Por ejemplo, cuando estoy triste, siento la pérdida de algo o siento tristeza porque algo no es como esperaba; el razonamiento dice que si este algo (externo a mí) fuera diferente, podría estar feliz o contento. Con respecto al miedo: si por afuera no hubiera condiciones contagiosas, podría estar tranquilo y no sentir ansiedad. O, en cuanto al enojo: si el otro no me tratara con tan poco respeto, podría estar bien.

En resumen, por debajo de 200 solemos sentir que estamos sujetos a las emociones y que no podemos cambiarlas. Cuando en un tema llegamos a «pasar» de los 200, nos hacemos responsables. Es como ir desde la «tierra» hacia el «cielo» en la búsqueda de un estado de mayor iluminación. Sentimos que las cosas son como son y no nos hace falta encontrar un «culpable». No nos sentimos víctimas, sino que nos definimos a nosotros mismos como responsables y como los únicos que pueden cambiar algo. Es coraje lo que hace falta para dar este paso, y el coraje es el primer nivel en el que nosotros podemos «hacer algo» respecto a lo que nos pasa.

CONSTRUYENDO MI CONSCIENCIA DIARIAMENTE

CONTRACCIÓN → TRANSICIÓN → EXPANSIÓN

Este diagrama de transformación es un mapa que, en mi experiencia, me orienta a saber dónde estoy y cómo moverme hacia la expansión, hacia asumir la responsabilidad de mi vida, de mis propias creaciones, comportamientos, pensamientos y emociones.

El diagrama me ubica internamente en estos tres aspectos:

1. CONTRACCIÓN: Cuando estoy en la contracción, estoy en un comportamiento en el que me descuido, me retengo y no me permito expresar; por lo tanto, no me comunico, empiezo a controlar a otras personas y las situaciones, tengo aprehensión para que todo resulte como yo quiero, dejo de «hacerme cargo» de mi propia vida, me falto al respeto, comienzo a autojuzgarme y a juzgar a otros, desconfió de mi propio valor y del de otras personas, me resisto al cambio, me mantengo en la zona de confort, me doy por vencido, me desvalorizo y olvido darme un lugar.

Esto refleja una actitud cerrada, de rigidez, de bloqueo y de falta de fe en mí mismo y en Dios, ya que no me permito fluir ni confiar en el bien mayor. En este estado de consciencia estamos identificados con nuestro ego y desconectados de nuestra alma.

Para hacer una analogía que resulte más práctica: cierra los ojos e imagina que estás caminando en una habitación oscura con solo la pequeña llama de una vela para iluminar tu camino. Te tropiezas y te chocas con los muebles y otros objetos que percibes como obstáculos. Te sientes aislado y separado del mundo que te rodea (aunque siempre estás indisolublemente conectado con el universo). Esta es la sensación en estado de consciencia contraída.

Cuanto más luchas, más te sientes atrapado.

2. TRANSICIÓN: La clave aquí es que cuando observo mis resultados y clarifico mi propósito, identifico cuál es mi intención y tomo conciencia de mi poder interno, de mi poder personal, y genero un proceso de transformación que primero me moviliza internamente y, luego, externamente, a un estado de mayor expansión.

3. EXPANSIÓN: En este estado de expansión es cuando comienzo a crear y a manifestar mi vida, generando resultados diferentes. ¿Por qué esto es importante?

Cuando eliges conscientemente mover tu energía, enfoque e intención al lado derecho del proceso de transformación, necesitas identificar las acciones específicas que reflejen, que manifiesten y te empoderen en tu ser esencial. Acciones como, por ejemplo, cuidarte y cuidar, participar con entusiasmo y comunicar lo que está presente, y todo dentro de un ambiente de escucha profunda y conversando desde un lugar neutro y honesto.

Este proceso de expansión supone el aceptar lo que sucede como parte del aprendizaje del concepto de «bien mayor», siendo consciente y responsable de las acciones y abrazando los resultados o consecuencias que ello conlleva, autoperdonando y perdonando a otros.

Se trata, pues, de expandir los rangos de confianza en ti mismo y en otros, fluyendo con lo que el universo te coloca enfrente para comprenderte y, desde un lugar de integridad, aceptar tus limitaciones sin querer defenderlas. La intención final es la de que te valorices. Todas estas acciones reflejan que estás abierto.

Cuando consigues aplicar el diagrama en tu vida y ser consciente del «mapa» en el que tu energía está presente y logras alinear tus comportamientos al proceso de expansión, creas un estado de mayor paz y equilibrio dentro de ti, consciente de que es una elección personal.

Para continuar con la analogía, cierra los ojos e imagina que todavía estás en la misma habitación oscura, pero que alguien te dio

una linterna. Ahora tienes más iluminación, por lo que puedes moverte libremente sin temor a tropezar o lastimarte. También puedes ver que todo lo que parecía un obstáculo tiene un propósito claro. Puedes redirigir la luz de la linterna y ver que hay un sillón en el que puedes acostarte, un mueble lleno de libros maravillosos y un estéreo para escuchar música. Lo que parecían amenazas o barreras son en realidad oportunidades. Te sientes conectado a la red de relaciones que une a todos y a todo. Esta es la sensación del estado de conciencia expandida.

La consciencia se expande cuando experimentas amor, aceptación, gratitud, perdón, compasión, alegría y ecuanimidad.

Me hago consciente de mis emociones

Para finalizar el capítulo, te invito a que hagas el siguiente ejercicio al comenzar tu día: toma lápiz y papel; con ambos objetos comenzarás a tomar consciencia (y tomar nota) del flujo de tus emociones y de cómo se manifiestan en tu cuerpo.

Dibuja una figura humana en el papel. La idea es que hagas un escáner de ese día y del fluir a través de las emociones, por lo que a un lado de la figura escribe la emoción con la que te conectaste y marca la parte del cuerpo donde identificaste esa emoción.

En el capítulo anterior vimos el mapa corporal de las emociones humanas según la medicina china. La idea no es que te condiciones a partir de ello, sino que experimentes de forma libre y auténtica tu cuerpo emocional, aunque puedes tomarlo como referencia o guía de consulta.

Comienza por tu despertar: ¿cuál es esa primera emoción con la que te conectas? Vamos más a fondo, ¿con qué parte de tu cuerpo conectas esa emoción? (las manos, los pies, el estómago…); a continuación, márcalas. ¿Qué haces luego, a medida que va avanzando tu mañana? ¿Con qué te conectas? ¿Qué emoción experimentas? ¿En

qué parte del cuerpo la sientes? Continúa formulándote estas preguntas a lo largo del día hasta que llega la noche. Luego, pregúntate:

- ¿Qué percibes con relación a tu fluir emocional?
- ¿Esas emociones tienden a ser persistentes en tu día a día?
- ¿Con cuáles de las emociones contactas con mayor frecuencia?
- ¿Te diste cuenta cuenta de si, por ejemplo, ese dolor constante que tienes en la espalda está relacionado con la ira que sentiste cuando te enfrentaste a determinada situación?

¿CAMBIAMOS POR REACCIÓN O POR INSPIRACIÓN?

Pareciera que la naturaleza del ser humano es que nos resistimos al cambio hasta que las cosas se nos ponen realmente difíciles y ya no son sostenibles. Esto puede aplicarse tanto a las personas como a las sociedades. No es hasta que vivimos una crisis, algún trauma, una pérdida, una enfermedad o una tragedia que nos ocupamos de detenernos, revisarnos y cuestionarnos para hacernos preguntas como: ¿quién soy? ¿Qué quiero? ¿Qué estoy haciendo? ¿Cómo estoy viviendo? ¿En qué creo? Normalmente tenemos que encontrarnos frente al peor escenario para comenzar a hacer cambios en nuestras vidas que nos ayuden a mantener nuestra salud, nuestras relaciones, nuestro trabajo, nuestra familia e incluso nuestro futuro. Entonces, ¿para qué esperar? Diseña tu nuevo «estado del ser» desde un estado de consciencia elevado.

Y tú, ¿qué decides?: ¿cambiar por reacción o por inspiración?

**Descubre, con tu curiosidad, a dónde
te lleva este código QR:**

E-MOCIÓN
=
ENERGÍA EN MOVIMIENTO

FUENTE INAGOTABLE... ¡TÚ MISMO LA PRODUCES!

PLAN PONERLA AL SERVICIO DE NUESTROS OBJETIVOS, BIENESTAR Y DESARROLLO PERSONAL.

INTELIGENCIA EMOCIONAL

SUCESO + EMOCIÓN (TRANSITORIA) + INTERPRETACIÓN /JUICIO (PROGRESIVO)

↓

SENTIMIENTO (HÁBITO)

↓

MEMORIA

↓

TU CUERPO ES TU MENTE

↓ (bajo INTELIGENCIA EMOCIONAL)

CAPACIDAD PARA RECONOCER Y MANEJAR TUS EMOCIONES (DIÁLOGO INTERNO)

↓

ENTENDER Y RESPONDER A LAS EMOCIONES DE LOS DEMÁS (MUNDO EXTERIOR)

NEUTRALIDAD

DISTANCIARNOS DE NUESTRA PROPIA HISTORIA (TRAUMAS, DOLORES, LUCHAS Y FRACASOS) → VERLOS EN PERSPECTIVA (SIN JUICIO NI VICTIMIZACIÓN) → QUITARLES VALOR

↓

NIVEL DE CONSCIENCIA PARA → EMOCIONES ELEVADAS

(ALTA VIBRACIÓN)

CORAJE
(ALTA VIBRACIÓN)
RESPONSABILIDAD
CONFIANZA
NO HAY «CULPABLES» NI VÍCTIMAS
CREATIVIDAD
EXPANSIÓN
RESULTADOS DIFERENTES

El arte de escucharnos

Triunfo

Triunfo es un mito mal contado,
una falsedad de desarmonía
entre el éxito y la mente mía.
Es algo que otros valoran
y cada uno elabora.
Es una quimera que casi siempre me desnuda afuera,
exponiendo mi ambición ante los logros mundanos.
Despojando de mi esencia
todo aquello con que soy uno, y amo.

Triunfo es, para muchos, aplausos…
Elogios…
Algarabía edulcorante,
cuentas gordas galopantes
de billetes apilados.
Para otros es materia,
pagando renta en el pasado.
Posesiones y sucesos
que nuestro ego reclama
y nuestra mente ama.

Qué mal hecha está la historia,
de qué es Triunfo y qué es Victoria.

Triunfo es respirar sintiendo la vida en ti.
Abrazar un árbol y en su latido
fundir tu aliento en gratitud sutil.
Triunfo es el poder bajar tu centro de gravedad
de la mente al corazón.
El ombligo de tu emoción…
Esa emoción elevada que te conecta a la dicha:
divina, sagrada y eterna,
infinita entre estrellas.
Triunfo es poder contar con una mente prodigiosa
serena y muy generosa.
Mente que si no usas con consciencia,
termina usándote a ti.

Triunfo, en verdad, es el hoy,
el Ahora…
En este instante,
donde te vuelves vacío
como bambú en el ancho río.

Triunfo es dejarte ir, con miedos,
a hacer el trabajo.
Es ese constante encontrar
paz profunda al caminar.

Triunfo es aceptar que somos mortales,
finitos e inmortales, en este cuerpo bendito.
Triunfo en victoria real es sentir que al final tu muerte
es solo el inicio, y que ese día no es un cierre.
Es solo inicio y luz a tu vida en lo eterno.

Cumpleaños cósmico y tierno
de una vida en trascendencia
en la que todo queda atrás…,
rescatando, tu pura esencia.

Eso es triunfo, ya sin más,
el que ahora respires en tu aliento
y enseguida lo devuelvas
entre alas hecho viento.

ISMAEL CALA
Escrito en un vuelo a Madrid,
el 23 de abril de 2022

Elegí este poema para iniciar el capítulo porque considero que en el arte de escucharnos, creamos una danza sagrada de comunicación que nos completa. Los seres humanos somos seres de encuentro. La mirada del otro nos da sentido y en ella nos vemos reflejados. Sin embargo, muchas veces uno termina adoptando deseos ajenos porque lo escucha o ve en los otros. De allí que la idea de «triunfo» se ve distorsionada si antes del encuentro con otros, no existe un encuentro esencial con uno mismo.

He entrevistado a miles de personas en mi carrera como comunicador. Considero que una formulación básica del oficio es mostrarnos tal como somos, pues es la única manera de adentrarnos en la verdad de los demás. Para escuchar y ser escuchados debemos ser nosotros mismos, sin prestar demasiado interés a quienes estiman que la vulnerabilidad nos quita fuerza y nos coloca en desventaja.

Mucha gente está cerrada al mundo exterior y no comparte su esencia. Les resulta muy difícil encontrar conexiones verdaderas, que es la instancia en la que yace la magia de la vida. En mis entrevistas, y en la vida, he constatado que compartir mis miedos, limitaciones y debilidades, con el objetivo de crear una conexión inmediata, me ha abierto más puertas que las que me ha cerrado. No sugiero que vayas por el mundo proclamando tus problemas y frustraciones, pero sí que cuando conozcas a alguien que te interese, desde cualquier punto de vista (amoroso, amistoso, profesional), te muestres más humano a la hora de compartir las imperfecciones. Así se multiplicará tu habilidad para conectar con los demás.

Cada persona es, en esencia, una marca única y distintiva. Al igual que una marca comercial busca establecer su identidad en el mercado, las personas también proyectamos una imagen única a través de nuestras acciones, valores, habilidades y apariencia. Esta marca personal es una combinación de características que define quiénes somos y cómo nos presentamos al mundo. Al gestionar nuestra marca personal, elegimos cómo queremos ser percibidos por los demás, creando conexiones emocionales y dejando una impresión duradera en las interacciones que tenemos. Al igual que una marca exitosa, cultivar una marca personal auténtica requiere coherencia, autenticidad y una comprensión profunda de lo que somos, representamos y deseamos lograr en nuestra vida personal y profesional.

En el siguiente acróstico, te muestro los elementos que componen nuestra marca personal:

M de Manifestación. A través de nuestras acciones y elecciones revelamos nuestra esencia y personalidad.

A de Autenticidad. Ser genuino y real es la clave para construir una marca personal sólida y confiable. Lo que «vendemos» genera impacto cuando es coherente con nuestro propósito.

R de Reconocimiento. Nuestra marca personal se forja a través de nuestras experiencias y la forma en que somos percibidos por los demás. Cuando el «producto» está alineado con nuestra esencia genera confianza con el tiempo.

C de Conexión emocional. El hecho de compartir nuestras historias personales, valores y objetivos nos permite establecer lazos significativos que van más allá de lo superficial y generan un sentido de pertenencia.

A de Apariencia y actitud. La forma en que nos presentamos y nuestra actitud reflejan nuestra marca personal ante el mundo.

VULNERABILIDAD: LA LLAVE PARA CONECTARNOS

El latín siempre nos da una dimensión más profunda de lo que significan las palabras. En este caso, *vulnerabilidad* proviene del vocablo *vulnerabilis*, compuesto a su vez por *vulnus* (herida) y el sufijo *-abilis* (posibilidad). Significa que «se puede ser herido».

Autoras como Brené Brown, que se han dedicado a estudiar el tema de la vulnerabilidad, han llegado a la conclusión —contrariamente a lo que podría pensarse— de que esta:

- No debe ser vista como una debilidad, sino como una fortaleza.
- Ayuda a conectarse con otros y a eliminar las jerarquías.
- Nos hace humanos, genera empatía y, cuando la compartimos, ayuda a inspirar a otros.

En otras palabras, la vulnerabilidad genera confianza. Y la confianza es la base de todas las conexiones humanas, desde encuentros casuales hasta amistades o relaciones íntimas. A menudo pensamos que una vez que confiamos en alguien, podemos volvernos vulnerables. Pero resulta que es al revés: mostrarnos vulnerables es un ingrediente clave para generar confianza. Cuando derramamos café, tropezamos o hacemos algo gracioso, por ejemplo, parecemos más humanos, cálidos y accesibles. Lo mismo ocurre cuando expresamos nuestras necesidades: nos hace más cercanos. Recuerdo cuando en el año 2020, haciendo sátira y humor con matiz político, conté un chiste que desde mi punto de vista era inocente y en ningún caso mal intencionado, pero por las circunstancias electorales en Estados Unidos, en plena pugna por la presidencia entre Biden y Trump, el contexto del chiste fue muy molesto y su desenlace, desafortunado. En resumen, alguien inició una campaña en Facebook diciendo que Ismael Cala había llamado «perra» a la primera dama de Estados Unidos, Melania Trump. Obvio que quienes me conocen saben que jamás haría algo semejante, sin embargo, lo que debía hacer desde la vulnerabilidad fue lo que al final el canal Mega TV me exigió, una disculpa pública. Y disculparte en un canal generalista de la televisión abierta es disculparte ante quienes vieron el momento y también ante quienes no lo vieron, y estos últimos no entienden la verdad que hay detrás de esa disculpa.

Fue uno de los momentos en los que más expuesto y vulnerable me he sentido, porque incluso hubo una manifestación en protesta pidiendo mi vergonzoso despido por parte de un minigrupo de agitadores extremistas. Creo estar reportando sin juzgar, aunque evitar el juicio es casi una quimera en este recuerdo. Soy honesto. Mi madre y algunos amigos lo pasaron peor que yo.

La disculpa sincera funcionó y las aguas se calmaron, y la verdad es que el asunto no pasó a mayores. Dios, una vez más, hizo el milagro desde su inteligencia amorosa y divina. Y para mí fue una lección para comenzar a poner más cuidado en lo que respecta al humor y la política, o las ideologías, porque en ese tema muchos seres humanos viven bastante estreñidos desde su posición inmutable o su color de partido. El saber ofrecer disculpas desde la honestidad vulnerable te hace verdaderamente gigante y creíble. Es el modelo de liderazgo consciente que el mundo necesita para evolucionar hacia la verdad profunda y la paz sostenible.

Por eso, **evita mostrarte perfecto y libera toda tu naturaleza humana**. En este sentido, y con el propósito de tomar consciencia de cómo la vulnerabilidad afecta las comunicaciones con otros, te invito a hacerte las siguientes preguntas:

1. ¿Suelo mostrar una actitud defensiva o evitar abrirme emocionalmente cuando me comunico con los demás?
2. ¿Hasta qué punto confío en las personas cercanas a mí para compartir mis preocupaciones, pensamientos y sentimientos más profundos?
3. ¿Cómo manejo las críticas o *feedback* constructivo que recibo de los demás? ¿Me cierro emocionalmente o trato de aprender de ellas?
4. ¿Me siento cómodo mostrando mi vulnerabilidad y aceptando mis errores en las interacciones con los demás?

Comunicación = Común acción

La comunicación es una interacción entre dos o más individuos que crea comunidad. La palabra proviene del latín *comunis*, que significa «común»; de ahí que comunicar signifique transmitir ideas y pensamientos con el objetivo de ponerlos «en común» con otros.

La comunicación es una de las actividades más importantes del ser humano; a través de ella nos expresamos como personas y hacemos posible la vida social. De hecho, se puede decir que el siglo XXI es el de las comunicaciones, pues podemos comunicarnos rápidamente con cualquier parte del mundo, y las nuevas tecnologías siguen avanzando a pasos agigantados… Sin embargo, no se ha producido un avance similar en lo que a las comunicaciones interpersonales se refiere.

Nunca hemos estado tan conectados y desconectados a la vez. No obstante, la comunicación ha sido un tema sensible a lo largo de la historia de la humanidad, tal como ilustra la siguiente fábula de tradición oral:

El sueño del sultán

Un sultán soñó que había perdido todos los dientes. Al despertar, mandó llamar a un sabio para que interpretase su sueño.

—¡Qué desgracia, mi señor! Cada diente caído representa la pérdida de un pariente de Su majestad —dijo el sabio.

—¡Qué insolencia! ¿Cómo te atreves a decirme semejante cosa? ¡Fuera de aquí! ¡Que le den cien latigazos! —gritó enfurecido el sultán.

Más tarde ordenó que le trajeran a otro sabio al que le contó lo que había soñado. Este, después de escuchar al sultán, le dijo:

—¡Señor! Gran felicidad le fue reservada. El sueño significa que sobrevivirá a todos sus parientes.

El semblante del sultán se iluminó con una gran sonrisa, y ordenó que a este sabio le dieran cien monedas de oro. Cuando este salía del palacio, uno de los cortesanos le dijo admirado:

—¡No es posible! La interpretación del sueño que has hecho es la misma que la del primer sabio. No entiendo por qué al primero le pagó con cien latigazos y a ti con cien monedas de oro.

A lo que el segundo sabio respondió:

—Amigo mío, todo depende de cómo se dice lo que se dice.

¿Qué nos enseña esta fábula? Con nuestra comunicación estamos creando realidades. ¿Cuál es la realidad que creas para ti en cada uno de tus círculos o grupos? La comunicación implica un proceso simbólico y transaccional, un trayecto que te mueve a lo posible. Como dice Tony Robbins, uno de mis mentores: «La manera en la que nos comunicamos con los demás y con nosotros mismos es la que determina la calidad de nuestras vidas».

El hecho de comunicar va más allá de la transmisión de ideas y pensamientos, o la unificación de criterios; la comunicación transforma a quienes intervienen en ella.

Cómo te comunicas es proporcional al grado de crecimiento consciente y conexión que vas alcanzando en tu vida. A través del habla creas una representación del mundo y de tus experiencias, dando significado a la realidad; lo cual resalta el poder generador que tiene el lenguaje, es decir, su poder creador. En este sentido, puedes usar el lenguaje de dos maneras: para describir la realidad y, la más poderosa, para hacer que las cosas sucedan.

Así pues, te invito a preguntarte: ¿tu comunicación está siendo lo suficientemente poderosa? ¿Cuántas veces usas expresiones como: «No es para mí, ahora no, no estoy hecho para esto, lo estoy intentando, me está costando»? Basta de tratar..., ¡comienza a actuar! «Tratar» e «intentar» son verbos sin compromiso. Es un pantano del ego para no asumir al cien por ciento la responsabilidad personal. Si solo «tratas» de hacer algo..., tu corazón, ya desde el lenguaje, no está del todo involucrado en el resultado.

CONVERSAR: LA UNIDAD BÁSICA DE LA COMUNICACIÓN

En este punto es necesario dirigirnos a las bases de la comunicación. La unidad básica de la comunicación es la conversación, y esta requiere que se articulen dos procesos fundamentales: hablar y escuchar. A través de ambos actos se pueden lograr compromisos y acuerdos y también diseñar acciones. Pero cuidado, escuchar no es lo mismo que oír. Oír hace referencia al aspecto orgánico de la escucha. Mientras que la escucha abarca el aspecto perceptivo de la comunicación, en el que se consideran gestos, postura, tono de voz, etcétera. En consecuencia: oír no garantiza escuchar.

Es fácil entender estos principios básicos, pero es bastante difícil escuchar activa y adecuadamente si nuestras conversaciones tienen un propósito marcado (fijación con una idea, deseo de convencer a otro o de conseguir algo, etc.) y están determinadas por nuestro ego. La comunicación eficaz es abierta y receptora y está determinada por el interés de escuchar el punto de vista del otro, no solo de exponer o —peor aún— de imponer el nuestro. Si para entablar un diálogo solo nos basamos en nuestras ideas, con seguridad no seremos capaces de escuchar el mensaje del interlocutor. Obviamente, cada uno tiene metas, propósitos e intereses en la conversación, sobre todo si la interacción trae como resultado una acción o una decisión. No se trata de no esperar un resultado, ni tampoco de desechar nuestro punto de vista, sino de dejar temporalmente al margen nuestras metas e ideas, mientras la otra persona expone las suyas, para escucharla con la atención que merece. Se trata en esencia de ser receptivos, de la misma manera en que esperamos que lo sean con nosotros.

En su máxima expresión, escuchar es una experiencia de aceptación, de comunicación y de unidad, ya que cuando una persona se siente escuchada, se siente honrada. En mi rol de entrevistador escucho con atención a las personas que entrevisto, porque ese tiempo de diálogo es una ventana para descubrir quiénes son. Tú también, cuando converses y escuches a alguien, puedes ir más allá de lo auditivo: explorando su lenguaje corporal, su tono de voz, su cadencia y su velocidad; es decir, poniéndole colores a su discurso.

Muchas veces, sin proponérnoslo, bajo las palabras encontramos emociones y necesidades: la esencia de las personas. Escuchar, como dije antes, es un acto de comunión; así como en la liturgia la comunicación tiene lugar tras escuchar la palabra de Dios, del mismo modo una buena conversación nos deja esa sensación de conexión especial con la otra persona.

Desde luego, para eso hay que saber y aprender a escuchar. El mito griego de Eco y Narciso cuenta que Eco era una ninfa conocida por su conversación incesante, por lo que fue castigada por Hera (esposa de Zeus, el más poderoso de los dioses) quitándole su capacidad de hablar. En consecuencia, solo podía repetir las últimas palabras que escuchaba. Eco aprendió la lección: se volvió una oyente cuidadosa, pues supo esperar el momento apropiado para repetir las palabras correctas.

Casualmente, una técnica que empleo en mis entrevistas para prestar completa atención es repetir mentalmente lo último que he escuchado, como si fuera una imagen *replay* de un partido. Si no entiendo del todo lo que dice la persona, enseguida pido una aclaración. Pedir explicaciones o aclaraciones constituye una prueba de que nos interesa lo que alguien está compartiendo. Lo apreciará como muestra de que entre ambos se ha formado una comunicación especial; lo que yo denomino la «comunión de los implicados». Quienes conversan y se oyen con atención se convierten en un equipo capaz de generar y crear ideas y relaciones nuevas.

Cuando preguntamos sobre algo que no está demasiado claro, la respuesta suele sorprendernos con nueva información. Seguramente, esos otros temas nos faltaban para entender por completo la idea planteada por el otro y armar el rompecabezas de sus argumentos. Tampoco está de más un poco de ayuda de nuestra parte para que la otra persona logre expresar su idea cuando la escuchamos. En este sentido, uso también con frecuencia la «técnica de la pala». Es muy sencilla, consiste en dar un ligero empujón al que habla poniéndolo frente a su propia idea, expresada con otras palabras (las mías), para que la reafirme o la aclare, por ejemplo: «Entonces, lo que estás diciendo es que…», y luego expongo mi idea del asunto, según lo planteado por el entrevistado. La persona tendrá la opción de decir: «Así es», «es correcto», o «no, lo que quiero decir en realidad es que…». Así despejo la duda, el público ve el tema con más claridad y, de paso, le hacemos un favor al entrevistado, porque lo ayudamos a exponer su punto de vista.

No suponer es uno de los desafíos más grandes que tenemos en las relaciones humanas, ya que es muy tentador completar aquello que nos falta entender con nuestro propio software y experiencias previas. Las suposiciones son muchas veces un armado de conjeturas, proyecciones y fantasías. No por nada es uno de los cuatro acuerdos que heredamos de la civilización tolteca (no supongas, haz siempre lo mejor posible, honra tus palabras y no te tomes nada personalmente).

Es un verdadero placer conversar con personas que nos toman en cuenta, porque se nota cómo aprovechan lo que decimos. Para ellas, conversar es una aventura, una exploración divertida y enriquecedora. Y aquí es importante distinguir a los escuchas genuinos de los falsos que, por lo general, son personas de gran astucia intelectual y fingen escuchar para manipular la opinión de los demás. No es fácil reconocerlos en una primera conversación, porque son hábiles y han refinado su oficio a lo largo de muchas conversaciones fraudulentas… Pero antes o después «meten la pata» y ponen de manifiesto su verdadero interés en la situación o en nosotros. Su objetivo es puramente egoísta: quieren enterarse de algo, obtener alguna información que después usarán en beneficio propio. El verdadero escucha es desinteresado y neutro; el falso oculta una doble intención y al final la dejará traslucir en algún gesto.

MI GRAN MENTOR DE LA ESCUCHA

Larry King fue un extraordinario periodista y presentador de entrevistas cuya mayor virtud fue su habilidad para escuchar. Lo entrevisté varias veces, en su casa de Beverly Hills y en el estudio de CNN en Los Ángeles para mi programa de CNN en Español, y, según mi experiencia, Larry demostró ser un maestro en el arte de la escucha activa.

Sus preguntas eran siempre breves y sencillas, diseñadas para extraer la esencia de sus invitados y hacerlos sentir cómodos para abrirse. Como me dijo una vez, «nunca aprendí nada mientras era yo quien hablaba». Larry prefería escuchar antes que hablar, una lección invaluable para cualquier periodista. Su estilo invitaba a la introspección. Preguntas abiertas como «¿por qué?» eran su especialidad, lo cual animaba a sus invitados a reflexionar sobre sus motivos y creencias más profundas. Larry nunca interrumpía o imponía sus propias opiniones. Simplemente escuchaba con genuino interés y curiosidad.

Para él, una buena entrevista era como una conversación entre amigos en la que ambos aprenden el uno del otro. Esta actitud de respeto y apertura le ganó la confianza de innumerables figuras públicas a lo largo de sus décadas en la televisión.

Como mi mentor, Larry King me enseñó que ser un gran entrevistador requiere más que hacer buenas preguntas. Requiere la humildad de reconocer que no tenemos todas las respuestas y estamos aquí para aprender de otros. Requiere ver a cada invitado como un maestro potencial. Honro su memoria cultivando estas virtudes en mi propia carrera periodística.

Algunas de las lecciones más valiosas que aprendí de Larry son escucha más y habla menos; reconoce que siempre hay más por aprender; prepara cada entrevista con profundidad, pero déjate sorprender; gánate la confianza de tus invitados con respeto; busca siempre entender las motivaciones más que juzgar; sé siempre justo y preciso con los hechos.

Larry King creía firmemente que una buena entrevista podía cambiar el mundo, al menos en un pequeño grado, al expandir nuestra empatía y entendimiento mutuo. Ese optimismo respecto al poder del diálogo es su legado. Como dijo una vez: «Todas las personas son interesantes si les das la oportunidad de serlo». Honraré la memoria de mi mentor trabajando cada día para ser el tipo de comunicador que Larry King personalizó en toda su carrera.

Con relación al arte de escuchar, a lo largo de los años se han identificado diferentes **niveles o arquetipos de escucha**. Entre ellos podemos distinguir:

Escucha ignorante: en este nivel, la persona realmente no está escuchando. Puede estar distraída, pensar en otra cosa o simplemente no interesarse en lo que el otro está diciendo.

Escucha pretendida: aquí, la persona finge escuchar, asiente con la cabeza o responde con frases genéricas («oh, oh», «entiendo», etc.), pero realmente no está prestando atención a lo que se dice.

Escucha selectiva: la persona está escuchando, pero solo ciertas partes del mensaje, seleccionando lo que le interesa o coincide con sus propias creencias y descartando el resto.

Escucha activa: aquí, el oyente se involucra activamente en la conversación, haciendo preguntas, pidiendo aclaraciones y dando retroalimentación. Se esfuerza por asegurarse de que comprendió completamente el mensaje del hablante.

Escucha atenta: en este nivel, la persona está realmente escuchando y tratando de comprender el mensaje. Se esfuerza por captar todos los puntos y detalles del mensaje, pero todavía desde su propio marco de referencia.

Escucha empática: es el nivel más profundo de escucha. Aquí, la persona no solo escucha las palabras, sino que también trata de comprender y sentir lo que el hablante está experimentando. Es una conexión emocional y de entendimiento con el otro.

Estos arquetipos no son mutuamente excluyentes, y es posible que una persona pase de un tipo a otro durante una conversación. La clave es ser consciente de cómo estás escuchando y dedicarte a mejorar tu habilidad de escucha para ser más eficaz en la comunicación y en la construcción de las relaciones.

Te sugiero hacer el siguiente ejercicio para que practiques tu nivel de escucha: busca un amigo o una amiga y pídele que relate una experiencia personal; tú permanecerás en silencio. Luego, relata lo que escuchaste enfocándote en los hechos y la historia sin incluir tus interpretaciones. Por último, pregúntale a la persona si realmente se sintió escuchada.

Existen nueve posibilidades de no entenderse, de acuerdo con los obstáculos en la comunicación que puede haber:

POR PARTE DEL EMISOR

Lo que pienso

Lo que quiero decir

Lo que creo decir

Lo que digo

POR PARTE DEL RECEPTOR

Lo que quiere escuchar

Lo que escucha

Lo que cree entender

Lo que quiere entender

Lo que entiende

Estos «pequeños obstáculos» pueden pasar completamente inadvertidos a nuestra consciencia, y a veces pueden ser insignificantes, pero otras pueden provocar verdaderos desastres. De hecho, existen ejemplos históricos de cómo este tipo de fallos en la comunicación cambiaron el curso de la historia. Un ejemplo de ello fue el origen de la bomba atómica.

En julio de 1945, los Aliados de la Segunda Guerra Mundial estaban reunidos en Potsdam, Alemania, esperando la respuesta de Japón a un ultimátum enviado en conjunto. La resolución daba a entender que cualquier respuesta negativa significaría la «pronta y completa destrucción» del país oriental. El primer ministro japonés, Kantaro Suzuki, respondió: «*mokusatsu*», queriendo decir que «no tengo comentarios». El problema es que *mokusatsu* es una de esas palabras que no tienen fácil traducción, y la entendieron como: «no digno de una respuesta». Estados Unidos se tomó tan a pecho el «insulto» que el resultado fue catastrófico para la humanidad: el lanzamiento de la bomba atómica.

Otro episodio más gracioso y menos trágico es el del «discurso húmedo de Jimmy Carter». Cuando el entonces presidente de Estados Unidos viajó a Polonia en 1977, el Departamento de Estado contrató a un intérprete ruso que sabía polaco, pero que nunca había traducido profesionalmente ese idioma. En aquella época, Polonia seguía estando bajo la órbita comunista, y Carter trató de ganarse al pueblo con un discurso «amigable». Pero cuando el presidente dijo: «Vine para conocer sus opiniones y entender sus deseos de futuro», el traductor dio a entender que Carter deseaba sexualmente a los polacos. Incluso una inocente frase sobre lo feliz que le hacía estar en Polonia se convirtió en: «Estar feliz de ver las partes privadas de Polonia». Pueden imaginarse las caras de los polacos en la sala...

Estos ejemplos de errores históricos de comunicación en verdad reflejan lo que, en otra escala, nos sucede en la vida cotidiana. La comunicación es un arte del cual tenemos que hacernos responsables si realmente queremos llegar a lograr objetivos comunes con otras personas.

Por eso te pregunto, en tu día a día:

¿Cómo te haces entender y cuánto esmero pones en entender lo que la otra parte quiere comunicar?

¿Reconoces los filtros de lo que quieres o crees escuchar?

¿Cuál es tu mayor desafío como emisor y como receptor?

Para poder entender lo que sucede actualmente con la comunicación, es necesario revisar los esquemas clásicos de comunicación. En este caso, hablamos del famoso modelo creado por Shannon y Weaver en 1949. Desde luego, hablamos de un modelo tradicional en el que no existían las redes sociales ni la inmediatez de la mayoría de las comunicaciones actuales.

Desde este punto de vista, la comunicación es un proceso de intercambio de información entre dos o más personas, en la que el emisor se convierte en receptor y viceversa. Mediante la comunicación transmitimos significados, ideas, pensamientos y emociones,

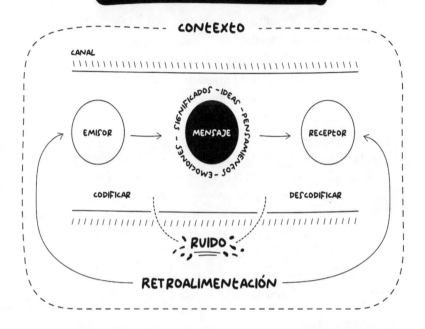

que van del emisor al receptor, lo cual requiere de la comprensión del mensaje por parte del receptor. En este proceso se incluyen los siguientes elementos:

Retroalimentación: la verdadera comunicación es posible si hay espacio para la retroalimentación entre los dos participantes del proceso de comunicación.

Codificación: constituye el sistema de signos utilizado. Los sistemas de códigos pueden ser: visuales, como los de las representaciones pictóricas; olfativos como en los perfumes; táctiles, basados en la temperatura, textura y suavidad; gustativos como en las comidas y bebidas, o auditivos como en el lenguaje, el canto y la música. El código debe ser conocido y utilizado por el receptor, ya que, de lo contrario, no comprenderá el contenido y no habrá comunicación.

Canal: es la vía o medio de transmisión; dependiendo del tipo de mensaje, se debe determinar el canal o los medios de transmisión. Algunos mensajes se deben comunicar de forma oral, porque la velocidad es importante y es necesario recibir una retroalimentación cara a cara e inmediata.

Ruido: todas aquellas interferencias responsables de que el mensaje que llega al receptor sea distinto al enviado. Surgen errores en cuanto a los procesos de codificación o descodificación, interferencias por situaciones pasadas o el contexto en el cual se realiza la comunicación.

En este punto es importante destacar que el ruido puede venir del estado mental y emocional tanto del emisor como del receptor, afectando de una manera muy importante el proceso de codificación y descodificación. Si tanto el emisor como el receptor no están en equilibrio, «su parte» entra en el mensaje, lo cual puede alterar el resultado y la intención de su comunicación.

Descodificación: es el proceso que lleva a cabo el receptor al tomar el mensaje y reconstruir el significado.

Ahora bien, este esquema tradicional de comunicación, que yo mismo estudié en la universidad, hoy en día solo quedó como referencia, ya que la comunicación actual, con la llegada de las redes sociales, ha cambiado radicalmente la forma en la que nos comunicamos.

LIVE INTERACTION: UN NUEVO ESQUEMA DE COMUNICACIÓN

El teórico Marshall McLuhan planteó, en la década de los sesenta, una teoría visionaria con respecto a lo que sería la comunicación en el siglo XXI. En su momento, esta especie de Nostradamus de la comunicación anticipó un futuro en el que los seres humanos estaríamos totalmente conectados a través de *gadgets* e incluso los artefactos del hogar podrían ser controlados a través de ordenadores. ¿Algún parecido con nuestra realidad?

Pues bien, este esquema de comunicación tradicional o clásico ha evolucionado a partir del avance de la tecnología y la llegada de la sociedad 2.0 en la que, en tiempo real, cobra vida la profecía de McLuhan con respecto a que estamos en una *aldea global*.

Así, además de los participantes tradicionales que hacen posible la comunicación, el proceso se inicia en la audiencia, que media la intención y los intereses del emisor del mensaje. Comprender esto significa entender que la comunicación de hoy debe estar más que nunca en sintonía con la piel y el sentir de la audiencia que tiene la capacidad de expresar en tiempo real su *feedback* con respecto a lo que le estamos brindando como contenido.

De las expresiones artísticas tradicionales, la que más podría equipararse a este esquema de comunicación actual es el teatro. Allí, el público expresa de inmediato si algo le gusta, lo conmueve, le hace reír o reflexionar. Sin embargo, a diferencia de los medios digitales de hoy en día, ni siquiera el teatro ofrece la posibilidad de interacción que sí brindan las redes sociales para que la audiencia pueda expresar las emociones, pensamientos o reacciones que le genera el mensaje que está recibiendo.

En este esquema de comunicación hay un peso importante para la intención y los intereses, ya que son estos los que determinarán el tipo de comunicación y conexión con la audiencia que tendremos como emisores. Asimismo, en la comunicación 2.0 debemos escuchar a la audiencia para poder conectar. En la actualidad, para que el emisor pueda ser eficaz en su comunicación, debe entender que su mensaje está constituido por contenido y forma y que, además, está mediado por una audiencia que a su vez está viendo el mensaje con los lentes de sus creencias, valores, historias personales y estados de ánimo y que afectará la manera en cómo lo recibe.

Para entender el esquema de *Live Interaction* es necesario recordar muy brevemente que el ciclo de comunicación tradicional esta-

ba pensado para los medios de comunicación masivos, en los que había que esperar a la emisión del mensaje para saber las reacciones de la audiencia.

A diferencia del proceso de comunicación tradicional, en el que todo comienza en el emisor, el cual envía un mensaje a un receptor de forma unidireccional; en el esquema de comunicación actual el ciclo se inicia en la audiencia (¿a quién le hablas, para qué y por qué?), pues en torno a ella gira toda la razón de ser de la comunicación. Hoy no tenemos que esperar emitir un mensaje para enterarnos de la reacción de la audiencia, la tenemos en vivo a través de la magia de *Live Interaction*, que conlleva una gran responsabilidad porque significa que estamos expuestos a la aprobación, o no, del contenido que entregamos.

De esta forma, el emisor tradicional se convierte en una antena que constantemente está captando las señales que le envía la audiencia con respecto a su contenido para adaptarse, entregarle contenido valioso y de interés y repetir el ciclo de manera incesante.

Nuestra maestría dependerá de lo atentos que estemos a las señales de la audiencia y a sus necesidades más sentidas, que serán nuestra guía para llevar a cabo comunicaciones de alto impacto que lleguen a su corazón.

La interacción llegó para quedarse y no queda prácticamente ningún ámbito de nuestra vida sin ella. Tener esto presente nos hace entender que es necesario poseer mucha agilidad mental para responder a las inquietudes de la audiencia, al mismo tiempo que conversamos con ella y no perdemos de vista la habilidad de improvisar, que es algo que debemos desarrollar cada día.

PRINCIPALES MÉTODOS DE COMUNICACIÓN INTERACTIVA

Ahora bien, en la comunicación interactiva son varias las formas en que podemos abordar la interacción.

Comunicación interactiva: es el tipo de comunicación más eficaz, que se da en tiempo real entre dos o más personas, en la que se incluye la respuesta o *feedback* de forma opcional.

Comunicación «*push*» (emisor empuja el mensaje): no es una comunicación cara a cara; aquí el emisor envía información a un receptor individual o grupal sin expectativas de recibir un *feedback* inmediato o respuesta.

Comunicación «*pull*» (receptor retira/descarga el mensaje): el emisor ubica la información en una base de datos general o la comparte en una «nube» y los receptores son responsables de utilizar la información ubicada en ese lugar.

No importa el tamaño de tu audiencia (una persona o miles), hoy en día el esquema de comunicación es constantemente de *Live Interaction*.

Por esa razón, la invitación es que mantengas tu enfoque y tus sentidos presentes para comunicar tus ideas de forma eficaz, y así romper las barreras tradicionales y actuales de la comunicación. Para ello, lo importante es ser consciente, mas no estar pendiente, ya que de tanto volumen de interacción corremos el riesgo de perder el equilibrio y la objetividad al canalizar cada comunicación.

¿Cómo es una persona asertiva?

Como si fuera un retrato hablado, pero apuntando a desarrollar cada una de esas cualidades para convertirnos en esa persona que queremos ser, veamos cómo es el perfil de un comunicador asertivo; aquellos que se comunican de manera eficaz en las diferentes facetas de su vida:

- Tienen una mayor probabilidad de lograr metas en el ámbito personal y laboral.
- Organizan y aprovechan mejor su tiempo para cumplir con todas sus obligaciones.
- Disfrutan de las relaciones. Son capaces de conectar con el aquí y el ahora sin la tensión o presión de lo pendiente.
- Se convierten en un referente de su entorno al poner su talento al servicio de los otros.
- Influyen positivamente sobre las personas, perfilándose como líderes.
- Son capaces de reconocer y gestionar de manera positiva los conflictos, sin evadirlos ni querer forzar la situación, sino fluyendo y encontrando llegar a acuerdos.
- Logran un mayor equilibrio y paz mental.
- Se conectan de forma más profunda con los demás y, por consiguiente, establecen relaciones que perduran en el tiempo.

Ahora bien, te preguntarás cómo puedes convertirte en un comunicador asertivo. Mi intención es compartir una explicación detallada y práctica de un modelo que utilizan muchos expertos para estructurar una comunicación, y que perfectamente se puede aplicar incluso en instancias comunicativas que sean un desafío para ti. Con la intención de introducir el tema quiero hacerte dos preguntas para explorar cómo es la comunicación asertiva en tu vida:

- **CUANDO COMUNICO UN TEMA DIFÍCIL:**
  Primera opción: soy preciso
  Segunda opción: me disperso
  Tercera opción: soy ambiguo
  (Piénsalo por un momento.)

- **CUANDO CONVERSO SOBRE UN TEMA EMOCIONAL:**
  Primera opción: mi corporalidad es congruente con el mensaje
  Segunda opción: mi corporalidad es contraria al mensaje
  Tercera opción: no soy consciente de mi corporalidad
  (Piénsalo por un momento).

Al respecto, es interesante lo que postula Peter Drucker, autor y consultor en dirección estratégica: «Cuando hay un problema de comunicación el grupo se ve afectado». Y en este sentido se abren dos caminos: si una posición de liderazgo es ocupada por una persona que no tiene la capacidad para hacerlo, esto generará un problema entre los colaboradores. Si un miembro de la familia no tiene la capacidad de guiarla, eso provocará un conflicto en la relación como grupo.

Nos preparamos para cambiar nuestro iPhone por uno más moderno, pero no nos preparamos para comunicarnos…

En mi academia disponemos de varios cursos de comunicación, y aquí explicaré uno de mis modelos para llevar a cabo comunicaciones difíciles. Pero antes de profundizar en el modelo veamos, a modo de autoevaluación, cuáles son las ocho premisas clave para elevar el nivel de nuestra comunicación. Te invito a que registres cuándo te sientes más cercano a alguno de los aspectos que mencionaré y cuándo no.

La comunicación es un proceso en el que la información pasa de un individuo a otro mediante el uso de un lenguaje, de signos y símbolos y, también, por medio del comportamiento. Para ser eficaces al compartir nuestros pensamientos y emociones con otros, es óptimo que tengamos en cuenta estas premisas:

1. **El lenguaje no siempre es preciso.** Una palabra, cuando es pronunciada, puede ser percibida de distintos modos y contener diversos significados para los demás. ¿Cuántos malentendidos has vivido por decir una palabra que fue interpretada de otra forma por tu contraparte?

   Por ejemplo, supongamos una situación en la que oyes que alguien utiliza la palabra *padre* para referirse a su propio progenitor, pero quien escucha esa misma palabra piensa en un sacerdote. Otro ejemplo puede ser el uso de la palabra *libertad*: para un adolescente puede representar la liberación del control que tienen sus padres; pero para la madre de un niño pequeño puede significar tener a alguien que lo cuide mientras ella descansa. **¿Tu comunicación ha sido malinterpretada en alguna ocasión?** Reflexiona sobre esta pregunta.

2. **Quien emite el mensaje tiene mayor responsabilidad.** Si el orador nota que el oyente entendió el mensaje de manera confusa, con cierta resistencia o de forma completamente hostil, sería muy valioso que se detuviera un momento y le preguntase: «¿Qué fue lo que me escuchaste decir?». Si la persona da un mensaje distinto al del orador, será necesario aclararlo.

Supongamos que yo les digo: «El 2020, año de la pandemia, me marcó», y alguno entiende que el 2020 fue un año positivo. Hay que tener cuidado, porque el término no necesariamente hace referencia a que hayan sucedido situaciones positivas. **¿Te responsabilizas de tus comunicaciones o te arrepientes?** Reflexiona.

3. **La comunicación verbal se debe compaginar con la no verbal.** De lo contrario, el mensaje puede percibirse de manera contradictoria. ¿Por qué? Porque nuestro cerebro está preparado desde tiempos ancestrales para captar el peligro.

Por ejemplo, si yo le digo a alguien «te quiero» apretando los dientes y al mismo tiempo me tiembla el puño, el mensaje será contradictorio y, por tanto, no tendrá credibilidad.

Albert Mehrabian, profesor en la Universidad de Los Ángeles, afirma que las palabras solo contienen el 7 % de la información. ¡Leíste bien: solo el 7 %! En tanto que el 38 % lo atribuye a la paralingüística, o sea, al lenguaje no verbal: la entonación, el tono, el volumen de la voz, etcétera. Del 55 % restante se encarga el lenguaje corporal, ejecutado por el cuerpo entero o por una de sus partes. Es una cifra imposible de no tener en cuenta cuando intentamos establecer cualquier tipo de comunicación. Un mínimo gesto no

acorde con lo que decimos, o que contradiga nuestro punto de vista sobre lo que dice el otro, puede echar por tierra el afán de empatizar y el deseo de «no hacer daño».

¿Hay congruencia entre tu palabra y tu expresión corporal? Reflexiona.

4. **Los hechos positivos y negativos no deben enunciarse en conjunto.** Como bien mencioné antes, el cerebro está leyendo constantemente cualquier señal de peligro, sea real o no. Cuando se trata de hablar en público y debemos referirnos a un tema negativo, es adecuado hacerlo de manera diferenciada y sabiendo utilizar «lo malo» como combustible para dar la vuelta a la tortilla y buscarle solución, o ayudar a poner otra mirada sobre ese hecho negativo. Lo importante es que eso nos lleve a construir, no a destruir. Es muy común en la cultura latinoamericana, por ejemplo, escuchar: «Hola, Pedro, ¿cómo estás? Te ves más gordito, ¿eh?». Es decir, siempre habrá gente con complejo de espejo que va recordándoles a los demás detalles que nadie le preguntó. ¿Qué crees que va a recordar Pedro de esa conversación? Sin duda alguna, el juicio que se hizo sobre su cuerpo. **¿Eres consciente de separar tus mensajes positivos de los negativos?** Reflexiona.

5. **Al confrontar, céntrate en el punto y no en el emisor.** Elige hablar en primera persona y no en segunda, porque eso puede percibirse como una agresión. No es lo mismo decir: «Nunca hiciste lo que te pedí», de forma impositiva, a «Te agradecería, a la brevedad posible, que por favor me ayudes con…». **¿Reaccionas cuando te confrontan con respecto a un tema relacionado contigo?** Reflexiona.

6. **Aclara tus expectativas tácitas.** Las personas no son adivinas ni cargan una bola de cristal para descubrir las expectativas que nunca expresaste durante tu discurso. El silencio puede

ser lo más peligroso en un matrimonio o en el marco de un equipo de trabajo. Un líder debe dejar claro desde un principio cuál es la intención de lo que va a comunicar. Por ejemplo, si hoy es jueves y le dices a tu equipo que el viernes lo tendrán libre, no puedes pretender que te entreguen un proyecto para ese mismo día si no lo expresaste abiertamente y con cierta antelación. **¿Asumes o validas el mensaje con tu interlocutor?** Reflexiona.

7. **Escoge el momento adecuado para las discusiones difíciles.** La mayoría de las discusiones familiares más duras ocurren una hora y media antes de la cena, antes de ir al trabajo o a la escuela, cuando todo el mundo está cansado o con una gran carga de estrés encima. En aquellas discusiones que ocurren después de las nueve de la noche, normalmente las personas están agotadas, quieren irse a dormir y hablarán sabiendo que el problema seguirá sin resolverse, lo que hará que las personas no estén bien predispuestas a la hora de entablar un posible diálogo. Así que piénsalo mejor y escoge el momento adecuado. **¿Eres prudente al escoger el momento de comunicarte?** Reflexiona.

8. **Habla desde la verdad y conecta desde el amor.** Hay que bajar decibeles a las conductas hostiles y encender la bondad, que es una emoción que nos permite conectar desde la vulnerabilidad con los demás. No se trata de discutir por discutir, mucho menos de atacar a la persona, sino de dar nuestra opinión o nuestros argumentos siendo conscientes de que quien piensa diferente a nosotros es otra persona que tiene una visión distinta a la nuestra, y que no por ello es menos válida. **En ocasiones, ¿olvidas comunicarte desde un lugar interno «de amor»?** Reflexiona.

9. ¿Conoces el triple filtro de Sócrates?

Sócrates fue un filósofo griego conocido por su gran conocimiento y sabiduría. Un día, un conocido suyo le dijo:

—Acabo de oír algo sobre un amigo tuyo. ¿Quieres saberlo?

A lo que Sócrates respondió con calma:

—Antes de que me hables de mi amigo, podría ser una buena idea probar la importancia de lo que vas a decir. Déjalo pasar por la prueba del triple filtro. El primer filtro es el de la verdad, por lo cual: ¿Estás absolutamente seguro de que todo lo que estás a punto de contarme sobre mi amigo es cierto?

—Bueno, no —dijo el hombre—, acabo de enterarme.

—Muy bien, entonces no estás seguro de la veracidad de la declaración que estás a punto de hacer. Ahora, probemos el segundo filtro, el filtro de la bondad. ¿Lo que estás a punto de decirme es algo bueno? —preguntó Sócrates.

—Mmm, no —respondió suavemente el hombre.

—Entonces, quieres decirme algo malo sobre mi amigo de lo que no estás seguro de que sea verdad. Reprobó las dos primeras pruebas, pero aún puede pasar la tercera si pasa el filtro final, el filtro de la utilidad. ¿Lo que quieres decirme será útil para mí? —lo interpeló Sócrates.

—No, en realidad, no —respondió con vergüenza el hombre.

—Bueno, si lo que quieres decirme no es cierto ni bueno ni útil, ¿por qué perder el tiempo para contármelo? —concluyó Sócrates.

Aunque no hay nada de malo en hablar de otras personas, lo que decimos de ellas es lo que realmente importa. Es muy fácil caer en un patrón de críticas inconscientes, dudas y malentendidos al involucrarse en una conversación sobre una tercera persona. Esta breve historia del gran filósofo griego Sócrates y su triple filtro puede actuar como una herramienta eficaz para bloquear la información que no es útil para nuestras vidas, y no cooperar con ella.

Así pues, te pregunto: ¿cuántas veces te has comunicado de tal forma que hayas infringido uno o más de los principios del triple filtro? De ser así, ¿lo hiciste en tu ámbito laboral, con tu pareja o tu familia?

Cinco pasos hacia una conversación exitosa

Cuando tenemos una reunión importante o una conversación difícil con una persona, es fundamental no dejar nada librado al azar. No hay nada de malo en la improvisación, pero no podemos contar únicamente con ella. Recordemos las palabras del escritor Mark Twain: «Normalmente me lleva más de tres semanas preparar un buen discurso improvisado». Sin llegar a ese extremo, el modelo de comunicación asertiva que te presento a continuación tiene los siguientes objetivos:

- **Estructurar la comunicación antes y durante**, para evitar el desorden de las palabras producto de las emociones mal gestionadas.

- **Enfocar la comunicación en el objetivo y la solución**, para poder cumplir el propósito que es colocar toda la energía en el mensaje. Muchas veces terminamos colocando energía en nuestra carga emocional, nuestro punto de vista y nuestro ego.
- Que **el interlocutor o el receptor adquieran confianza** con el fin de generar apertura y disminuir la interpretación mental y emocional que el receptor añade al escuchar.
- **Transformar la consciencia del emisor y del receptor**. Una comunicación asertiva y consciente eleva nuestra percepción y fortalece nuestra sabiduría interna. Y, como consecuencia, estimula una mejora.
- Por último, este modelo permite **establecer acuerdos en la comunicación**, honrando el significado etimológico de la palabra conformada por «común» más «acción».

El modelo es uno de los más conocidos y usados por las escuelas de *coaching* TISOC-IAC. Establece cinco pasos que son vitales e imprescindibles para estructurar una comunicación asertiva, que no recomiendo saltar, sino seguir en la secuencia que se presenta a continuación:

Los cinco pasos son: definir el tema, clarificar la intención o meta, observar la realidad (externa e interna), fluir en las alternativas y crear un compromiso y un plan de acción. La pregunta fundamental cuando deseas comunicarte con claridad es: **¿QUÉ QUIERES?**

Todo empieza con saber si hay una comunicación fallida, hay que llevarla a una comunicación asertiva. Voy a desglosar brevemente el modelo.

Definir el tema

Aquí se trata de clarificar lo que deseas conversar en una frase, sin entrar en los detalles. Centrar el foco en definir el tema, para alcanzar el objetivo deseado. Es decir, no distraernos en hablar de otras

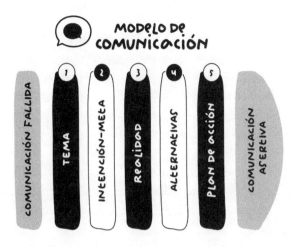

cosas ni del drama, que eso sucede en TODAS las reuniones y conversaciones importantes.

En este punto es importante programarse. El *preframing* se realiza antes de la comunicación, para lo cual se deben aplicar los siguientes pasos:

- Clarificar la intención.
- Definir los objetivos.
- Concretar el tiempo y los participantes unos días antes.
- Establecer acuerdos antes de la sesión.
- Construir un ambiente saludable y confiable previamente a la comunicación.

Clarificar la intención o meta

En esta segunda parte del modelo hay que clarificar lo cualitativo y cuantitativo de la intención o meta de la comunicación. Este es el paso más crítico, porque la mayoría de los seres humanos no saben lo que quieren o no escuchan. Mi recomendación es que de una forma clara, concisa, logres expresar lo que buscas con la comunicación. Observa estos ejemplos:

> *«Mi intención es que podamos trabajar en cooperación con una comunicación clara y transparente, dándonos tanto feedback positivo como negativo, en nuestros proyectos de trabajo».*
>
> *«Me encantaría expresarte lo que siento y buscar una solución o un acuerdo en conjunto del problema de entendimiento que tengo sobre cómo educamos a nuestros hijos o cómo trabajamos en nuestro negocio y no llevar el problema a casa».*

Es importante clarificar el resultado deseado, esto es: qué se espera obtener de la comunicación de una forma específica. Asimismo, es necesario asistir a tu receptor a que verbalice el resultado deseado, para ser claro en el mensaje y la intención. El receptor necesita ver los beneficios y el cambio, por lo que este, el emisor o ambos deberán fijar el resultado deseado.

Observar la realidad (externa e interna)

En la tercera parte del modelo se plantea identificar y compartir la situación actual, es decir, observar cuál es la realidad. La idea en este punto es que expreses cómo te sientes —o cómo es tu realidad o cómo es la realidad que percibes— sin juicios ni críticas, sin drama, sin dolor ni manipulación. Por lo tanto, hay que estar en un estado de líder *mindful*. Al mismo tiempo, se debe ayudar al receptor a elevar su entendimiento y a la aceptación de tu realidad.

Aquí podrías empezar con frases como: «Yo me siento…», «Lo que observo es…», «Los hechos son…», «La realidad que percibo es…», etc., y no olvides *medir* tu tiempo, porque en esta etapa nos encanta desahogar las emociones contenidas o presentes en cada uno. Así que limita el «drama». Y recuerda separar los hechos concretos de los sentimientos involucrados en la situación que estás comunicando.

Fluir en las alternativas

En la cuarta etapa del modelo de comunicación asertiva, después de hablar de la realidad se habla de alternativas u opciones. En esta parte, se debe, en primer lugar, orientar hacia opciones y posibilidades para acercarse al resultado deseado, tanto para el emisor como para el receptor. En segundo lugar, hacer que las posibilidades fluyan, sin juzgarlas. Por último, utilizar la técnica de la tormenta de ideas para asistir al interlocutor en esta parte del proceso. Para ello, serán útiles las siguientes preguntas:

- ¿Qué es lo que ya intentaste? ¿Qué no has intentado todavía?
- ¿Qué puedes hacer de manera diferente?
- En tu experiencia, ¿qué funciona bien para ti?
- Si pudieras empezar de nuevo, ¿qué cambiarías?
- Si eliges esta opción, ¿cuáles serían las consecuencias?

Aquí, conviene abrirse a las posibilidades que ofrece el equipo, la familia y las relaciones para que las ideas fluyan; esto es: abrirse a escuchar a tu interlocutor, y no permitir que el ego enturbie la búsqueda de soluciones que se presentan en esta fase.

Crear un compromiso y un plan de acción
En esta última etapa, el emisor asiste al receptor a desarrollar un clima de confianza interna para explorar y superar obstáculos e introducir estándares para actuar con compromiso.

Recuerda que el compromiso es clave para obtener un resultado exitoso y así poder llegar al producto final, que es crear un acuerdo, o plan de acción, y completar un asunto que estaba «abierto» y necesita «cerrarse». Estas son las preguntas que podrías hacer como *observador consciente* para fortalecer esta etapa de la comunicación.

- Entonces, ¿mi o tu próximo paso es…?
- ¿De qué manera contribuirá esta acción para lograr la intención?

- ¿Cómo puedo mantener este estado de compromiso?
- ¿Qué necesito superar?

A estas alturas, tal vez te hayas dado cuenta de que si hubieras aplicado este modelo de cinco pasos en muchas comunicaciones fallidas del pasado, el resultado sería otro.

Recuerda, entonces, los siguientes puntos: tema, intención o meta, realidad, alternativas, compromiso y plan de acción.

Como tarea, te invito a que practiques el modelo de cinco pasos para comunicar de forma asertiva sobre una situación en la que exista una comunicación fallida. Te recomiendo que primero escribas y luego practiques con los posibles interlocutores.

GRATITUD: LA SEMILLA QUE FLORECE EN LAS RELACIONES

Dar por sentada una pareja socava todas las relaciones.

POPPY SPENCER

Me gusta mucho esta frase de Poppy Spencer, consejera certificada y experta en relaciones en Florida. Como ya dije, suponer o dar por sentado es uno de los grandes errores en las interacciones humanas. Y esto se ajusta perfectamente a «dar por sentada» la presencia del otro. Esto se ve muy claro en las relaciones de pareja, pero también puede aplicarse a la familia, a las amistades y a las relaciones de trabajo.

Ya sea que las personas lo reconozcan o no, ser un valor para alguien importante es esencial. De lo contrario, las relaciones se mecanizan y desgastan. La gratitud es justamente esa semilla que hace florecer las relaciones desde la valoración. Puedes pensar que tu gratitud está implícita, pero ayuda a saber a quienes te rodean que los aprecias. Tenderle la mano a un amigo sin que te lo pida, preparar una comida si tu pareja llega tarde del trabajo, cuidar de un hermano cuando se enferma, etcétera, son claras muestras de amor y de profundo agradecimiento, pues no se trata de lo que tú quieres, sino de lo que le hace sentir amado a quien queremos.

En su libro *Los cinco lenguajes del amor*, el autor Gary Chapman menciona cinco formas en que podemos demostrar afecto y gratitud a las personas que amamos:

- Palabras de afirmación.
- Tiempo de calidad.
- Recibir regalos.
- Actos de servicio.
- Toque físico.

Así pues, te invito a preguntarte:

- ¿De qué manera suelo mostrar gratitud a las personas?
- ¿De qué manera me han demostrado gratitud quienes me rodean?
- ¿En qué momento de mi vida he sido ingrato?
- ¿Cómo está actualmente mi relación con esa persona?

El arte de la comunicación no violenta

> *Un sentimiento negativo proviene de una necesidad insatisfecha.*
>
> Abraham Maslow

La comunicación no violenta es un proceso de comunicación diseñado por el psicólogo estadounidense Marshall Rosenberg a inicios de los años sesenta. Se basa en la idea de que los seres humanos solamente recurrimos a la violencia o al comportamiento que daña a otros cuando no reconocemos formas más eficaces de satisfacer nuestras necesidades.

Es decir, si las personas podemos identificar nuestras necesidades —y las necesidades de los demás— y también los sentimientos que rodean a esas necesidades, encontrar la armonía es un camino posible. En otras palabras, la comunicación no violenta es una vía para afirmarnos en nuestros límites y nuestra identidad sin anular al otro.

Este proceso se sostiene en tres pilares fundamentales:

- **Autoempatía:** una profunda y compasiva percepción de la propia experiencia interior.
- **Empatía:** entender y compartir una emoción expresada por otro.
- **Autoexpresión honesta:** expresarse auténticamente de una forma que haga más probable que surja la compasión de los demás.

Como ya dije, la comunicación no violenta supone que la mayoría de los conflictos entre individuos surge de la mala comunicación de sus necesidades, debido al lenguaje coactivo o manipulativo cuyo objetivo es inducir miedo, culpa, vergüenza, etc. Estos «violentos» modos de comunicar, lejos de clarificar nuestras necesidades y sentimientos, lo que hacen es perpetuar el conflicto.

Son hábitos del pensamiento y del habla que hemos aprendido a través de la cultura. Pero entonces, ¿cómo desenredar este círculo vicioso y convertirlo en un círculo virtuoso en donde todos ganamos?

Para ello, debemos andar un camino de cuatro pasos que te invito a recorrer juntos:

PASOS PARA LA COMUNICACIÓN NO VIOLENTA

1. **OBSERVACIÓN**
«CUANDO VEO/OIGO/RECUERDO...»

2. **SENTIMIENTO**
«...ME SIENTO...»

3. **NECESIDAD**
«...PORQUE NECESITO...»

4. **PETICIÓN**
«...¿ESTARÍAS DISPUESTO A...»

Observación

El primer paso hacia la comunicación no violenta es observar, es decir: ver, escuchar y percibir sin juzgar ni calificar. Observar sin evaluar o juzgar es enfocarse en los hechos (lo que vemos, oímos o tocamos) diferenciando el mensaje de nuestras evaluaciones de significado e importancia.

Los juicios, evaluaciones y calificaciones están tan naturalizados en nuestra cultura que se filtran en nuestro modo de comunicar, en la forma en que muchas veces enunciamos sin tener una intención deliberada. Por ejemplo, es diferente decir «Hablas mucho en nuestras reuniones» (que incluye el juicio de valor «mucho») que ser más específico y concreto diciendo: «En la reunión de ayer estuviste cuarenta minutos explicando el tema y el objetivo era hacerlo en diez».

¿Se puede ver la diferencia?

Sentimiento y emoción

Identificar y expresar los sentimientos: hacernos conscientes de nuestras emociones y sensaciones, libres de pensamiento e historia, de juicios y de «cargas emocionales».

Las emociones son procesos moldeados por la fisiología, las percepciones, el lenguaje y las experiencias sociales. Todos estos elementos interactúan continuamente para dar forma a nuestra experiencia de las emociones. ¿Y cómo afectan mis emociones en mi comunicación?

En las conversaciones que desarrollo durante el día, mis emociones pueden:

- Bloquear mi escucha.
- Ponerme reactivo e impedirme ser neutro y justo.
- Inhibir la expresión neutra de otros.

¿Y qué pasa cuando las emociones se convierten en un obstáculo en la comunicación? (las emociones en sí nos son buenas o malas, sino que se vuelven energía mal *combustionada* cuando no las expresamos).

Veamos algunas de las razones por las que no podemos expresar emociones:

a) **Expectativas sociales:** los factores sociales moldean los sentimientos y la expresión de ellos.

b) **Vulnerabilidad:** no queremos dar información que pueda afectar la forma en que nos perciben.

c) **Protección a otros:** nos da miedo lastimar o molestar a los demás.

d) **Roles sociales y profesionales:** expresar una emoción puede ser «inapropiado» dentro de determinados contextos sociales.

Desde luego que nada de esto es determinante, y la idea es que no sean condicionantes a la hora de relacionarnos con nuestras emociones. La comunicación no violenta, de hecho, postula que no hay sentimientos o emociones que no puedan expresarse ni ámbitos donde hacerlo sea tabú, sino que todo lo que pide ser expresado debe ser manifestado; por supuesto, respetando al otro, encontrando el lugar, el contexto y la forma adecuada para hacerlo.

Necesidad

Como bien dice Marshall Rosenberg, el creador de este modelo de comunicación, «la violencia es la expresión trágica de necesidades no satisfechas». Es la manifestación de la impotencia o la desesperación de alguien que se encuentra tan desprotegido que piensa que sus palabras no bastan para hacerse entender. Entonces ataca, grita, agrede...

Según Rosenberg, todo lo que hacemos es para ir al encuentro de nuestras necesidades. Lo que sucede es que muchas veces no somos conscientes de qué es lo que necesitamos en cada momento. Ser conscientes y responsables de nuestras necesidades y de cómo expresarlas —y utilizar la empatía para entender las necesidades de otros— es la clave para comunicarnos de forma asertiva.

Por ejemplo, en una situación en la que alguien nos dice: «Me gustaría que prestaras más atención cuando te hablo», podemos identificar su necesidad de ser escuchado. O en lugar de decirle a otra persona «Quiero que me dejes en paz», podemos hacerle saber de una manera más amable que «Necesito un tiempo para mí».

¿Puedes identificar cómo en ocasiones te has comunicado desde una actitud de «juicio», o no has expresado correctamente tu necesidad en tu comunicación?

Petición

La autora Anne van Stappen nos dice: «Hacer una petición consciente es tomar las riendas de tu propia vida». Y es que formular una petición, después de haber tomado conciencia de una necesidad no satisfecha, nos permite iniciar el cambio y hallar una salida a nuestra dificultad. Es decir, en la petición radica todo nuestro poder personal. A veces puede hacernos dudar la idea de que podemos estar «molestando» al otro, pero la verdad es que pedir no significa obligar. Hacer una petición a alguien por una acción específica debe ser una acción honesta y absolutamente libre de demandas.

EJERCICIO: REHACIENDO MI COMUNICACIÓN

Quiero invitarte ahora a que pienses en un ejemplo real en el que la comunicación no te haya funcionado. La idea es rehacerla siguiendo los cuatro pasos de la comunicación no violenta.

Piensa en una persona con la que tu comunicación no haya sido eficaz, ya sea porque no pudiste mostrar tu vulnerabilidad, o bien, porque expresar tus emociones te ha llevado a mal puerto (además de que la otra persona ni siquiera lo ha registrado). Escribe el nombre de esa persona en un papel. Recuerda el momento y qué expresaste.

Luego, comienza con el primer paso: haz una observación objetiva de la situación, evitando juicios y evaluaciones. Completa en la hoja la siguiente frase:

* *Cuando veo… / Cuando escucho… / Cuando recuerdo…*

Sigue con el segundo paso: identifica los sentimientos y las emociones y qué despierta esa situación en ti (diferenciándola de tus propias interpretaciones y juicios). Completa la siguiente frase:

* *Yo siento… / Yo experimento…*

Luego, el tercer paso: identifica las necesidades vinculadas a los últimos sentimientos (aspiraciones profundas, motivaciones, etc.). Completa la siguiente frase:

* *Yo necesito…*

Y, por último, formula una petición para satisfacer la necesidad presente (en forma positiva y concreta), y completa la pregunta:

* *¿Estaría dispuesto a…?*

Para terminar, compara tu recuerdo con lo que acabas de escribir: ¿qué identificas?

Anécdota del alumno y el profesor

Un profesor está almorzando en el comedor de la universidad, cuando un alumno llega con su charola y se sienta a su lado.

El profesor, altanero, le dice:

—Un puerco y un pájaro no se sientan a comer juntos.

A lo que contesta el alumno:

—Pues me voy volando… —Y se cambia de mesa.

El profesor, verde de ira, decide reprobarlo en el siguiente examen. Pero el alumno responde con excelencia todas las preguntas. Entonces, le formula la siguiente cuestión:

—Usted está caminando por la calle y se encuentra con una bolsa, adentro de ella está la sabiduría y también hay mucho dinero, ¿cuál de los dos se lleva?

—¡El dinero! —exclama sin titubear el alumno.

Entonces el profesor le dice:

—Yo en su lugar hubiera escogido la sabiduría. ¿No le parece?

—Cada uno toma lo que no tiene —responde el alumno.

El profesor, ya histérico, escribe «¡Imbécil!» en la hoja del examen y se la devuelve. Por su parte, el alumno toma la hoja y se sienta. Al cabo de unos minutos, vuelve a pararse, se dirige al profesor y le dice:

—Disculpe, señor, me firmó la hoja, pero no me puso la calificación.

SARCASMO SAGRADO

¿Qué te pareció esta anécdota? En esta historia de la cultura popular, el alumno aplicó lo que yo denomino *sarcasmo sagrado*. Se trata de una forma de responder a la agresión de otro con agudeza mental y humor, pero sin caer en la vibración baja del insulto. Demuestra inteligencia emocional e ingenio para neutralizar al agresor sin recurrir a su mismo juego sucio.

Esto se conecta directamente con la famosa frase de Michelle Obama: «*When they go low, we go high*». Los Obama se referían a que no hay que rebajarse a los ataques viscerales ni a las mentiras, sino que debemos responder con inspiración, optimismo y una mirada a lo mejor de cada persona.

El sarcasmo sagrado puede ser una poderosa herramienta para poner en práctica este lema. Al responder a la agresión con ingenio, se disipa su poder hiriente y se revela lo absurdo del ataque, pero sin replicar con la misma moneda. Se desarma al agresor generando la risa de los presentes hacia su comentario inapropiado.

Así, el sarcasmo sagrado se eleva por encima de la negatividad, demostrando seguridad en uno mismo y creatividad mental. Requiere inteligencia e imaginación para responder de forma ocurrente y certera en el momento justo. Y tiene un efecto liberador, al reírse del intento de ofensa en lugar de caer en el juego sucio del insulto.

En un mundo polarizado, lleno de frases hechas y ataques automatizados en redes sociales, el sarcasmo sagrado es un arte para inspirarnos a responder de forma consciente, con humor, pero sin odio. Podemos defender la verdad y la dignidad, sin miedo a la confrontación, pero también sin caer en la vibración baja de quienes buscan herir. Como decían los Obama, cuando otros juegan sucio, nosotros podemos elevarnos e inspirar lo mejor en cada persona.

Me inspiró a desarrollar este concepto una anécdota de Winston Churchill. Resulta que en 1946, durante una fiesta, el primer ministro británico se encontraba rodeado de invitados que buscaban entablar conversación con él. De repente, una mujer se abrió paso entre la multitud y se dirigió a Churchill para decirle de forma irónica que si tuviera la desgracia de ser su esposa, no dudaría en ponerle veneno en el café. Sin inmutarse, y con su característico ingenio, Churchill replicó que si él tuviera la desventura de ser su marido, no dudaría en tomarlo.

La agudeza y rapidez mental de Churchill eran legendarias. Podía responder con humor incluso a los insultos más envenenados. Su ironía y sus comentarios certeros provocaban siempre las carcajadas de quienes le rodeaban, incluso en los momentos más tensos. Churchill manejaba el ingenio y la sátira como armas poderosas. Sabía que la risa puede ser el arma más eficaz, incluso en los momentos más oscuros.

Recuerdo dos anécdotas de mi vida personal en las que apliqué el sarcasmo sagrado. La primera ocurrió en la sala de redacción en Atlanta de CNN en Español, un día que yo terminaba de hacer el noticiero e iba a perder el vuelo de Atlanta a Miami. Entonces me despido de todos quitándome el micrófono, obviamente con el maquillaje puesto porque acababa de terminar. En ese momento se para un personaje, que era una especie de *bully* que se encargaba de lanzar en voz alta comentarios un poco sarcásticos y humillantes a otros, y dice: «Imagínate tú, hasta con maquillaje te vas…, bueno, recordemos que vuelas en Gay Air». A lo que yo le contesté: «Discúlpame, pero nunca he querido poner dinero en tu aerolínea...», y todo el mundo se rio y yo me fui al aeropuerto.

La otra fue con Evo Morales, en la entrevista más compleja que he tenido en toda mi carrera periodística. La tensión se cortaba con un hilo y, por otro lado, él me agredió muchísimo durante la entrevista: «No estás en Estados Unidos, estás en Bolivia, quién te crees que eres, sabemos que no representas a las democracias de América Latina, sino al imperialismo», etc. Y yo pensaba: «Paciencia, Ismael, calma». Tenía mi libro, *El poder de escuchar*, que justamente se lo había regalado, en la mesita que estaba entre él y yo, y eso me recordó que si había escrito un libro sobre el poder de escuchar, no podía lanzar todos los improperios que me venían a la mente cuando me llamó gusano y otras cosas. Hasta que en un momento me dice: «Sabemos cómo te escapaste de Cuba». Gracias a Dios respiré y me serené y le dije: «Disculpe, presidente, cuide sus palabras porque uno solo se escapa de una prisión, de un lugar donde no tiene opción para salir voluntariamente. ¿Es eso lo que usted quiere decir de Cuba?». Y él se quedó ahí, como regulando entre la espada (verbal) y la pared.

Así pues, es importante resaltar que el sarcasmo sagrado solo ocurre cuando uno está meditado; si uno no está meditado y su sistema nervioso central autónomo no está funcionando en el modo parasimpático, que es el modo más calmado y menos reactivo, no tenemos la agilidad mental y la relajación para construir una respuesta inteligente, ágil y humorística que desarme la agresión o la provocación. Por eso es indispensable que tú estés meditado y sereno, con una mente alerta, reflexiva, ágil y tranquila para poder crear una respuesta de sarcasmo sagrado.

Esto es parte del autocontrol que da el aprender a escuchar pensamientos y emociones para tomar decisiones. En definitiva, el liderazgo no consiste en tener un puesto jerárquico, sino en una forma de hacernos cargo y tomar las riendas de nuestra propia vida. Observa, para verlo gráficamente, cómo se comunica la víctima y cómo se comunica el líder:

VÍCTIMA vs. LÍDER

VÍCTIMA	LÍDER
COMUNICA Y NO SE RESPONSABILIZA	COMUNICA, CREA, PROVOCA Y PERMITE
COMUNICA Y REACCIONA	COMUNICA Y RESPONDE
NO SE APROPIA DE SU LENGUAJE	SE APROPIA DE SU LENGUAJE
ESTÁ ATRAPADO EN SUS EMOCIONES	GESTIONA SUS EMOCIONES EN POSITIVO
COMUNICA PARA MANIPULAR	CONECTA PARA PERSUADIR
ASUME LOS ERRORES COMO FRACASOS	ASUME LOS ERRORES COMO APRENDIZAJES
ES RENCOROSO	SABE PERDONAR
PENSAMIENTO RÍGIDO Y EXTREMISTA	PENSAMIENTO DINÁMICO Y ABIERTO A OPCIONES

- ¿En cuál de las características de una comunicación «tipo víctima» te sientes identificado?
- ¿En cuál de las características de una comunicación «tipo líder» te sientes identificado?

La buena noticia es que somos seres que siempre podemos evolucionar; esta es una guía de cómo puedes moverte del lugar de víctima a ser un líder bambú creador de tu propia realidad.

La historia de Demóstenes, el orador perfecto

Como la mayoría de las artes, los orígenes de la oratoria moderna se ubican en la antigua Grecia. Allí, de la mano de los grandes filósofos, se configuró la forma clásica de utilizar la comunicación oral para persuadir de forma eficaz.

Destaca especialmente la historia de Demóstenes, quien fue calificado por varios autores como el orador perfecto. Nacido en las afueras de Atenas, casi 400 años a. C., Demóstenes quedó huérfano a los siete años. Desde entonces, su fortuna —valorada en más de 14 talentos (el talento era una unidad de medida utilizada en la Antigüedad que equivalía a 26 kg de oro o plata)— fue malgastada por sus tutores, a quienes, apenas cumplió la mayoría de edad, demandó y llevó a juicio; en este pronunció cinco discursos en los que les exigía cuentas y la realización de una auditoría que pudiera explicar el destino de los fondos que constituían su herencia.

Fue tal la vehemencia de su discurso, lo bien fundamentado de sus argumentos y la claridad en la exposición de sus ideas, que inició una carrera política que le permitió (diez años después) pronunciar su primer discurso político.

Lo curioso de esta historia, y que aún no te he contado, es que Demóstenes tenía un defecto de elocución en el habla: era tartamudo y tenía serias dificultades para pronunciar la letra *r*. Se dice que solía estudiar en una habitación subterránea que había construido él mismo. De alguna forma, era su refugio para aislarse del resto del mundo, ya que muchos se burlaban de su peculiar forma de hablar. Solía hablar con piedras en la boca y recitar versos mientras corría. Todo esto para ir superando el defecto del habla que tenía. Se dice que, para fortalecer la voz, hablaba en la orilla del mar por encima del sonido de las olas.

A pesar de esa limitación, vivía convencido de que su mensaje era preciso y sentía la necesidad de ser útil a Atenas con su oratoria. Con el propósito de vencer ese obstáculo físico, ejercitó la voz, practicó sin descanso hasta que perfeccionó su dicción. Superado el problema y dueño de un poder de expresión oral extraordinario, se convirtió en un orador tan eficaz que el poderoso Filipo II de Macedonia, enemigo acérrimo de Atenas, admitió: «Temo más a Demóstenes en la tribuna que a un ejército formado en batalla».

¿Por qué te cuento esta historia?

Te cuento esta historia para dejar sentado, una vez más, el poder de la palabra, la real importancia de la oratoria o el arte del buen hablar, que no solo debe ser dominada por los que utilizamos la voz como instrumento de trabajo, sino por todos. Saber hablar es un elemento esencial en nuestro andar por la vida. Saber expresarse, darse a entender, es una necesidad de todos, porque vivimos en sociedad y requerimos la máxima comunicación con los demás: en el seno familiar, entre amigos, en el trabajo, como líderes, en cualquier parte donde nos encontremos. La comunicación es un arma básica en el desarrollo del ser humano y la palabra es su pilar más fuerte. No hablo de tener la voz más o menos aguda, más o menos brillante, ni de intentar lograr la dicción perfecta por la que tanto luchó Demóstenes.

Te cuento esta historia, también, porque debemos estar preparados para pronunciar la palabra correcta, en el momento indicado, con el tono y volumen ajustados y la gestualidad adecuada. Dominar el arte del buen hablar, aunque parezca paradójico, también es cerrar la boca cuando no hay nada que decir. Reza un proverbio hindú: «Cuando hables, procura que tus palabras sean mejores que el silencio». Como siempre, la sabiduría de ese pueblo reluce. Una persona derrocha inteligencia cuando no teniendo nada que decir, no habla; solo escucha y aprovecha lo que dicen los demás.

Demóstenes pudo haberse quedado en el papel de víctima (de sus tutores, de su defecto del habla, de las circunstancias), pero tuvo la determinación de cambiar su realidad y visualizar lo que quería lograr.

SÉ IMPECABLE CON TUS PALABRAS

La impecabilidad al hablar nos viene de *Los cuatro acuerdos*, de don Miguel Ruiz. Repito cuáles son: no supongas, haz siempre lo mejor posible, honra tus palabras y no te tomes nada personalmente. Don Miguel fue con quien hice mi primer retiro espiritual y fue justo el fin de semana anterior a poder sentarme toda una hora en CNN a entrevistarlo. De él y su libro, que fue un regalo de un amigo en el año 2000 cuando aún era mesero en Toronto, aprendí estas cuatro claves para vivir en paz y sufrir menos en la vida. Parecen muy sencillas y fáciles, pero aplicarlas no lo es tanto en el día a día. En su simpleza está su grandeza.

Honra tus palabras. Habla con integridad. Di solamente lo que quieras decir. Utiliza el poder de tus palabras para avanzar en la dirección de la verdad y el amor. Toda la magia que posees se basa en tus palabras, y si las utilizas mal, se convertirán en magia negra. Con una sola palabra puedes cambiar una vida o destruir a millones de personas. Sé impecable con tus palabras y trasciende tu nivel de existencia.

La credibilidad es tu palabra impecable en acción e historia, es tu autenticidad a cada paso que das. Eres tú al contado, no hay crédito ni adelantos. La reputación es tu presencia en la mente de otros y eso se construye con tiempo y congruencia; tu energía debe dejar a quien te encuentre mucho más elevado en dicha y gozo alegre…

¿CÓMO ESTÁ TU ENERGÍA AHORA?

Las palabras son semillas creativas: siembra solo aquellas que desees cosechar en tu vida. La elección de palabras es a fin de cuentas una elección de vida, ya que el lenguaje modela la realidad. Usa palabras positivas y verás un mundo de posibilidades en lugar de limitaciones. Cada palabra que eliges es una oportunidad para construir realidades profundas con los demás y para inspirar a quienes te rodean.

Las palabras bien dichas son aquellas que se escuchan y validan con una intención consciente antes de que abandonen nuestros labios. Nuestra escucha hacia otros puede descubrir, desde la sutileza del alma y lo que no se dice, las necesidades no expresadas ni satisfechas de nuestro interlocutor. El arte de escucharnos es la avenida hacia lograr servir a los demás desde nuestra apertura empática de conciliar y crear relaciones y conversaciones de ganar-ganar (*win-win*). Y, como dice una canción de Silvio Rodríguez: «Solo el amor engendra la maravilla»; y así lo creo yo, solo el amor genera conversaciones de vanguardia y expansivas en las que quienes participan salen con una frecuencia electromagnética más alta que cuando iniciaron la conversación o el intercambio. Eso nos hace humanamente mágicos y sanadores. Escuchar al otro te hace más sabio, más humano y generoso.

Descubre, con tu curiosidad, a dónde te lleva este código QR:

MARCA

- **M** | MANIFESTACIÓN
- **A** | AUTENTICIDAD
- **R** | RECONOCIMIENTO
- **C** | CONEXIÓN EMOCIONAL
- **A** | APARIENCIA Y ACTITUD

COMUNICACIÓN

(COMÚN ACCIÓN)
CREA COMUNIDAD, CREA REALIDADES
TRANSFORMA A QUIENES INTERVIENEN
EN ELLA. PUEDES USAR EL LENGUAJE
DE DOS MANERAS:
DESCRIBIR LA REALIDAD, HACER
QUE LAS COSAS SUCEDAN.

VULNERABILIDAD

NOS HACE HUMANOS
AYUDA A CONECTAR CON OTROS
GENERA CONFIANZA
ELIMINA LAS JERARQUÍAS

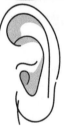

¡ESCUCHA MÁS Y HABLA MENOS!

```
UNIDAD BÁSICA DE LA
COMUNICACIÓN
        ↓
     CONVERSAR
     ↓       ↓
  HABLAR   ESCUCHAR

COMPROMISOS   ACUERDOS   DISEÑAR ACCIONES
```

VERDADERA ESCUCHA

DESINTERESADO, NEUTRO, EMPÁTICO, CURIOSO, SE DEJA SORPRENDER, BUSCA ENTENDER MOTIVACIONES

---

4 ACUERDOS TOLTECAS
NO SUPONGAS
HONRA TUS PALABRAS
HAZ SIEMPRE LO MEJOR
POSIBLE
NO TE TOMES NADA PERSONAL

5 LENGUAJES DEL AMOR
PALABRAS DE AFIRMACIÓN
TIEMPO DE CALIDAD
RECIBIR REGALOS
ACTOS DE SERVICIO
TOQUE FÍSICO

| COMUNICACIÓN NO VIOLENTA | OBSERVO | SIENTO | NECESITO | PIDO |

CAPÍTULO
6

Escuchar la voz de la intuición

Silencio

Silencio.
Silencio.
Silencio mío.

Que la noche duerme
entre las alas de la luna y el río.

Silencio.
La lechuza está hechizada
bajo el embrujo de la luna menguada.

Silencio.
El bambú está meciendo
a un nuevo día,
inocente, fresco y puro,
que viene naciendo.

Silencio.
En medio del mar,
¡una ballena da a luz
a un calamar!

Silencio.
Las estrellas ya maduras
caen del firmamento al pavimento.
Silencio.
Mentes brillantes
vibran sin dudas
ni tormentos.

Silencio.
Conciencias de luz
dibujan entre la luna
mariposas de fortuna
y nieve multicolor.

Silencio.
El tiempo vuela,
entretenido y feliz,
en un canto de sirenas
y el festival de maíz.

Celebremos la cosecha
de tanta sabiduría.
Seres humanos somos
en comunión con el guía,
ese padre prodigioso
lleno de magia y asombro,
al cual el ruido le abruma
y el silencio cae en su hombro.

No busques entre palabras
el amor que nunca acaba.
Porque el eterno mancebo,
en silencio,
ama, ríe, reza y cala.

Silencio.
Silencio.
Silencio mío.

Un testigo sin igual,
el verdadero verdugo
de todo gran caos mental.
Gran profeta entre las sombras,
gestor de la Paz mundial.

ISMAEL CALA

ESCUCHA TU NOMBRE

El silencio es el que garantiza que escuchemos de verdad. Una de las cosas que más satisfacción me ha dado fue conocer el origen etimológico de mi nombre. Ismael es de origen hebreo y proviene del verbo *shamah* (oír). Su significado es «Dios escucha» o «Dios oirá». Desde que lo supe me sentí aún más orgulloso de mi nombre. «Dios escucha», «Dios me oirá», «Al que Dios lo ha oído»... ¡Qué privilegio de nombre!, me decía, aunque al principio no entendía bien el mensaje. Dios no solo me escuchaba a mí, sino que el mortal Ismael debía convertirse en lo que su nombre proclamaba: un gran escucha.

Fue justamente a los treinta y tres años, la edad en la que murió Jesucristo, cuando investigué sobre el Ismael bíblico al que mi familia rindió tributo durante tres generaciones. Así descubrí quién fue

Ismael: el primer hijo de Abraham y Agar, la sierva egipcia de su esposa Sara. Abraham y Sara habían esperado mucho tiempo para tener un hijo, pero como Sara no pudo concebir, ella sugirió que Abraham tuviera un hijo con Agar como una forma de cumplir la promesa de Dios de que Abraham sería el padre de muchas naciones.

Ismael nació de esta unión y se convirtió en el hijo mayor de Abraham. Sin embargo, después de que Sara finalmente concibiera y diera a luz a Isaac, su hijo legítimo, surgieron tensiones en la familia. Sara sintió celos de Agar e Ismael, y temía que Isaac no recibiera la herencia prometida por Dios si Ismael seguía siendo parte de la familia.

Por lo tanto, Sara pidió a Abraham que expulsara a Agar e Ismael. Aunque le costó mucho, Abraham finalmente accedió, y Agar e Ismael fueron enviados al desierto. Allí, cuando se quedaron sin agua, Agar oró a Dios, y Dios escuchó sus súplicas y les proporcionó agua y también les prometió que Ismael se convertiría en el padre de una gran nación.

Ismael creció en el desierto y se convirtió en un hábil arquero. Se casó con una mujer egipcia y tuvo doce hijos, que se convirtieron en los padres de las tribus árabes. Según la tradición islámica, Ismael es considerado un ancestro importante de los pueblos árabes y el profeta Mahoma se considera descendiente de él.

Así como el Ismael bíblico en el desierto, este Ismael también tiene su historia de exilio (en este caso, voluntario y deseado). Fue en 1992 cuando casi me lanzo al mar en una balsa desde mi isla de Cuba, tratando de ver qué me depararía el destino del otro lado del horizonte.

Aquel intento de convertirme en marinero, y quizá en náufrago, afortunadamente no llegó a ser. La «expedición» a la que se suponía que iba a unirme salió desde Santiago de Cuba hacia la Base Naval de Guantánamo, pero no me avisaron a tiempo. El mar siguió siendo durante varios años más un punto de complicidad universal con Dios, donde invocaba el inicio de mi gran aventura por el mundo.

Esa noche le confesé a mi madre que quería salir de la isla para conocer y conquistar el mundo. Ella, llorando desesperadamente, me dijo: «No seas loco. No te lances en una balsa, el mar te devorará. Espera, sé paciente y prepárate para ese viaje, que llegará».

Escuché no solo a mi madre, sino que una voz sabia dentro de mí —la intuición— me señaló que cuando uno cree en lo más profundo, las respuestas tarde o temprano llegan. Fue así como, tras ese día de 1992, la espera duró seis años hasta que crucé el océano por los cielos de Norteamérica. Llegué a Canadá para quedarme once días como maestro de ceremonias del pabellón cubano en el festival multicultural Caravan. Formaba parte de una delegación que incluía banda musical, comida típica y juegos para animar. Así mostramos el «sabor de Cuba» en Toronto.

Como dije, fue la voz interna de la intuición la que me dio la paciencia necesaria para esperar mi momento (¡seis años!) de largarme a la aventura y descubrir el mundo. Pero veamos más a detalle a qué nos referimos cuando hablamos de intuición.

¿QUÉ ES LA INTUICIÓN?

En su libro *The Gifts of Imperfection*, la investigadora Brené Brown afirma que la intuición no es una forma única de saber; es nuestra capacidad de tener espacio para la incertidumbre y nuestra disposición a confiar en las muchas formas en que hemos desarrollado el conocimiento, incluidos el instinto, la experiencia, la fe y la razón.

La intuición, entonces, no es independiente de ningún proceso de razonamiento. Es más bien un proceso rápido como un rompecabezas mental. El cerebro hace una observación, escanea sus archivos y combina la observación con los recuerdos, conocimientos y experiencias existentes. Una vez que reúne una serie de partidos, obtenemos una «intuición» sobre lo que hemos observado.

A veces nuestra intuición nos dice lo que necesitamos saber, otras veces nos orienta hacia la investigación y el razonamiento. Resulta que la intuición puede ser esa voz tranquila dentro de nosotros, pero esa voz no está limitada a un solo mensaje. A veces nuestra intuición susurra: «Sigue tus instintos», otras veces grita: «Necesitas verificar esto, ¡no tenemos suficiente información!».

En mi investigación, encontré que lo que silencia nuestra voz intuitiva es nuestra necesidad de certeza. La mayoría de nosotros no nos sentimos bien con la incertidumbre de no saber algo. Nos gustan tanto las certezas y lo seguro que no prestamos atención a los resultados de ese proceso conclusivo de nuestro cerebro. Por ejemplo, en lugar de validar y escuchar un instinto que se nos presenta de manera evidente y contundente, nuestra reacción es asustarnos y buscar la opinión de los demás.

- ¿Qué piensas?
- ¿Crees que debería hacerlo?
- ¿Crees que es una buena idea o crees que me arrepentiré?
- ¿Tú qué harías?

Una respuesta típica a estas preguntas que hacemos a otros es: «No estoy seguro de lo que debes hacer... ¿Qué te dice tu intuición?». Y justamente se trata de eso. ¿Qué te dice tu intuición? Negamos con la cabeza y decimos: «No estoy seguro», cuando la respuesta real es: «No tengo idea de lo que dice mi intuición; no hemos hablado en años».

Cuando empezamos a buscar la opinión de otras personas, a menudo es porque no confiamos en nuestro conocimiento. Nos resulta demasiado inestable e incierto. Queremos certezas y amigos con los que compartir la culpa si las cosas no salen bien. Cuando tomo una decisión difícil y me siento desconectado de mi intuición, tengo la tendencia de buscar la opinión de todos los que me rodean.

Como mencioné anteriormente, si aprendemos a confiar en nuestra intuición, esta puede incluso decirnos que no tenemos un buen instinto sobre algo y que necesitamos más datos. Cuando tardamos en tomar decisiones importantes, puede ser porque no queremos saber las respuestas que surgirán si hacemos las diligencias debidas.

La intuición va más allá de los sentidos, es la suma de experiencias, conocimientos, percepciones, nuestra vida espiritual y nuestra conexión con lo divino; es esa voz sabia que nos habla. De ahí la importancia de comenzar a escucharla.

Anécdota tibetana

Eran tiempos difíciles…, y un hombre susurró:

—Gran Espíritu, habla conmigo, te necesito…

Y un ruiseñor comenzó a cantar, pero el hombre no lo escuchó…

Entonces, el hombre repitió:

—¡Gran Espíritu, por favor!, ¡habla conmigo!

Y el eco de un trueno se escuchó, más el hombre ensimismado no fue capaz de oírlo.

El hombre salió, miró a su alrededor y dijo:

—¡Gran Espíritu!, ¡déjame verte!

Y una estrella brilló en el cielo…, pero el hombre no la vio.

El hombre, ya desesperado, comenzó a gritar:

—¡Gran Espíritu!, ¡muéstrame un milagro!

Y un niño nació…, pero el hombre no fue capaz de sentir el latir de la vida.

Entonces, el hombre comenzó a llorar y dijo:

—¡Gran Espíritu!, ¡tócame y déjame saber que estás aquí, conmigo!

Y una mariposa se posó suavemente en su hombro. Pero el hombre la espantó con la mano y, desilusionado, continuó su camino, triste, solo y con miedo.

Moraleja: la vida está llena de señales, solo tenemos que aprender a ver con los ojos del corazón.

¿Puedes recordar alguna situación en que tu intuición te decía que tomaras una decisión en particular, pero ignoraste esa voz interior? Puede ser que hayas tomado una decisión que no fue beneficiosa y entonces te lo reprochaste internamente; creo que todos lo hemos hecho en algún momento. Recordemos las palabras de la psicóloga Joyce Brothers: «Confía en tus corazonadas. Las corazonadas generalmente se basan en hechos archivados justo debajo del nivel consciente».

ESTAMOS CONECTADOS PARA VER PATRONES

Cuando entendemos la ciencia de la intuición y cómo las «corazonadas» pueden dar sus frutos, podemos determinar más fácilmente cuándo es mejor seguir nuestro instinto y cuándo es mejor confiar en los datos o los hechos.

La mente humana está programada para identificar patrones. El cerebro no solo procesa la información a medida que llega, sino que también almacena información de todas sus experiencias pasadas. Tu intuición se ha ido desarrollando y expandiendo durante el tiempo que has estado vivo. Cada interacción, feliz o triste, está catalogada en tu memoria. La intuición se basa en esa memoria profunda para informarte acerca de tus decisiones del futuro.

En otras palabras, las decisiones intuitivas se basan en datos, de alguna manera. Cuando inconscientemente detectamos patrones, el cuerpo comienza a disparar neuroquímicos en el cerebro. Estos «marcadores somáticos» son los que nos dan esa sensación instantánea de que algo está bien... o que no está bien. Estos procesos automáticos no solo son más rápidos que el pensamiento racional, sino que se basan en décadas de experiencia cualitativa diversa (imágenes, sonidos, interacciones, etc.), una característica totalmente humana que los grandes datos por sí solos nunca podrían lograr. También, como dije, es más rápido que el pensamiento racional, lo que significa que la intuición es una habilidad necesaria que puede ayudar a la toma de decisiones cuando el tiempo es escaso y los análisis tradicionales pueden no estar disponibles.

Muchos investigadores, incluidos expertos en aprendizaje automático y científicos de datos, están aceptando el papel que juegan las corazonadas en el pensamiento innovador. En la actualidad, la intuición se considera simplemente otro tipo de dato, uno que no es menos valioso que el análisis tradicional. Después de todo, los algoritmos son creados por personas y, por lo tanto, están sujetos a errores humanos. Y como señala la experta en innovación Bernadette Jiwa, **no se puede tomar una decisión sin emoción**. Los datos tampoco son siempre un indicador preciso del comportamiento, como lo demuestran muchas veces las encuestas previas a las elecciones presidenciales. Los datos dicen una cosa, y en realidad la historia [real] está justo delante de nuestras narices y la ignoramos.

El escritor científico Steven Johnson dijo que la innovación es el resultado de corazonadas acumuladas a lo largo del tiempo; es lo que sucede cuando dejamos que la experiencia personal choque con entornos que generan creatividad. Desde esta perspectiva, los inventos que cambiaron el mundo, desde los rayos X hasta la penicilina, son solo «accidentes felices» que ilustran la intuición en acción.

Un estudio mostró que este tipo de pensamiento produce resultados comerciales reales: el 81 % de los directores ejecutivos con puntuaciones altas en intuición duplicaron su negocio en cinco años. Incluso la Marina de Estados Unidos está invirtiendo cerca de cuatro millones de dólares para ayudar a los marineros e infantes de marina a refinar su sexto sentido, precisamente porque la intuición puede reemplazar al intelecto en situaciones de alto riesgo como el campo de batalla.

Pero ¿puede fallar la intuición? Debido a que la intuición de cada persona se basa en una colección de experiencias individuales, está sujeta a opiniones y prejuicios.

Mi consejo: no enfrentes los datos y la intuición, no es una guerra de inteligencia artificial contra humanos.

La intuición y los «grandes data o *big data*» pueden existir en armonía, especialmente si las empresas crean activamente equipos que combinan personas de diversos orígenes y escuelas de pensamiento. Tanto la intuición como los datos pueden generar conocimientos y avances. Los equipos que son cámaras de eco para una sola forma de pensar conducen al pensamiento grupal y sofocan la intuición y la creatividad.

Usa la intuición para desarrollar una teoría y probarla con datos: una hipótesis, ya sea en la sala de reuniones o en tu negocio, incluso en tu casa. Es una corazonada; una conjetura fundamentada por la intuición que puede guiarte en dirección a un descubrimiento potencialmente notable. Una vez que tengas una teoría, puedes ponerla a prueba con datos. Si la intuición es la chispa, los datos son la leña que permite que el fuego arda.

Perfecciona la empatía: cultivar la intuición no solo depende de la capacidad de tu cerebro para detectar patrones; también requiere empatía, una habilidad que puede ser una gran ventaja competitiva. La empatía te permite observar un problema, ver cómo afecta a los demás y determinar cómo se puede solucionar. Por ejemplo, la función «Personas que quizá conozcas» de LinkedIn se desarrolló basándose en una fuerte corazonada de que las personas tendrían curiosidad por mantenerse actualizadas sobre lo que están haciendo sus antiguos colegas y contactos. Prácticamente no había evidencia sólida para demostrar que la idea sería exitosa. Surgió de un conocimiento más profundo de lo que impulsa las necesidades y los deseos humanos.

Para comprender cómo podemos beneficiarnos de la intuición, primero debemos sentar las bases de dónde proviene el conocimiento que forma la intuición. Tu cerebro evalúa y recopila información de manera constante, parte de lo cual se hace conscientemente y otra parte se recopila sin querer. La información recopilada se almacena como «patrones» de información. Esta información comienza en la memoria a corto plazo y luego puede olvidarse o enviarse por la carretera a sus almacenes de memoria a largo plazo.

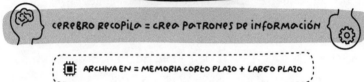

CONOCIMIENTO TÁCITO

CEREBRO RECOPILA = CREA PATRONES DE INFORMACIÓN

ARCHIVA EN = MEMORIA CORTO PLAZO + LARGO PLAZO

1. EXPERIENCIAS ACTIVAN CONEXIONES DE FRAGMENTOS DE VIVENCIAS DE LA MEMORIA DE LARGO PLAZO Y SE HACEN «CONSCIENTES».

2. CONOCIMIENTO INCONSCIENTE

Una vez que la información llega a su destino de memoria a largo plazo, hay una serie de factores que influyen en su capacidad para recordarla (actualidad, familiaridad, conexiones emocionales, rutinas y repetición, por nombrar algunos). Parte de la información se recuerda conscientemente, lo que quiere decir que tienes un conocimiento completo de esta (los ejemplos incluirían la dirección de tu casa, los nombres y las caras de tus seres queridos, dónde estabas y qué estabas haciendo cuando ocurrieron eventos específicos, etc.).

Hay otra información que no es tan fácil de recordar en la consciencia. El hecho de que no puedas recordarlo no significa, necesariamente, que lo hayas olvidado. De manera ocasional, sucederá algo (o verás algo, u oirás algo) que hará que un recuerdo de hace mucho tiempo vuelva a inundar tu consciencia.

Otra forma de conocimiento tácito es el conocimiento que nunca llega a la consciencia, pero sin embargo lo sabes. Tomemos el ejemplo de conducir un automóvil. La mayoría de los conductores experimentados pueden maniobrar un coche a velocidades de autopista mientras mantienen conversaciones o piensan en otras cosas además de conducir. ¿Alguna vez has estado conduciendo en algún lugar, llegaste a tu destino y te diste cuenta de que no recordabas cómo había sido el viaje? ¿Realmente no estabas prestando atención al trayecto (tal vez porque estabas hablando con alguien, cantando canciones o estabas sumido en tus pensamientos)?

¿Cómo pudiste conducir el coche de manera segura? Gracias al conocimiento tácito. Lo conducías confiando en la información almacenada de experiencias de conducción anteriores (y entrenamiento anterior, y videojuegos anteriores que jugaste y películas anteriores que viste). Todo ese conocimiento subconsciente (tácito) te permite prestar atención a otras cosas y depender más de la intuición para guiarte por la carretera. Da un poco de miedo pensar en conducir de esta manera, pero lo hacemos sin siquiera darnos cuenta.

La confianza en el conocimiento tácito al conducir es lo que mete en problemas a algunos conductores jóvenes. Observan a los padres y otros conductores experimentados y se adormecen al creer que llevar un coche es fácil (porque el conductor «experto» hace que parezca tan fácil). El joven conductor no tiene el beneficio del conocimiento tácito almacenado, pero continúa conversando con otros pasajeros, hablando por el celular, enviando mensajes de texto, cantando junto a la radio, pensando en otra cosa y perdiendo la noción de que está conduciendo un coche a velocidades de autopista. En ausencia de experiencia y de una reserva de conocimiento tácito, el joven conductor no se beneficia de la intuición. Conducir es un acto consciente y el cerebro no puede prestar su atención a dos tareas conscientes simultáneamente, lo que hace que los conductores jóvenes tengan más accidentes o estén cerca de tenerlos.

LA INTUICIÓN ES UN SISTEMA DE ALERTA TEMPRANA

Debido a que el cerebro está constantemente procesando y almacenando información, también está constantemente comparando experiencias actuales con experiencias pasadas. Dicho de otra manera, el cerebro está constantemente comparando patrones de señales ambientales actuales con patrones almacenados de experiencias previas. Las coincidencias de patrones son lo que le proporciona la intuición, o como a veces se enmarca, «saber sin saber cómo se sabe».

Hay muchas muchas lecciones almacenadas en tu cerebro. También existe una codificación genética basada en experiencias de generaciones anteriores que se remontan a sus antepasados que habitaban en cuevas. Esas experiencias de hace mucho tiempo a veces se denominan «instinto». Todas las criaturas poseen instinto, y tú también. La intuición puede proporcionar advertencias tempranas, a menudo en forma de sensaciones viscerales, pelos de punta en la nuca o sentimientos de peligro inminente o fatalidad.

Puede ser difícil confiar en la intuición y tomar decisiones basadas en sentimientos. Como humanos modernos, estamos capacitados para depender de hechos y datos como base para una buena toma de decisiones. Internet, que brinda acceso a una cantidad casi ilimitada de hechos y datos, nos ha facilitado validar decisiones y confiar en procesos de decisión racionales (no intuitivos).

Bajo estrés, el cerebro recopila y procesa numerosos hechos, muchos de los cuales suceden fuera de la consciencia. Estos hechos, formados en patrones, luego se envían a áreas de alto procesamiento cerebral y se comparan con experiencias pasadas. Cuando tienes ese «sentimiento visceral», te estás beneficiando de la intuición: una coincidencia de patrones.

No obstante, si tomas una decisión basada puramente en la intuición y alguien te pide la prueba y la evidencia, es posible que no puedas presentarla. Recuerda, la intuición y la coincidencia de patrones suceden AFUERA de la consciencia, por lo que es posible que no puedas articular el PORQUÉ te sentiste de esa manera, pero, sin embargo, sentiste que algo andaba mal (o bien).

TE INVITO A HACER ESTE EJERCICIO:

Observa las cualidades que aparecen en la ilustración e identifica qué lado del cerebro se hace más presente en tu rutina diaria.

Cuando te enfrentas a una crisis, una decisión o algún tipo de elección, la intuición se basa en ambas partes. Los hechos y los detalles se fusionan de alguna manera con los sentimientos y la observación para generar una corazonada.

OTRO EJERCICIO SIMPLE

Permíteme ilustrar la intuición. Digamos que tienes que hacer una elección importante entre tres opciones diferentes. Escribe cada decisión (o asunto) en una tarjeta o ficha individual. A continuación, enumera las tres tarjetas en orden de importancia, o colócalas en el orden en que deben hacerse.

¿Cómo determinaste el orden? ¿Por qué elegiste la decisión que marcaste como número uno? Fue la intuición o fue la razón la que te impulsó a dar con ese orden. La intuición siempre va al fondo de lo que realmente quieres hacer. Aprende a confiar en ella.

Paulo Coelho dice: «Siempre que necesitemos tomar una decisión muy importante, lo mejor es confiar en nuestra intuición, pues la razón suele tratar de sacarnos de nuestro sueño, diciendo que aún no es el momento adecuado. La razón teme la derrota, pero la intuición disfruta de la vida y sus desafíos».

Los términos *píldora roja* y *píldora azul* aluden a una elección entre la voluntad de aprender una verdad potencialmente reveladora o que cambia la vida —al tomar la píldora roja— o permanecer

PARADIGMA a DESAFIAR

TENER LA RAZÓN VERSUS ESCUCHAR MI INTUICIÓN.

PARADIGMA POR IMPLANTAR

MI RAZÓN E INTUICIÓN SE COMPLEMENTAN EN MI OBSERVACIÓN CONSCIENTE.

en la ignorancia satisfecha con la píldora azul. Los términos se refieren a una escena de la película *Matrix*, de 1999. Y este principio de la película nos empuja a considerar la intuición, ya que lo visible no necesariamente es «real» o «correcto».

¿Tú qué píldora eliges tomar en tu día a día? En la página de recursos del QR encontrarás un test con doce preguntas para saber cuánto te conectas con la voz de tu intuición. Cuando respondas estas preguntas entenderás que la intuición se clasifica en distintos tipos.

Tipos de intuición

En general, pensamos que la intuición es algo unívoco y visceral, pero lo cierto es que se distinguen tres tipos de intuición, las cuales podemos aplicar al ámbito profesional.

1. Intuición direccional: el compás interno.

En palabras de Rick Snyder, un experto en liderazgo intuitivo, este tipo de intuición se describe como nuestro compás interno, la fuerza que nos guía en nuestra vida diaria. Se trata de la brújula interna que todos poseemos, una manifestación muy personal de la intuición. **Por ejemplo: cuando, producto de una reflexión, te escuchas a ti mismo.**

2. Intuición social: percibir e identificar el compás interno de otros.

La segunda clase de la intuición es la capacidad de leer las señales que otras personas emiten en tiempo real. Lo que a menudo llamamos habilidades interpersonales o inteligencia emocional, que nos permite percibir y entender lo que está sucediendo con los demás. **Por ejemplo: cuando percibes que alguien de tu entorno está atravesando un proceso personal complejo, pero no lo comunica.**

3. Intuición informativa: conexión con el entorno en su conjunto.

Esta forma de intuición abarca un profundo sentido de conexión con el entorno en su conjunto. Aquellos que desarrollan esta clase de intuición son capaces de procesar grandes cantidades de información, analizarla y sintetizarla de manera rápida y eficaz para su integración. **Por ejemplo: cuando al revisar un informe, y con solo verlo, reconoces que algo no está funcionando bien y te detienes para intentar profundizar, aunque en una primera instancia no sabes por qué te detienes.**

ESTAR EN MI CENTRO CONECTADO CON MI ESENCIA

VEHÍCULOS PARA CONECTARTE CON TU CENTRO Y EXPERIMENTAR LA PRESENCIA PODEROSA DE LA INTUICIÓN.

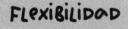

FLEXIBILIDAD

NEUTRALIDAD

APERTURA

CONSCIENCIA

Saber cómo manejar estas tres dimensiones es esencial para cultivar la inteligencia intuitiva, una cualidad de suma importancia para el mundo de los negocios. Por la misma naturaleza de sus puestos, los líderes se encuentran bajo una tremenda presión para atender a las múltiples voces internas y externas que reclaman su atención. Y en efecto, muchos líderes se pierden. La única forma de encontrar tu voz interior y de escucharla es a través de un profundo autoconocimiento. Por eso quiero presentarte este mapa para que puedas encontrar la intuición dentro de ti:

Vamos a practicar estos cuatro aspectos a través de un ejercicio. El objetivo es que crees tu propio diagrama en una experiencia específica de fracaso o éxito, para encontrar dónde se manifestó tu intuición, trabajando en fortalecer la vía para conectarla.

EJERCICIO: LA LÍNEA DE TIEMPO

La intención del ejercicio es observar y clarificar cuál es la relación causa-efecto en alguna experiencia de vida con un impacto emocional. Así pues, **completa el siguiente diagrama:**

1. Elige una experiencia o situación de tu vida de alto impacto emocional. Identifica las banderas de advertencia que se presentaron (tal vez no las identificaste a tiempo) que le habrían dado un final diferente a la situación.
2. Observa cuál fue la reacción emocional que se presentó. ¿Qué emociones y sentimientos se hicieron presentes en esa circunstancia?
3. Identifica los efectos o las consecuencias a corto plazo que se te presentaron como producto de la situación.

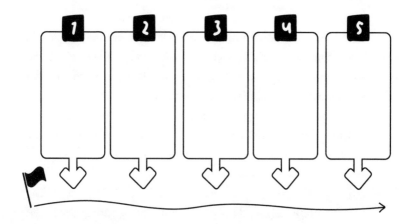

4. Identifica los efectos o las consecuencias a largo plazo que se te presentaron como producto de la situación.

5. ¿Puedes identificar cuál y cuándo fue el momento que fuiste consciente de la situación? En tal caso, ¿cuál fue el aprendizaje?

Una pregunta final: ¿qué podrías hacer para tomar una acción preventiva o correctiva respecto a la experiencia o situación de tu vida?

Historia de la Ciguapa de los montes, protectora de los perdidos

Cuenta la historia que en lo profundo de los bosques y las montañas de República Dominicana vive una misteriosa criatura conocida como la Ciguapa. Se trata de un personaje fantástico con forma de mujer joven de largos cabellos negros, con los pies al revés y afición por la naturaleza salvaje.

A pesar de su apariencia extraña, la Ciguapa posee un corazón bondadoso. Ayuda a los viajeros que se pierden en la espesura haciendo que sigan sus cantos melodiosos. Pero la condición es que deben escuchar atentamente sus consejos.

La leyenda cuenta de un leñador que se desorientó siguiendo un venado blanco y terminó en un barranco. La Ciguapa lo encontró y le indicó cómo regresar a su pueblo, pero el hombre no prestó atención por mirar embobado su belleza. Tuvo que pasar tres noches perdido en el monte hasta que aprendió a escuchar.

Así, la Ciguapa premia a los humildes que piden ayuda con respeto. Con sus poderes mágicos guía a quien se ha perdido, física o espiritualmente, de vuelta al buen camino. Pero exige que antes abran sus oídos y corazones a sus sabias palabras.

Me encanta esta leyenda popular dominicana, porque se puede utilizar como una poderosa metáfora para aprender a escuchar la intuición. Cuando estamos perdidos en nuestros «bosques interiores», aprender a escuchar a la Ciguapa implica sintonizar con nuestras propias señales internas y confiar en nuestras corazonadas, incluso cuando no podamos explicarlas racionalmente. Para eso debemos ser humildes, así como aquellos a quienes la Ciguapa orienta. Esta leyenda nos recuerda la importancia de confiar en esa voz interna que a menudo guía nuestro camino, de manera misteriosa pero sabia.

Entonces, ¿cómo puedo acceder más a mi intuición?

Existen diversos métodos que pueden ayudarnos a conectar con la intuición, a escuchar nuestros «presentimientos» o «corazonadas» y, lo que es más importante aún, a darles credibilidad.

1. Crea un espacio de tranquilidad.

Establece un «rincón de paz» donde puedas estar durante un tiempo a solas, meditar, calmarte y reflexionar para conectar contigo y comprender lo que necesitas hacer para cuidar de ti. Planificar citas contigo y apreciar el tiempo que pasas a solas te ayudará a restaurar tu equilibrio físico y emocional. Disfruta de un té o café en soledad, date el lujo de visitar un museo, asistir a una obra de teatro o simplemente pasear solo por el parque. Estos momentos de soledad te ayudarán a sintonizar con tu fuente de inspiración.

2. Haz ejercicio físico diariamente.

El ejercicio físico libera endorfinas, serotonina y otras hormonas y neuroquímicos que generan efectos bioquímicos vibratorios elevados. Mantener tu cuerpo activo y enérgico te permitirá procesar mejor la intuición, ya que el cuerpo es un poderoso canal de percepción. Como dice la escritora Julia Cameron en *El camino del artista*: «El ejercicio es un inductor de ideas».

3. Practica el *autocoaching*.

Hazte preguntas de manera regular para aumentar tu autoconocimiento y evitar que los impulsos, creencias o deseos te confundan, haciéndote creer que son intuición. Indagar en ti te ayudará a descubrir esas preguntas que estás evitando hacerte.

4. Escribe todos los días unas páginas matutinas.

Yo lo llamo «el vómito de la mañana». Es muy sencillo de practicar: lo único que tienes que hacer es tomar un cuaderno y llenar tres páginas con cualquier pensamiento que se te cruce por la cabeza. Esto es una terapia de drenaje, una especie de «vómito» en el que no juzgas ningún pensamiento ni lo censuras. Todo va al papel de tu puño y letra. Libera tu inconsciente y descarga de tu mente todo eso que bloquea la aparición de la intuición.

5. Disfruta del arte.

Escuchar música, leer poesía, cuentos o leyendas, contemplar obras de arte o fotografías y aprender cosas nuevas en general: este tipo de actividades ponen a funcionar la parte del cerebro que se activa cuando aparece la intuición creativa. Particularmente, te recomiendo cierto tipo de música, cuyos sonidos son elevadores:

- Las frecuencias solfeggio usan la escala musical monástica para activar estados alpha y theta de meditación profunda.
- Los tañidos de cuencos tibetanos producen ondas sonoras que sincronizan los hemisferios cerebrales.
- Los cantos gregorianos siguen progresiones armónicas que resuenan en nuestro campo áurico y elevan la vibración.

Incorporar estos hábitos a nuestra rutina diaria o semanal no solo abrirá paso a nuestra intuición, sino que además tiene un efecto tangible y cuantificable en nuestro bienestar físico, mental y espiritual.

MI EXPERIENCIA EN *INTUITION FIRST*

En el año 2018, gracias a la invitación de mi amigo argentino Raúl Ortenberg, quien tiene un cargo de gran responsabilidad en la Fundación El Arte de Vivir Latinoamérica, tuve la oportunidad de entrar en el *ashram* del centro dirigido por el maestro Sri Sri Ravi Shankar. Allí pude asistir a sesiones del programa *Intuition First* («Intuición primero») en el que a los niños de siete y ocho años se les ponen, durante todo un año, meditaciones grabadas hechas especialmente para ellos por el gurú Ravi Shankar, las cuales les inducen a una apertura de sus poderes extrasensoriales (llámese intuición), en todas esas facetas que un ser humano puede tener si no «poda» las neuronas que se dedican a ello.

Por ejemplo, uno de los experimentos fue que una niña, con los ojos vendados, sorteó sillas y obstáculos que se le pusieron en el camino y que no estaban cuando ella tenía los ojos descubiertos. Esto es algo que yo pude presenciar. Otra niña leyó, también con los ojos vendados y solo pasando la mano por encima de las hojas, dos páginas completas de una revista médica en inglés (la niña era de la India). Un niño asiático (que si mal no recuerdo era de China) con los ojos vendados pasó la mano por una hoja donde yo había escrito «hola» con un lápiz de un color y «buenas tardes» en otro color. A continuación, se dirigió sin ver nada a la caja de los lápices, escogió el rojo y puso «hola», imitando mi caligrafía, y cuando me presentaron las dos hojas juntas no se sabía cuál había escrito yo y cuál había escrito él. El otro experimento se hizo con un iPad y videojuegos: también allí, un niño que tenía los ojos vendados ganó a un videojuego. Fueron todas demostraciones espectaculares que vi con mis propios ojos y que me dejaron con la boca literalmente abierta.

Al finalizar, le pregunté a la maestra que estaba con ellos si tenía superpoderes; ella me dijo que no, que lo único que hacía era ayudar a los niños cada vez que podían llegar a equivocarse, diciéndoles: «No pasa nada, la próxima vez serás más certero; la próxima vez estarás mucho más cerca», y de este modo ella iba estimulando la confianza de los niños con el objetivo de que crean en la voz de su intuición.

Realmente tuve la impresión de encontrarme en la academia de Harry Potter. Tengo fotos de esa experiencia maravillosa en *Intuition First*, que, hasta donde sé, en el año 2018 aún estaba en una fase piloto. Para dicho programa, Ravi Shankar le había pedido a un neurocientífico nepalí que estudiara con electrodos qué sucedía en el cerebro de esos niños, qué tipo de neuronas tan especiales estaban trabajando al activar con la meditación sus poderes extrasensoriales. Esta es de esas experiencias que si no las has vivido en persona, es fácil que tu escepticismo o tu lado racional y científico genere reticencias; pero yo la vi con mis propios ojos y la viví con todo mi ser, de manera que, para mí, el desarrollo de la intuición hasta un punto mágico y extrasensorial es algo totalmente posible y, en el rango de lo humano, sagrado. Por supuesto que solo en la niñez somos capaces de llegar a formarnos una intuición extrasensorial tan mágica como la que narramos aquí.

Pero lo cierto es que no solo en la India se desarrolla el proceso intuitivo. En California, Estados Unidos, el HeartMath Institute es una iniciativa que busca ayudar a establecer la armonía en la vida basada en el corazón y la coherencia global, al inspirar a las personas a conectarse con la inteligencia y la orientación de sus propios corazones.

La inteligencia del corazón

Hoy en día, todo el mundo entiende que cuando decimos «corazón» para referirnos a los sentimientos y emociones, o cuando mandamos emojis de corazoncitos en el chat, lo hacemos de manera figurada y no literal, ya que las emociones se procesan a partir de estímulos externos en el cerebro, específicamente el cerebro límbico o emocional. Esos estímulos son captados por los sentidos y se transforman en emociones cuando atraviesan el sistema nervioso y llegan al cerebro. Allí, la mente se encarga de procesarlos. Un sutil olor, un simple ruido o una hermosa sonrisa provocan emociones de la misma forma que la provocan los más trascendentales acontecimientos.

Pero lo cierto es que, en la actualidad, la ciencia ha llegado aún más lejos. Los últimos estudios científicos demuestran que el corazón humano tiene su propio cerebro. Sí, leíste bien. ¿Qué significa esto? Las investigaciones del HeartMath Institute, centro pionero en el estudio de la interacción cerebro-corazón, revelan que el corazón tiene un sistema nervioso independiente y bien desarrollado con más de cuarenta mil neuronas y una compleja red de neurotransmisores que se conectan con el cerebro límbico, es decir, el emocional. Esto quiere decir que el corazón influye directamente en las emociones de las personas.

Fascinante, ¿verdad? Es decir, que lo que históricamente estaba en la imaginería poética y la sabiduría popular, esa intuición colectiva que llevaba a relacionar el órgano del corazón con las emociones, tiene en la actualidad una validación científica. Así que cuando mandamos corazoncitos en el chat, ¡no lo hacemos solo de manera figurada! Estamos, literalmente, conectando con el corazón.

El corazón humano, entonces, resulta ser mucho más que una bomba eficaz que sostiene la vida; es también el punto de acceso a una fuente de inteligencia que podemos invocar para vivir nuestras vidas con más equilibrio, mayor creatividad y capacidades intuitivas mejoradas. Y todo esto puede explicarse desde un punto de vista científico, gracias al descubrimiento de este «minicerebro» del corazón llamado sistema nervioso intracardiaco.

La pregunta aquí es: ¿qué información guardan estas células del corazón? ¿Es posible que guarden nuestras memorias, sueños y emociones? Aunque aún esto no es un hecho comprobado, hay médicos y estudiosos que defienden con plenitud de argumentos que las células del corazón son capaces de guardar memoria y energía.

Es el caso del doctor Paul Pearsall, psicólogo de la Escuela de Medicina de la Universidad de Arizona, quien otorgó un valor incalculable a los testimonios que recopiló a lo largo de su carrera profesional. En una de las tantas conferencias que ofreció alrededor del mundo, narró la historia de una psiquiatra que había quedado impactada con las experiencias de una niña de ocho años, receptora de un trasplante de corazón de otra pequeña de diez, la cual había sido asesinada. La paciente comenzó a tener sueños con el asesino de su donante, quien fue capturado gracias a su colaboración; las descripciones sobre el arma homicida, el lugar y la ropa que llevaba puesta el culpable fueron completamente precisas.

Otro caso remarcable es el de la actriz francesa Charlotte Valandrey, quien, según cuenta en su libro *Un corazón desconocido*, tras ser trasplantada del corazón vivió sensaciones nítidas de una vida que no era suya, como sueños de un accidente en coche que nunca tuvo y un inexplicable gusto por el vino, el ron y el *pie* de limón, que siempre detestó. Y lo más impresionante de todo, llegó hasta el punto de enamorarse del marido de su supuesta donante, con quien tuvo una relación durante un año.

Pero entonces, ¿cómo funciona esta relación entre las neuronas del corazón y las del cerebro? El HeartMath Institute se basa en lo que denomina el estado de coherencia cardiaca. En ese estado, los sistemas linfático, circulatorio y nervioso permanecen en sincronía, lo que produce una agradable sensación de bienestar en el ser humano. Al estresarnos —algo muy común cuando se sufre un desafío entre el pensar y el sentir— el corazón se dispara, aumentando considerablemente sus latidos, y nuestro cuerpo no trabaja en armonía. ¡No puede hacerlo!

Esta falta de armonía provoca un desorden en el ritmo cardiaco que afecta, a su vez, a través de esa red neurológica que posee el corazón, al cerebro emocional. Por lo tanto, se disparan las emociones negativas que bloquean al neocórtex o cerebro racional.

Cuando se retoma la coherencia cardíaca, el cerebro vuelve a la normalidad. Cuando dominan las emociones positivas y se logra un equilibrio interno, el corazón entra en armonía con el cerebro, se relaja y envía señales que regulan el estrés y permiten un mayor flujo de ideas. Por consiguiente, según este estudio, lo del corazón no solo es «sentir», sino que cuando trabaja en sus parámetros normales, ayuda a «pensar», porque favorece al neocórtex.

El doctor Doc Childre —director del HeartMath Institute— afirma que «utilizando la guía intuitiva de nuestro corazón, los seres humanos nos convertiremos en sentido común basados en la inteligencia práctica». Como ves, desde el punto de vista científico ya se habla de la **intuición del corazón**, lo que hubiera parecido una locura solo unas décadas atrás.

Dicho todo esto, me imagino que en este momento estarás diciendo: «Muy lindo todo, Ismael, pero ¿cómo hago para lograr voluntariamente ese estado de coherencia entre el cerebro y el corazón?». Eso es justamente lo que quiero proponerte ahora, dos breves ejercicios con el fin de que logres de manera intencionada la coherencia cardiaca, un estado que, según sus especialistas, fluye cuando las cosas ocurren como deben ser y trabajamos y vivimos sin presión de tiempo.

Mi sugerencia es que hagas esta secuencia de ejercicios con los ojos abiertos y te grabes, para aprender a autoguiarte, y luego puedes repetirlo con los ojos cerrados cada vez que lo necesites.

EJERCICIO 1. CONEXIÓN MENTE-CORAZÓN. LA TÉCNICA DE LA CONGRUENCIA

Este ejercicio es útil para liberar pensamientos y emociones tóxicos, volver a la congruencia y conectar con la inteligencia de tu corazón. Esta técnica de meditación guiada te ayudará a:

- Reducir el estrés de inmediato.
- Sentirte positivo, enfocado, en calma y energía.
- Optimizar tu desempeño.
- Acceder fácilmente a tu creatividad y a tu intuición.
- Obtener un nivel óptimo de toma de decisiones.

Paso 1. Respiración enfocada en el corazón

Cierra suavemente tus ojos. Lleva tu atención al área del corazón. Imagina que tu respiración fluye hacia adentro y hacia afuera de tu corazón o en el área del pecho, respira más profundamente de lo normal, inhala entre cinco y seis segundos, y exhala entre cinco y seis segundos. Imagínate respirando a través de tu corazón. Imagínate respirando lentamente, inhalando y exhalando a través del área de tu corazón.

Paso 2. Activa un sentimiento positivo

Con los ojos cerrados, haz un intento sincero de experimentar un sentimiento regenerador, como el aprecio o el cuidado de alguien o algo en tu vida. Enfócate en el sentimiento positivo, en la experiencia elevadora, durante tres minutos. Respira. Lentamente y a tu ritmo puedes volver a abrir tus ojos.

Úsalo siempre que reconozcas momentos de drenaje de energía, por sutiles que sean, cuando quieras y donde quieras. Cuanto mayor sea tu capacidad de apreciación sincera, más profunda será la conexión con tu corazón, donde residen la intuición, la inspiración y las posibilidades ilimitadas. Los sentimientos de emociones positivas, como el aprecio, aumentan la DHEA bioquímica, que promueve la vitalidad emocional, ralentiza el proceso de envejecimiento y contrarresta la hormona del estrés, el cortisol.

EJERCICIO 2. CONEXIÓN MENTE-CORAZÓN. HERRAMIENTA PARA IDENTIFICAR Y CALMAR

Este ejercicio de conexión te ayuda a identificar y neutralizar emociones no deseadas. A medida que bajamos la intensidad o el volcán de las emociones negativas y despejamos los sentimientos incómodos, comenzamos a experimentar sentimientos de mayor carga positiva como la alegría, la compasión y la vitalidad. Esta técnica te ayudará a:

- Liberar pensamientos y emociones tóxicas.
- Volver a la congruencia y conectar con la inteligencia de tu corazón.
- Reducir el estrés en el momento.
- Sentirte positivo, enfocado, en calma y energía.
- Escucharte y seguir tu intuición.

Cierra suavemente los ojos. Concéntrate como si fueras a meditar y enfócate en tu corazón. Lleva una mano al corazón, escúchalo durante un minuto y conéctate con él. No tienes que hacer nada más. Lleva tu atención al área del corazón. Imagina que tu respiración fluye hacia adentro y hacia afuera de tu corazón o en el área del pecho, respira más profundamente de lo normal, inhala entre cinco y seis segundos, y exhala entre cinco y seis segundos. Imagínate respirando a través de tu corazón. Hazte la idea de que el corazón es un globo que con tu respiración lo inflas o desinflas. Imagínate respirando lentamente, inhalando y exhalando a través del área de tu corazón.

Considera tu corazón como la fuente de tu inteligencia, no como una bomba que impulsa la sangre o como un simple órgano del cuerpo. Cuando lo logras se producen cambios fisiológicos importantes desde el punto de vista hormonal dentro de tu corazón.

Paso 1. Identifica y acepta lo que estás sintiendo

Con los ojos cerrados, permítete observar, sentir. Para obtener más información sobre nuestras emociones, debemos tener más consciencia de lo que estamos sintiendo. Identificar y admitir lo que estamos sintiendo requiere ralentizar y hacer un balance. De modo periódico, durante todo el día, haz simplemente una pausa y observa cómo te sientes. Solo te llevará unos segundos preguntarte: «¿Qué estoy sintiendo en este momento?». No juzgues lo que sea que estés sintiendo. Más bien observa lo que fluye a través de tus emociones. Descubrirás nuevos aspectos sobre tus patrones emocionales y lo que desencadenan las emociones menos deseables en ti. Observa en silencio.

Paso 2. Trata de ponerle nombre al sentimiento

Con los ojos cerrados, simplemente dale un nombre al sentimiento, sea el que sea: preocupación, ansiedad, frustración, enojo, tristeza, dolor, resistencia, o incluso una confusión vaga, te ayudará a admitir lo que estás sintiendo. Ser honesto al nombrar lo que estamos sintiendo ayuda a regular nuestra energía, ralentizando la energía emocional que corre a través de nuestro sistema y dándonos más poder. Así, podemos redirigir la energía emocional con el objetivo de que funcione para nosotros en lugar de sentirnos agotados durante el día. Observa en silencio.

Paso 3. Pídete aliviarte, relajarte

Mientras te enfocas suavemente en tu corazón, relájate mientras respiras y se calma el estrés. A medida que te dices qué debe relajarse en tu corazón, te relajas y se alivia la emoción estresante; siente como si la emoción no deseada abandonara tu sistema. No lo fuerces; alívialo. Hazte amigo de la reacción sosteniéndola en tu corazón, luego deja que la sensación se alivie de tu sistema. Si tratas de luchar contra tus sentimientos o alejarlos, ganarán energía. Hacerte amigo de tus sentimientos te ayudará a despejarlos. Observa en silencio. Respira. Lentamente y a tu ritmo, puedes volver a abrir los ojos.

Recuerda que puedes utilizar esta herramienta en cualquier momento del día, siempre que reconozcas instantes de drenaje de energía, cuando quieras y donde quieras. Haz esta práctica durante un minuto o más, hasta que sientas que algo se alivia, incluso si no obtienes un alivio inmediato y completo. Muy a menudo podrías experimentar varios sentimientos al mismo tiempo; no dejes que esto te confunda. Ni siquiera trates de descubrir por qué. Simplemente sigue practicando la herramienta «identifica y calma» hasta que tus energías regresen al equilibrio.

Lo que te voy a proponer ahora sería muy útil que lo aplicaras a tu día a día, consiste en… ¡registrar la experiencia por escrito! Es una manera de pasar a limpio y depurar, aprovechando que aún tienes las sensaciones frescas. Pregúntate:

- ¿Cómo te ha ido con la experiencia?
- ¿Cómo te has sentido?
- ¿Qué cambios has experimentado internamente?

Los sentimientos son como un código que contiene información. Debes aprender a nombrar y hacerte amigo de tus sentimientos para descifrar ese código. Admite la verdad de tu mundo emocional y permite que nuevas percepciones intuitivas lleguen a ti. Practicar la herramienta «identifica y calma» ayuda a drenar aquellas emociones negativas y reemplazarlas por emociones renovadas. Un corazón en calma, que late en armonía, envía señales de paz y tranquilidad al cerebro y al sistema nervioso, para que se sincronicen con esa sensación de bienestar. Por eso me gusta la idea de bajar nuestro «centro de gravedad» de la mente al corazón. Esto no significa dejar de pensar, sino más bien «pensar con corazón», ya que, como vimos, el corazón también tiene su propia inteligencia y es la que nos proporciona la armonía y el bienestar.

Entonces, en lugar de que el corazón y la mente se contradigan, se supone que deben trabajar juntos. Quizá la mente estaba destinada a ayudar a controlar las emociones del corazón. Quizá el corazón estaba destinado a motivar las ideas de la mente. Tal vez estaban destinados a tomarse de las manos en lugar de llegar a los golpes. Te recuerdo que los humanos somos seres integrales, que no podemos definirnos solo por la suma de los dos mundos que nos conforman: el material y el inmaterial. A esa suma tenemos que añadirle un tercer factor, el «cualitativo», es decir, el resultado de la relación entre esos dos mundos. Con el binomio mente-corazón sucede igual: se produce una relación holística entre ambos, no solo somos eso: mente-corazón, somos la suma de la relación entre ambos, y al tener en cuenta el resultado final de esa suma estaremos más cerca (o no) de la plenitud. La mente y el corazón son algo así como dos frutos diferentes que deben brotar de un mismo árbol, crecer y madurar juntos. De esta maduración conjunta y de la influencia que uno ejerza sobre el otro dependerá el éxito de la cosecha.

Dios sin adiós

Dios sin adiós.

El mundo que conocemos
es sin dudas su creación.
Tierra de amaneceres
y también de evolución.

En su nombre renacemos,
y matado sin razón.
Es un Dios que, aunque sereno,
se indigna de la invasión.
Invasión de su pericia y
manoseada reputación.

Es energía que no acaba,
vibración de fe y perdón.
Nunca abandona los hijos
que escuchan su corazón.

Es el Dios de los océanos,
las montañas y el arroz.
Es el Dios de las cosechas
que su fuerza ya probó.

Le llaman de mil maneras,
y él asume con honor
ese flujo de fronteras
que a los hombres dividió.

Nacimos en todas partes.
Algunos le conocieron,
y a todos los perdonó.
A aquellos que en el
destierro
sus enseñanzas mostró.

Es un Dios benevolente,
que su regalo sembró
en el lugar renaciente
donde el sabio lo encontró.

Un regalo de grandeza
en el corazón dejó,
para que cada proeza
de seres iluminados
fuera parte de un legado
de aquel que nunca partió.

Le llaman El Salvador.
Y él recuerda que su amor
no castiga ni censura
a aquellos que su luz creó.

Lleva adentro el dolor
de toda la humanidad.
Nos habla bajo y sin furor,
cuando acecha la maldad.

Mientras ríes, te sonríe.
Cuando llores, te sostendrá.
Es la fuerza arrolladora
que no concibe maldad.

Es el Dios de la belleza,
la música y la verdad.
Es el que todo lo sabe,
aún en la oscuridad.

Pedidme a mí, hijos queridos,
que todo lo que deseen
en vibración y verdad,
el Maná se los traerá.

Es un Dios que no carece
de autoestima sin edad.
Es más como un manantial
que el agua bendecirá.

Dios de senderos y trinos,
paciente padre con tino
para sus hijos tratar,
levantarlos cuando caen
sin su cara abofetear.

En él no existe violencia
ni rencores por cobrar.
Es el Dios de las dolencias
y de los enfermos sanar.

En su obra hay esencia,
y su apariencia es eterna,
mientras su paso es fugaz.

Llega y se hace presente
en un latido no más,
ese soplo tan divino
que la vida echa a andar.

Oh, Dios que abre caminos,
tu destino es darnos más
de tu fuego tan sereno,
que no se lleva a su paso
lo que crece en la bondad.

Dios de mil sobrenombres,
con tu misericordia invicta
nacieron nuestros pronombres
para que la vida exista.

Yo me convierto en ellos,
ellos son mi reflejo.
Tú me hiciste hombre,
ella tu criatura espejo,
somos imagen, ternura
de un padre que no tortura
ni con acción, ni palabra.
Su pensar está a la altura
de la conciencia más pura.

Este Dios que, muchas veces,
escapa a los adoctrinados
es el Dios que es esclavo
de villanos solapados.
Aquellos que desde el poder,
en su nombre mancillado,
aprendieron a someter.

Hazte presente, mi padre.
Haz la luz en las trincheras.
Danos escudo y bandera
para seguir defendiendo
las piedras en tu cantera.
Orando en tu nombre santo
vivo entonando tu canto,
gritado a los cuatro vientos.

Dios que aparta los espantos.
En tu gloria está la vida.
Pura, eterna, verdadera.
Tu magia de mil encantos.

Ismael Cala
Escrito en el vuelo de
Houston a Miami, el 22
de octubre de 2022

Los nombres de dios

Hay ciertas religiones que mantienen sin un nombre específico a lo divino, como es el caso del hinduismo, ya que el nombre del divino se mantiene en secreto; el taoísmo, por su parte, es otro ejemplo de religión que no tiene un nombre específico para Dios, pues argumentan que dicho nombre no puede ser verdadero o eterno. Por el contrario, otras religiones tienen más de un nombre para el supremo; ejemplos de ellos son el islamismo y su libro sagrado, el Corán, que incluye hasta noventa y nueve nombres distintos para Dios; la Kabbalah, que utiliza setenta y dos nombres para lo divino y, por su parte, la Biblia usa doce nombres distintos para Dios.

Mi conclusión es que, aunque cada uno lo llame de una forma diferente, hay algo que nos conecta. Somos parte de un todo. Lo importante es acercarnos a nuestras similitudes y no dejarnos separar por lo que nos diferencia. Tenemos más elementos en común que diferentes.

El asunto no es hablar de religión, olvidémonos de nuestras creencias religiosas, pues todas se respetan y son válidas para cada creyente. Aquí venimos a descubrir las cualidades espirituales en el plano terrenal que nos suman, que nos unen como seres humanos, como seres divinos, y no que nos separen.

Esto ocurre en el presente cuando avanzamos en nuestro autoconocimiento y despertar. La divinidad habita dentro de nosotros mismos. Y ese viaje al interior amerita que estemos despiertos. Yo soy parte de Dios, cuando estoy despierto.

Como periodista he sido muy criticado por decir «Dios es amor, hágase el milagro». En una entrevista con Jorge Ramos de Univisión, él me cuestionó que por qué yo hablaba tanto de Dios, que realmente el periodismo era algo objetivo, más neutral, y que a él le resultaba un poco raro en particular escuchar a un periodista hablar tanto de Dios. Entonces yo le dije «Bueno, es que hay muchas cosas raras; podría ser raro que un periodista hablara de Dios, pero también podría ser raro que un periodista sea activista político, y ambas cosas raras y particulares existen. Entonces, yo seguiré hablando de Dios porque no creo que invalide mi objetividad periodística, todo lo contrario, la potencia». Y esa es una anécdota graciosa de cómo a mí me tocó responder públicamente a algo a lo que antes no respondía. Precisamente por prejuicios, mantenía a Dios oculto en mi corazón y con mis amigos y familia; y ahora no solo lo hago público, sino que lo he transformado en mi mantra: «Dios es amor, hágase el milagro».

Como señala la escritora Stella Maris Maruso, no existe una sola forma de inteligencia. Así como la inteligencia emocional nos da la capacidad para reconocer y gestionar las emociones, y la racional nos ayuda a conocer a través del pensamiento analítico y procesos lógicos, la inteligencia espiritual es nuestra conexión con el ser elevado. Nos da la capacidad de encontrar paz al margen de las circunstancias mundanas.

Todos en algún momento de nuestras vidas hemos vivido un suceso que nos colmó de gratitud y de conexión con el todo: la plenitud de prestar servicio al prójimo, el logro de una meta por la que trabajamos durante años, el nacimiento de un hijo o hija, la contemplación de un paisaje, etc. Todas estas son situaciones que rebasan nuestra alma y en las que podemos sentir una dicha única, porque es el despertar de nuestra divinidad interior.

En nosotros hay dos fuerzas: el ser superior, lo cual muchos conocemos como alma o espíritu, y el ego. David Fischman, autor del libro *Inteligencia espiritual en la práctica* (2016), toma el concepto adaptado de Wigglesworth y Dietrich, el cual expresa que la inteligencia espiritual es la destreza de anteponer al ser elevado sobre el ego, con el fin de obtener su sabiduría y compasión para mantenernos en constante estado de paz, tanto interna como externamente, y a pesar de las circunstancias que podamos estar experimentando.

Cualidades humanas que nos acercan a Dios

Para ser divinos, primero debemos ser abundantes en todas las cualidades humanas, entre ellas:

Amor divino

Las principales religiones monoteístas (cristianismo, judaísmo e islamismo) plantean de una u otra forma la máxima de amar al prójimo como a ti mismo. Se trata sin duda del principal reto para nuestro ego. Entonces, el amor divino consiste en unirse a Dios para ser uno solo con él. Si Dios colocó parte de su energía para crearnos, entonces somos una manifestación de su energía.

Fe divina

Significa entender que el mundo divino ocurre hacia lo interno. También significa confiar en que existe un bien mayor que regula todo el funcionamiento del mundo y que si bien somos parte de él, no estamos llamados a vivir en sacrificio o privación desde ningún punto de vista. Piensa en lo siguiente: la pobreza material es una construcción netamente humana, pues en la naturaleza no existe carencia, no vemos a ningún ave ansiosa o preocupada por lo que va a comer al día siguiente.

Los milagros comienzan en uno mismo. Tienes que encontrar ese lugar dentro de ti donde todo es posible. En los niveles más bajos de conciencia se pide ayuda, pero en la medida en que vamos ascendiendo evolucionamos en nuestra fe y nos movemos más hacia la actitud de servicio a otros que en pedir a la divinidad.

Conocimiento divino (intuición)

Hay quienes aseguran que la intuición es una señal de Dios. Como vimos, se trata de un proceso mental que consiste en la unión de todo ese conocimiento que se encuentra en un estrato profundo de la consciencia, y es por eso que muchas veces lo asociamos con lo mágico. A menudo razonamos algo, lo encontramos lógico, pero una vocecita interna nos dice: «Eso está bien, pero no te vayas por ahí». Es algo instantáneo, se presenta de repente y dura apenas unos segundos. La intuición es esa voz que nos advierte que no es suficiente la evidencia y nos invita a buscar más información.

Consciencia divina

Para poder ascender a la consciencia divina, primero debes conocerte. Si no te conoces a ti mismo, estás inmerso en la pobreza de conciencia. Implica ser uno con Dios porque ese es nuestro estado natural más elevado. Para lograrlo, debemos cambiar de hábitos y confiar en nuestros talentos. Debemos volver a nuestra esencia y recordar quiénes somos en realidad. En vista de que la conciencia divina (unidad con Dios) no se relaciona fácilmente con la conciencia interior de cada uno de nosotros, hay un vacío o brecha que hay que superar. Tal y como afirma Deepak Chopra, «Dios existe en nuestra conciencia». Por lo tanto, cada paso que nos acerque a esa unidad con Dios es importante.

Necesidades espirituales del ser humano

Las necesidades espirituales son aspectos fundamentales que se relacionan con la búsqueda de significado, propósito y conexión con algo que va más allá de uno mismo. Estas necesidades pueden variar de una persona a otra, pero estas son las necesidades espirituales básicas del ser humano que a mí me han servido al afianzar mi disciplina espiritual:

Conexión con algo trascendente: la necesidad de conectar con algo más grande o trascendente que uno mismo, ya sea una fuerza superior, lo divino, el universo o la naturaleza. Esta conexión espiritual puede brindar consuelo, esperanza y una sensación de pertenencia.

Autoconocimiento y crecimiento personal: la necesidad de explorar el propio ser y comprender quiénes somos en un nivel más profundo. Esto incluye la búsqueda de sabiduría, el desarrollo personal y el crecimiento espiritual.

Prácticas espirituales y rituales: la necesidad de participar en prácticas espirituales o rituales que nutran el espíritu y fomenten la conexión con lo trascendente. Estas prácticas pueden incluir la meditación, la oración y el yoga, entre otras. Y aquí me gustaría hacer una distinción importante entre la oración y la meditación en el contexto de la conexión y conversación con Dios. La oración es comunicarse directamente con Dios, hablándole de nuestras necesidades, agradecimientos y alabanzas. Es más conversacional, ya que es un flujo de pensamientos dirigidos a Dios que nos llena de paz, seguridad y confianza en su amor. Con respecto a la meditación, es cuando hacemos silencio, nos serenamos y entramos en una especie de trance de las ondas alpha y theta en nuestro cerebro, que son las ondas que nos permiten dejar de hablar tanto para poder recibir, ser canales y escuchar la voz de Dios. No es conversacional sino contemplativa, ya que nos conecta con la presencia divina dentro del ser. Es crear vacío entre pensamiento y pensamiento para que puedan llegar ideas iluminadas de Dios, de la inteligencia divina. A través de cualidades como la conciencia plena, la claridad y el discernimiento nos permiten recibir la guía e inspiración de Dios.

Sentido de comunidad y pertenencia: la necesidad de pertenecer a una comunidad o grupo que comparta valores espirituales similares. La comunidad puede brindar apoyo, comprensión y un espacio para compartir experiencias espirituales.

Compasión y servicio hacia los demás: la necesidad de contribuir y ayudar a los demás, cultivando la compasión y el servicio altruista. Esta conexión con el prójimo puede enriquecer nuestra vida espiritual y brindar un mayor sentido de satisfacción y propósito.

Sentido de propósito: la necesidad de encontrar un propósito o sentido en la vida. Esto implica tener metas y objetivos que den significado a nuestras acciones y experiencias. *Ikigai* es un término de origen japonés que podría traducirse como «la razón de ser» de cada persona. A continuación, te muestro una imagen que ejemplifica la aplicación del *ikigai* a la vida moderna a partir de la intersección de cuatro componentes fundamentales: pasión, vocación, profesión y misión.

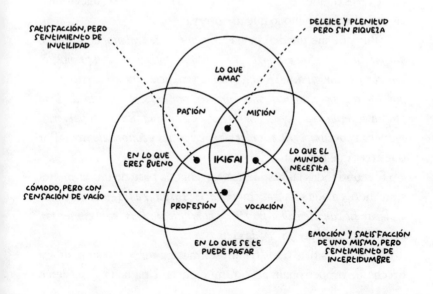

El *ikigai* empieza a clarificarse respondiendo a estas cuatro preguntas poderosas. Te invito a que busques una hoja en blanco para escribir tus respuestas; yo te lo ilustro con las mías:

¿En qué eres bueno? *Soy bueno en emprender y estudiar, en mantener el entusiasmo y tener la energía elevada; soy bueno en motivar para generar un cambio; soy bueno para hablar en público; en otras palabras, soy bueno para **inspirar**.* ¿Y tú en qué eres bueno? No tienes que responder aquello en lo que te dijeron que eres bueno, sino en lo que tú crees que eres bueno.

¿Qué amas? *Amo a Dios, amo la vida, me amo a mí mismo, amo a mi familia, amo a mis amigos, amo ver a las personas felices y transformadas, amo la abundancia, amo viajar, amo conocer, amo aprender y, por qué no, amo el dinero. En pocas palabras, amo **aprender y comunicar**.* ¿Y tú qué amas? No lo que te dijeron que tienes que amar, sino qué es lo que tú amas. Deja que tu corazón te hable.

¿Qué necesita el mundo? *Según mi experiencia, necesita consciencia, abundancia, dar más, paz, salud, energía, inspiración, dirección; pero si pudiera resumirlo en una palabra, sería **consciencia**.* ¿Qué crees tú que necesita el mundo? No lo que dice la televisión o las redes sociales, sino lo que tú observas.

¿Por qué me pueden pagar? *Es en lo que trabajo, en mi caso; por mis ideas, por mi esfuerzo, por mis libros, mis viajes con propósito, mis cursos, por mi disciplina, por mi constancia, por mi persistencia, por cómo transmito mi conocimiento, por mi experiencia de vida puesta al servicio de otros, por dirigir mi empresa. En pocas palabras, me pagan por **compartir mis ideas, experiencias y conocimientos**.* ¿Por qué crees que te pagan a ti?

Si reúno todas las respuestas, ya tengo la base de un *ikigai*. Resumiendo, en una sola frase mi *ikigai* es: ***Inspirar a los seres humanos a elevar su consciencia a través de comunicar ideas, conocimientos, aprendizajes y experiencias de vida***.

Y todos los días trabajo para ser más mi *ikigai* y disminuir esa brecha de mi personalidad con mi esencia. Una meta o un deseo cambian todo el tiempo, pero un propósito de vida no cambia, tal vez se refina, pero en su base no cambia.

En mi caso, tener un propósito fue y es mi combustible para avanzar. ¿Y cuál es el beneficio de tener un propósito? El propósito me mantiene inspirado y conectado a lo que soy, y la inspiración es lo que me mantiene activo en este proceso de transformación, autoconocimiento y toma de consciencia. Con el propósito en mi mente, le añado inspiración y pasión —emociones para atraer la energía— y acciones que generen la transformación.

Ahora bien, el *ikigai* en mi vida es colocar una «vara para saltar o llegar», y esa vara puede ser alta. Existe una brecha muy clara entre el *ikigai* y la vida diaria. Esa brecha está compuesta de mis ilusiones y fantasías, mis distracciones, mis comportamientos, mis paradigmas y lo que aparento. Así que si integras tu *ikigai* a tu vida diaria, y empiezas a «ser» tu esencia y a manifestarla en acciones, esa brecha va a disminuir.

El camino del corazón

«Un camino es solo un camino. Si sientes que no deberías seguirlo, no debes seguir en él bajo ninguna condición. Mira cada camino de cerca y con intención. Pruébalo tantas veces como consideres nece-

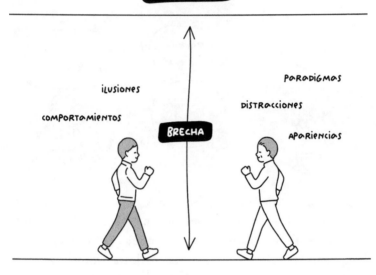

sario. Luego hazte a ti mismo, y a ti solo, una pregunta: ¿tiene corazón este camino?»

Estas palabras, de gran claridad y exquisitez, que se leen en *Las enseñanzas de don Juan*, de Carlos Castaneda, nos dan una simple lección: la intuición es el eco de la sabiduría ancestral que yace en tu interior, y cuando un camino no tiene corazón, la intuición te susurrará su ausencia. No te traiciones ignorando este llamado sutil, pues solo cuando caminas por un sendero que late en armonía con tu ser más profundo encontrarás la auténtica realización.

Escuchar la voz de la intuición es como afinar el oído al susurro del universo. Cuando te sumerges en la quietud de tu alma, la intuición se revela como un faro en la oscuridad guiándote hacia la verdad. Pero no basta solo con oírla; debes tener el coraje de seguirla. Cada elección se convierte en un acto de autenticidad, en un testimonio de tu alineación con la verdadera brújula de tu ser. No temas desviarte de los caminos más trillados, porque la intuición te llevará a senderos que, aunque menos transitados, te conducirán hacia experiencias y descubrimientos que enriquecerán tu viaje de una manera inigualable.

Escuchar la voz de la intuición es honrar la sabiduría que reside en ti, es abrazar la autenticidad y vivir con pasión. En cada elección, en cada momento de escucha, encuentras la esencia de lo que significa ser verdaderamente humano y divino.

Descubre, con tu curiosidad, a dónde te lleva este código QR:

INTUICIÓN
=

EXPERIENCIAS + CONOCIMIENTOS

PERCEPCIONES + INSTINTO

CONEXIÓN CON LO DIVINO

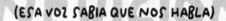

INTUICIÓN
(ESA VOZ SABIA QUE NOS HABLA)

NECESIDAD DE «CERTEZA»

NO CONFIAMOS EN NUESTRO CONOCIMIENTO → ¿QUÉ PIENSAS?

¿CREES QUE DEBERÍA HACERLO?

NOS ASUSTAMOS Y BUSCAMOS LA OPINIÓN DE LOS DEMÁS → ¿TÚ QUÉ HARÍAS?

¿CÓMO AFINAR LA INTUICIÓN?
- CREA UN «RINCÓN DE PAZ»
- HAZ EJERCICIO FÍSICO DIARIAMENTE
- PRACTICA EL AUTO-COACHING
- ESCRIBE PÁGINAS MATUTINAS
- DISFRUTA DEL ARTE

PROCESO INTUITIVO

CONECTA PATRONES | MÁS RÁPIDO QUE EL PENSAMIENTO RACIONAL

CEREBRO OBSERVA Y COMBINA

RECUERDOS | CONOCIMIENTOS | EXPERIENCIAS | CODIFICACIÓN GENÉTICA

INTELIGENCIA DEL CORAZÓN

INFORMA PARA TOMAR DECISIONES

ALGO ESTÁ BIEN | NO ESTÁ BIEN

SU PROPIO CEREBRO

SISTEMA NERVIOSO INDEPENDIENTE
CONECTADO CON EL CEREBRO LÍMBICO
INFLUYE EN LAS EMOCIONES
FUENTE DE INTELIGENCIA

 **COHERENCIA CARDIACA** → ARMONÍA CEREBRO-CORAZÓN

SINCRONÍA DE LOS SISTEMAS

- SENSACIÓN DE BIENESTAR
- REGULA EL ESTRÉS
- MAYOR FLUJO DE IDEAS
- ACCESO A CREATIVIDAD E INTUICIÓN

EPÍLOGO
CON HUMOR (PORQUE DE POETAS, MÚSICOS Y LOCOS TODOS TENEMOS UN POCO)

¿Quién escucha entre mis lágrimas
las tristezas hechas risa?
¿Quién deshoja mi diario
haciendo añicos la prisa?

¿Quién se pregunta en la duda
si su voz refleja suerte y fortuna?

¿Quién no baila bajo la lluvia?,
porque…
¿le espantan las nubes como tortura?

¿Quién con dos oídos sordos
prefiere el trabajo al premio gordo?

¿Quién encuentra el placer
sometido en el hacer?

¿Quién se desnuda roto
ante el rocío silencioso
de una noche en alboroto?

¿Eres tú?
¿Quién me escucha
y nada entiende?,
¿eres acaso el pendiente,
ese asuntillo sin rumbo
poniendo oídos al secreto
y desoyendo el murmullo?

No eres tú,
soy yo quien se habla
mientras se escucha
delirando con poesía
entre materia y filosofía.

Tú y yo somos quien soy,
tú y yo somos quien eres,
eres mi voz escondida
entre tu juicio en la cima.

Somos dos seres mutantes,
oídos de caminantes,
opiniones ilusorias
en un mundo de disertantes.

Calla mientras te haces más sabio,
respira ese cohete de agravios,
ríe sabiendo quién eres,
tu mente tuya no es,
tampoco la mía te sirve,
la verdad tuerce al revés.

Ismael Cala
Escrito en Vigo, el 15
de septiembre de 2023

Después del ejercicio académico y riguroso de escribir este libro sobre el arte y la ciencia de escuchar, escucharnos y escucharte, me tomo la licencia de despedir temporalmente al catedrático para darle la bienvenida al adulto niño que se divierte jugando entre historias y palabras, realidad y ficción, dejando volar la creatividad y la imaginación para poner a prueba nuestro sentido del humor.

¿O es que alguien pensó que por la profundidad de los temas tratados en este libro carezco de sentido del humor?

Mis amigos, mis compañeros de trabajo y los participantes de mis eventos conocen mi sentido del humor, al que muchas veces califico de irreverente y en el que de vez en cuando incluyo, como ya vieron antes, el sarcasmo sagrado, invocando al espíritu de Winston Churchill para responder con altura y humor a las agresiones ajenas. El gran público, que me conoce por mi trabajo periodístico en televisión, solo ha visto «pizcas», «atisbos» de humor que pude intercalar en mis entrevistas a grandes personalidades.

Por eso para mí es importante rodearme de gente con sentido del humor. Porque no cualquiera lo tiene o lo practica y, generalmente, es un signo de inteligencia emocional, de una mente serena y de liviandad del ser.

Siempre en la vida me ha gustado asumir riesgos y estar entre gente que me deleite, me haga crecer y me divierta mientras la escucho; por lo tanto, si es lo que espero de los demás, también es lo que me propongo entregar a los otros. Tanto es así que, como conferencista y formador, lo primero que hago ante mis interlocutores —sean dos, miles o cientos de miles— es proponerles mi autoproclamado *laxante exprés*. ¿De qué se trata?

El laxante exprés es un ejercicio de apertura a cualquier charla, evento o conversación en el que propongo que dos personas se conecten, se miren a los ojos y se pregunten: «¿Estás estreñido?». Generalmente esto produce una risa inesperada y nerviosa, o de sorpresa. La segunda pregunta del laxante exprés es, mientras se miran a los ojos y con intención de servir al prójimo: «¿Cómo te puedo

ayudar a evacuar?». Y, en este punto, las personas se ríen a carcajadas, porque, como es obvio, la mente nos lleva al evacuar físico del
cuerpo; pero luego les explico que estamos hablando de ese «dejar
ir» y soltar que es más bien cognitivo, intelectual, emocional y energético.

Me ha ido muy bien con el ejercicio del laxante, porque para
estar dispuestos a escuchar a otros, tenemos que ir directo al corazón y vaciar la mente de sus lamentaciones y preocupaciones. Y muchas veces los seres humanos estamos con el cuerpo en un espacio
físico, pero con la mente y la presencia consciente en otra dimensión de espacio y tiempo. Somos viajeros entre tiempos. Rumiamos
constantemente entre el pasado, el presente y el futuro. El laxante
nos ancla a quitar el piloto automático, a dejar de permitir que nos
domine la mente robot, con el objetivo de lograr una mente presente, alerta y serena que es la única que puede ser una mente
maestra.

Una vez que la mente está limpia y en serenidad, como cuando
borramos viejos emails o WhatsApp, vemos cómo, al sentirnos más
livianos, se cuela el humor en nuestras vidas. Porque nada nos hará
reír, ni siquiera sonreír, si no hemos vaciado la «papelera» de nuestra mente de las cosas negativas o sin importancia.

De este modo, también estaremos abiertos a escuchar. Y no solo
a nuestra voz interior, sino, como hemos visto a lo largo del libro, a
nuestro cuerpo, que tiene permanentemente información útil que
compartir. Con la mente serena, entonces, puedes salir de ti para
entrar en ellos, en otros. Es decir, se trata de dejar tu posición tan
personal para abrirte a la escucha sin intenciones ocultas.

Me gusta cuando las personas me sorprenden con su buen humor. En un evento, un señor bastante regordete me dijo: «Ismael,
seguí tu consejo y dejé que mi cuerpo hablara. Nunca me había
arrepentido tanto, mi cuerpo habló y dijo: "¡Deja ya de comer dulces o no me haré responsable de tu colesterol!"». Es una toma de
conciencia que desde el humor se hace con más amor.

Otra bella y elegante señora, de bastante más de cuatro décadas, me confesó: «Estoy en un dilema: mi profesor de gimnasia me dice que debo hacer una hora de bicicleta por día, pero a las dos calles mi cuerpo me dice "¡Basta ya!". ¿A quién escucho, a mi cuerpo o al entrenador?». En este caso le contesté: «¿No será tu mente quien habla desde su hábito de inercia?».

Y algo para tener en cuenta: si tu cuerpo habla mucho de madrugada, ¡mejor abraza la soltería y abstente de convivir! Es la queja de muchos casados a los que sus parejas les despiertan con conversaciones o ronquidos.

Hace poco, una amiga que tiene un hijo adolescente me comentó: «Ismael, estoy esperando ansiosa la salida de tu nuevo libro, ¡porque ya no sé qué hacer para que mi hijo me escuche! Recuerdo que cuando era chica, mi padre me decía "¿hablo yo o pasa un tren?". Pues eso no es nada, Ismael, comparado con mi hijo. Siento que desde que entró en la adolescencia, ¡nos mudamos a una estación de tren! Creo que la última vez que me escuchó fue cuando le dije: "¿Necesitas dinero para comprarme mi regalo de Navidad?". Me dijo que sí, tomó el dinero y esa Navidad me regaló una rosa de mi jardín. En cuanto salga tu libro, se lo regalaré; y si después de que lo lea, logro que me escuche, ¡te propondré para el Premio Nobel de Literatura!». Y yo pensaba para mis adentros: «Si logramos que ambos se escuchen mejor, habrá paz, que es el Premio Nobel que cada ser humano podría darse a sí mismo y al mundo».

Escuchando estas historias, a veces pienso que hay mascotas que nos escuchan más que los humanos. Yo, por ejemplo, le digo a mi perrito: «Ven, Manolo, ven». ¡Y Manolo viene! O le digo: «Vete a dormir, que está anocheciendo». Y Manolo va a su camita. Prueba suerte con tu hijo adolescente y después me cuentas.

Pero no nos ensañemos con los adolescentes, porque todos lo hemos sido y más de uno quisiera volver a esa etapa en la que solo escuchamos a nuestros amigos y la banda musical del momento. Cada generación piensa que la música que le gusta es lo mejor, mientras los mayores la califican de «ruido» y añoran las melodías de su época.

Y hablando de ruidos, vivimos en una sociedad en que nos invaden los ruidos: los autos en la calle, las bocinas, las obras en construcción, las notificaciones del teléfono y hasta la gente que va hablando a gritos a través de los audífonos. Creo que los de esta especie humana, que en su mayoría tienen hoy entre veinte y cincuenta años, son candidatos propensos a usar en el futuro otro tipo de audífonos: el de los audífonos para mejorar su audición.

Por ello, valoremos los sonidos del silencio de nuestras voces, esos silencios que se pueden oír a través de los sonidos que nos brinda la naturaleza, el canto de los pájaros, el romper de las olas, el cantar de un gallo…

Vayamos a dormir en silencio. Nada ligado al descanso puede ser bueno si en el momento de entrar en un sueño profundo, lo hacemos con un televisor encendido o escuchando noticias llenas de resúmenes morbosos del día y previsiones catastróficas para influenciar el mañana.

Si nos vamos con ruido a la cama, a la hora de entregarnos a los brazos de Morfeo, ese dios nos dirá «¡Qué feo!».

Y no tengamos temor a quedarnos dormidos durante una película o incluso en una reunión que nos aburre. La mente es sabia y nos «desconecta» cuando estamos saturados o cansados, para que no tengamos que escuchar lo que definitivamente no nos interesa. Así que en lugar de avergonzarnos porque nos «quedamos dormidos», celebremos esa sabia manifestación de salud mental. Eso sí, si te pasa esto delante de tus superiores, por favor, no les digas que lo leíste en este libro. ¡Ja, ja, ja!

Por el contrario, hay gente que no se «amiga» con el silencio y necesita estar siempre escuchando a otros (personas o medios de información), aunque no les interese. A ellos, principalmente, me gusta contarles lo maravilloso que es escucharse a uno mismo, porque cuando uno baja al mínimo el sonido de sus cuerdas vocales sube al máximo el sonido de su voz interior, que, en definitiva, es la que nos dará paz, felicidad y autoconocimiento.

Y en el plano de «escuchar a los demás», yo diría que hay que ser selectivo. Sobre todo en estas épocas en que las redes sociales le dan el poder de opinar y manifestarse anónimamente a cualquiera. Insisto, seamos selectivos. No escuchemos tomándonos todo como algo tan personal, ni a los *haters*, ni a quienes nos elogien solo por querer manipularnos. Debemos cultivar más neutralidad ante la vida.

Son épocas de enfocarnos y centrarnos en las voces que nos harán bien al escucharlas. En este sentido, no creo en el famoso dicho «Me entra por un oído y me sale por el otro». Entre los dos oídos está nuestra mente y algo siempre queda. Y, en general, lo que más eco deja en esa caja de resonancia no es lo positivo. ¡Por Dios, no dejes entrar odio en tus oídos! No permitas que ese ruido tóxico habite en ti.

Nos sucede mucho a quienes somos personas públicas ante el público: mil personas pueden halagar tu trabajo, pero solo escuchar a uno que haga una crítica bien o malintencionada nos dejará una preocupación, una sensación desagradable. Así que acostúmbrate a escuchar y a no tomarte nada de forma personal. Céntrate en escuchar con más neutralidad y menos desde tu personalidad. Atesora lo que dice la gente que te conoce y te quiere. Y haz oídos sordos a la vecina que envidia tu paz y tu serenidad. Eso sí: oídos sordos mientras envías luz al corazón de tu vecina. El amor es el antídoto contra todo lo que no es amor.

Y no dejes que alguien te limite o condicione mientras reclama tu atención. No le des el poder de influir en ti a quien no deberías escuchar para dejarte sugestionar. Selecciona tus fuentes de inspiración e identifica tus fuentes de involución para crear una muy buena red de contención. Gracias, musas, por seguir trayendo rima y sabor hasta la última página de este ejercicio en rigor.

Sobre ser selectivos con lo que escuchas, presta atención a la siguiente confesión:

Geraldine Chaplin, nada menos que la hija de Charles Chaplin, contó que en los últimos días de vida de su padre, el médico lo visitaba diariamente en su casa, en Suiza. Chaplin ya no se levantaba, por lo tanto, el doctor entraba en su cuarto, lo revisaba, le hacía preguntas, le advertía de lo frágil de su salud, le indicaba lo que no debía hacer y todo lo típico de una visita a un enfermo tan mayor y con corta expectativa de vida. Un día, como era habitual, el médico le pidió a la familia que lo dejara solo con el enfermo en el cuarto. Le preguntó cómo se sentía, pero ya no obtuvo respuesta. Chaplin, con los ojos cerrados, ni siquiera escuchaba. El médico salió de la habitación y le dijo a la esposa: «Lo siento, es cuestión de horas, ya no responde, ni siquiera me escucha. No lo dejen solo y avísenme cuando se produzca el desenlace».

El hombre se fue y la señora, con una enorme tristeza, entró en el cuarto. Miró unos instantes a su amado esposo —inerte— y decidió darle un beso en la frente. En ese momento escuchó la voz de su marido, que decía claramente: «Me hice el muerto. Ese hombre me aburre diciéndome siempre lo mismo».

No podía ser de otro modo tratándose del genio más grande del humor del siglo pasado.

Pero al margen de las anécdotas de grandes celebridades, recordaré una de la vida cotidiana de un matrimonio amigo. Vean lo que les pasó por no escucharse el uno al otro: tras varios años de matrimonio y a punto de entrar en «la crisis del séptimo año», habían decretado que tenían «incompatibilidad de caracteres», frase que suelen utilizar los jueces para sentenciar un divorcio o separación.

Yo me pregunto en qué momento se convirtieron en «incompatibles», porque si se casaron, es porque eran aparentemente compatibles. Pero la realidad es que cuando nosotros comenzamos a evolucionar en nuestros estados de consciencia y escuchamos esa voz interior que va creciendo en sabiduría, a veces dejamos de crecer juntos y nos hacemos incompatibles. Y esa es la historia de esta pareja que se había dado «el tratamiento del silencio». Ya no tenían paciencia para escucharse, no se hablaban, no se soportaban. Pero seguían conviviendo en el mismo cuarto y durmiendo en la misma cama sin hablarse. Y todo por aparentar ante los hijos y los demás que todo estaba bien. Mientras, en silencio, pensaban cómo resolver temas materiales como la división de bienes en el proceso de divorcio y «con qué me quedo yo, con qué te quedas tú». Y aquí la anécdota:

El marido nunca oye la alarma para despertarse por las mañanas y siempre se queda dormido. Hasta que un día tiene un viaje de trabajo muy importante y necesita madrugar; pero como no habla con su mujer, se le ocurre dejarle una notita en su mesa de noche: «Esposa mía: por favor, despiértame a las cinco de la mañana, tengo que tomar un vuelo muy temprano. Gracias». Y se va a dormir confiado en que su esposa, aunque no se hablen, va a leer la nota cuando se vaya a acostar y lo va a despertar.

Al día siguiente, la luz del sol que atraviesa la ventana lo despierta; ve en su reloj que son las ocho de la mañana y salta de la cama, enojadísimo, gritando: «Pero ¡cómo puede ser tan despiadada!, ¡no tiene misericordia!» y otros improperios. Hasta que, de pronto, se da cuenta de que sobre su propia mesa de noche hay una nota escrita por su esposa que dice: «Esposo mío, levántate, son las cinco de la mañana, no pierdas tu vuelo. Éxitos». En ese momento piensa «Dios mío, a dónde hemos llegado». Y entre furia y llantos comienza a tararear aquella canción de Rocío Jurado: «Se nos rompió el amor de tanto usarlo, las cosas tan hermosas duran poco, jamás duró una flor dos primaveras…».

Estas historias reflejan que la ficción queda siempre pálida ante la realidad; nos demuestran que cuando dejamos de escuchar, se agravan los problemas y las crisis en nuestras relaciones, incluyendo las más cercanas, como lo es nuestra pareja.

¡Hasta los boleros han hecho eco de estas situaciones! ¿O acaso Luis Miguel no imploraba a una reticente dama?: «Escúchame, que, aunque me duela el alma, yo necesito hablarte y así lo haré: nosotros, que fuimos tan sinceros, que desde que nos vimos, amándonos estamos…».

Y mejor no sigo, porque un bolero que se precie de tal nunca tiene final feliz. Aun para Luis Miguel, que solo en la fantasía de un bolero puede ser ignorado.

Y en la línea de canciones que apelan al sistema auditivo, el colombiano Andy Rivera tiene una que se llama justamente «Escucha», en la que hace una llamada telefónica a su prometida, quien se enteró de su infidelidad. Y le dice: «Escucha, necesito verte, un minuto para hablarte. Déjame explicarte que esa noche yo no quise engañarte. No quise lastimarte. Culpables fueron los tragos que bebí. Tú sabes que no soy así».

Este es un caso muy particular y en el que voy a hacer una excepción al mensaje de este libro, porque lo que yo le diría a la damnificada, es: «¡Cuidado! ¡Atención a lo que escuchas y a quién escuchas! Mejor será que este caballero se case con sus tragos y te deje en paz a ti. ¿O tú vas a creer eso de que el culpable de serte infiel no fue él, sino el aguardiente?».

Posiblemente, este infiel necesita un mentor que lo ayude a revisar creencias y necesidades para lograr trascender y aprender, como el protagonista de la fábula «Daniel el hablador», que dice así:

De pequeño, Daniel había aprendido a hablar antes que los otros niños de su misma edad. Y desde que empezó a hacerlo no paró, se convirtió en una máquina de hablar. Cuanto mayor se hacía, más hablaba.

Los maestros y los profesores se cansaban de regañarlo, ya que él se justificaba dando un largo sermón.

Daniel hablaba y hablaba, pero no dejaba hablar a los demás. Su conversación era casi un monólogo. Daniel sabía hablar, pero no sabía escuchar.

Sus amigos de la escuela se sentían tan aturdidos que se iban y lo dejaban hablando solo. La mayoría de las veces Daniel tardaba mucho en darse cuenta y se quedaba hablando en solitario sin notarlo.

Con este proceder no aprendía nada nuevo, no le importaban otros puntos de vista y hasta desconocía asuntos básicos de sus amigos más cercanos. No sabía cuáles eran los equipos de fútbol favoritos de sus amigos, porque siempre estaba hablando del suyo. No sabía dónde vivían ni si tenían familia, porque siempre estaba hablando de su hogar, sus padres y sus hermanos. A veces intentaban contarle algún problema, pero Daniel empezaba a hablar de él.

Y fue así como empezó a quedarse cada vez más solo. Todos se fueron alejando poco a poco y entonces notó que ya no tenía a nadie a quien hablarle. En silencio, Daniel fue consciente de lo que había estado haciendo y de lo importante que era escuchar a los otros.

Después de un periodo en soledad y de reflexión, comenzó a aproximarse a sus viejos amigos, pero esta vez con una actitud diferente, pues les hacía preguntas y los escuchaba. Se mostraba interesado en sus historias y relatos. Y se sorprendió de lo mucho que aprendía escuchando a los demás y lo bien que le hacía a su alma.

En la actualidad, Daniel pasa horas hablando con sus amigos y escuchándolos. Y se convirtió en todo un confesor y en un excelente amigo.

La moraleja de esta fábula diría que es «Educa a tus hijos a escuchar desde niños y estarán rodeados de amigos de por vida».
Las tecnologías actuales hacen la maravilla de que puedas entretener a tus niños pequeños viendo algo en la tableta o en un teléfono celular. Los chicos de menos de dos años permanecen en silencio, para alivio de sus padres, mientras miran dibujos animados. Pero atención, porque eso no debe reemplazar la lectura de las buenas noches que les permite escuchar historias que los inspiran y llenan de amor antes de dormir.

Pero mal podemos inculcar estos valores en los niños si, como adultos, practicamos lo que en inglés se llama *phubbing*, palabra que proviene de *phone* (teléfono) y *snubbing* (ignorar al otro). El *phubbing* privilegia el tiempo de atención que se presta a los aparatos tecnológicos antes que a la persona que tienes enfrente o con la que vives.

La relación que tenemos con el teléfono celular puede ser compleja, como cualquier vínculo en el que no existen reglas o límites claros. Pero no se trata de juzgar si está bien o mal el uso de la tecnología, sino de abrir una pregunta que permita tomar decisiones más conscientes: ¿qué calidad de tiempo otorgamos a los vínculos reales por estar prestando atención al celular y a lo que sucede en el mundo *online*?

El psicoanalista Santiago Silberman remarca que «Si bien la tecnología ha traído enormes beneficios en las relaciones, como reencuentros a través de las redes sociales o buscar pareja a través de aplicaciones, también ha traído nuevas dificultades. Pero también es un síntoma de algo más profundo: los que están donde no quieren estar y usan la tecnología para evadirse y muchas veces procrastinan la decisión de separarse; los que tienen comportamientos adictivos, y los que les cuesta relacionarse con otros por inseguridad, fobia o ansiedad».

Entre las personas adictas al uso de dispositivos están aquellas adictas al trabajo, que, por lo tanto, «no pueden» perderse el minuto a minuto, o bien aquellas que cada dos segundos miran su teléfono para ver si hay alguna nueva notificación.

Una adicción tiene que ver con la falta de palabra: ponemos en acto cosas que, por no hablarlas, nunca podemos terminar de tramitarlas. De esta forma nos escapamos del displacer de tener que hablar o de escuchar lo que nos duele, para buscar placeres efímeros como un nuevo *like* que nos haga olvidar, aunque sea por un momento, eso que callamos. El famoso quitapenas.

No hay nada más placentero que tener cero notificaciones para un obsesivo, o un nuevo «me gusta» para alguien con rasgos narcisistas, o hacer algo con las manos para una persona que siente ansiedad, entre otras posibilidades.

A las personas que les cuesta relacionarse y escuchar a otras personas —sea por fobia, miedo, ansiedad o inseguridades—, el teléfono les permite de alguna manera «ocultarse» o justificar no sostener la mirada o una conversación. Y con la pandemia, las personas se acostumbraron cada vez más a interactuar con otras mediante una pantalla, una suerte de muleta que se usa para poder sostener vínculos. Sería bueno, entonces, que cada uno se pregunte qué es lo que tapa o esconde con su teléfono; qué es aquello que no está queriendo afrontar y justifica la dilatación de esa decisión a través del teléfono.

Al mismo tiempo, no deberíamos perder de vista lo que le sucede a la persona que sufre o se perjudica por la falta de atención del otro.

Hay que entender que la falta de decisión es una decisión. Si sales a cenar con tu pareja y él, o ella, está más enfocado en la pantalla que en ti, ¿te hace feliz estar ahí? Si tus colaboradores no hacen su labor incluso a veces incumpliendo con las fechas de entrega, ¿te satisface eso como líder? Si tu hijo no estudia, trae a la mesa su teléfono y no establece contacto visual ni sostiene una conversación, ¿cómo te hace sentir? Si te encuentras insatisfecho por alguna de estas situaciones, en vez de rivalizar con la tecnología, la mejor opción es establecer límites sanos y amorosos en los que puedas expresar aquello que te está molestando o doliendo.

¿Y cuál es la medicina más antigua y eficaz? Escuchar al otro. Recuerda esa frase que tanto *twittearon* mis televidentes de CNN en Español en las Américas: «El secreto del buen hablar es saber escuchar».

Recuerdo la escenificación del colmo de estas situaciones en una escena de una película, en la que dos adolescentes se reunían con autorización de los padres en casa de uno de ellos y cada uno en su sillón le enviaba mensajes de texto al otro, sin hablarse. Obviamente era una escena que pretendía ser cómica, pero estoy seguro de que en la actualidad sucede en muchos hogares, incluso entre hermanos.

Debido a que la escucha interna —así como la del cuerpo y su lenguaje sutil— y la escucha en nuestra comunicación interpersonal implican un gran desafío entre tanto ruido, terminaremos este manifiesto con nuestro «Decálogo del sabio escucha»:

1. Escucha tu diálogo interior con paciencia y sin juzgarte. Date espacio para comprender tus pensamientos y emociones.

«No basta con oír, hay que escuchar. No basta con mirar, hay que observar. Y no basta con tocar, hay que sentir». Leonardo da Vinci

2. Sé consciente de tus prejuicios e ideas preconcebidas. Deja que afloren sin aferrarte a ellos.

«Tenemos dos orejas y una boca para poder escuchar el doble de lo que hablamos». Epicteto

3. Observa tus pensamientos como nubes que pasan. No te identifiques con ellos.

«No podemos detener a los pájaros de la angustia de volar sobre nuestras cabezas, pero sí evitar que aniden en nuestro cabello». Proverbio chino

4. Cultiva la calma para poder escuchar con claridad tu voz interior. La prisa nubla el entendimiento.

«No luches contra los pensamientos negativos, obsérvalos con calma hasta que se disuelvan». Paramahansa Yogananda

5. Escucha los mensajes de tu cuerpo. Un dolor o malestar puede ser una señal importante. Sé amable contigo mismo.

«Percibe cómo late el corazón con amor o con ira, cómo se estrecha el estómago con el miedo o se ablanda de ternura. Aprende el lenguaje del cuerpo». ECKHART TOLLE

6. Pon atención a la belleza de la naturaleza. Escucha el canto de los pájaros y el murmurar del viento. Encuentra paz en la divinidad hecha flor.

«Escucha con atención los sonidos de la montaña, rastrea con cuidado las huellas del bosque. La naturaleza contiene todo el conocimiento». PROVERBIO DE LOS INDIOS NORTEAMERICANOS

7. Confía en tu intuición y déjate guiar por ella. Es la voz de tu «yo superior» que te cuida. Ten fe; y fe es esa frecuencia electromagnética de alta vibración positiva que provoca y cocrea milagros y revelaciones a cada intención que lanzas.

«El intelecto nos enseña cómo se hacen las cosas, pero la intuición nos dice si deben hacerse». JOSÉ ORTEGA Y GASSET

8. Escucha a los demás con empatía y sin interrumpir. Entender es clave para las relaciones armoniosas.

«La mayoría de las personas no escucha con la intención de entender; escucha con la intención de responder». STEPHEN COVEY

9. No te tomes nada como algo personal. Lo que digan otros revela su interior, no el tuyo. Perdona y avanza.

«Acepta que no todo el mundo va a entender tu camino y tu visión. Escucha sus consejos, pero sigue tu propio corazón». Steve Jobs

10. Usa el humor para aliviar tensiones. Una risa oportuna puede abrir corazones cerrados. ¡No te tomes todo tan en serio! Mantén tu fuerza serena para que las provocaciones sirvan para obtener bendiciones en tu sabia y ágil respuesta elevada.

«Una risa compartida es un momento de resonancia y entendimiento mutuo. Prepara el terreno para una escucha fértil». Prem Rawat

Hay una frase que durante la pandemia me surgió como un nuevo mantra diario en medio de la incertidumbre: «El secreto del buen vivir es no dejar de sonreír».

No lo olvides. Porque cotidianamente me cruzo con gente que tiene claros algunos de los puntos del decálogo, pero otros no van reflejados en su caminar y en su actuar.

Y si alguna vez has pensado que no tienes una relación directa con el arte, espero que al terminar este libro, «el arte de escucharte» tenga un lugar preferente en tu vida. Un arte en el que cada ser humano expresa la esencia que lleva dentro. Miel o hiel. Amor o ausencia de amor. Solo el sabio y el paciente escuchan. El soberbio y el inseguro hablan sin dejar espacio para escuchar al otro. Solo una consciencia despierta es capaz de entender con amor y neutralidad el diálogo de la mente que observa.

Sea cual sea tu experiencia leyendo o interactuando con este libro, házmela saber a través de mis redes. Estaré ansioso por «escuchar» tus comentarios. También puedes escribirme un correo electrónico a ismael@calapresenta.com. Estaré entusiasmado esperando tu reflexión. En hebreo, Ismael me recuerda que Dios escucha, y decidí que Ismael se escribe con *I* de «interesarse» y Cala con *C* de «conectarse». Me importas, me interesas, y este libro fue escrito para conectarme contigo y no solo para que me entiendas, sino para que también te sientas entendido y entendida a través de mi voz y mis oídos.

Gracias infinitas por escucharme y hasta nuestra siguiente conversación entre versos y prosas, párrafos y estrofas.

Buen camino, peregrino de la escucha hecha vida.

AGRADECIMIENTOS
ENTRE ESTROFAS Y PROSA

A Dios mi padre celestial, CEO de mi carrera y misión de vida y ratificado Rector de todos mis emprendimientos y aprendizajes. A Jesús hecho líder en historia y ejemplo de alta consciencia por ser inspiración absoluta en vivir en la luz.

A mi hermosa comunidad de Calanautas o exploradores de consciencia que vibran muy alto y buscan compartir estos espacios comunes entre libros, tertulias, retiros, formaciones en línea, viajes por el mundo y meditaciones presenciales o a distancia.

A las más de quinientas empresas en todo el mundo que han confiado en nuestras soluciones gerenciales para llevar herramientas que nos permitan ser más saludables, felices y productivos desde el ser en el hacer.

Gracias a mi inseparable Bruno Torres, CEO de Cala Group y compañero de expansión en la vida y el servicio. Gracias a mi entrañable amiga y VP de Cala Group, la doctora Maritza Fuentes, un ser humano de quien aprendo a diario y a quien honro en su congruencia de vida.

A mi amado maestro y amigo el doctor Deepak Chopra, gracias por su apoyo y mentoría de vida y por darle a este libro su bendición y elogio de portada.

A mi gran líder de líderes conscientes. A quien me llevó al siguiente nivel como líder de servicio. A ti, querido John Maxwell, gracias por tu legado y también por tu apoyo y elogio a esta obra.

A mis admirados prologuistas:

Anne Igartiburu, luz y presencia divina al servicio del bienestar de la humanidad.

Al doctor César Lozano, psicología y filosofía de vida que sanan mentes y corazones. Gracias, César, por tu gran disponibilidad del corazón siempre real y auténtica.

A Sergi Torres, a quien admiro profundamente, en su inmensa profundidad de conexión con la fuente divina de sabiduría.

A los ilustradores que hicieron de este libro una obra de colección con su arte:

A Ernesto.

A Nabil.

Especial gratitud a mi equipo de investigadores de Cala Enterprises y Cala Academy:

Gracias, querida Yesmin Sánchez, por toda tu excelencia y pasión.

A Ericka Breidenbach por su compromiso en acción.

A mi gran amigo y máster *coach* Jacques Giraud, manejando proyectos no hay mejor gestor.

A mi admirado Juan Pablo Navarro Cox por su paciente curaduría en investigación, contenidos y redacción. Este libro es un mejor libro por tener tu talento en acción.

A mi argentino estelar,
amigo de mil sonrisas,
Dany Mañas, sabio juglar,
gracias por tu humor singular.
Tu humor y contribución
hacen que este libro con rigor
no sufra de constipación.

A mis musas de la editorial Diana y la Editorial Planeta:

A Marcela Serras, todo mi amor. Gracias por hacerme sentir en casa.

A Rocío Carmona, una editora de lujo que eleva con su mirada la valía del autor.

Agradezco a todos los que desde la editorial Diana y la Editorial Planeta aportaron y contribuyeron para que este libro llegue a tus manos:

Joaquín Álvarez de Toledo (director general)
Ana Marhuenda Isamat (editora)
José Javier Ruiz-Zarco Ramos (diseño)
Cristina Jiménez Ibáñez (directora de marketing y prensa)
Marta Pascual Vandriessche (marketing)
Víctor González Molero (marketing)
Paloma Cordón Barrenichea-Arando (prensa)
Guillem Duran Adell (prensa)

A todos los colaboradores de Cala Group y Fundación Ismael Cala, por su aporte grandioso a todas las obras que hacemos para seguir elevando conciencias en el mundo.

Inmensa gratitud a quien escucha.
Estas últimas líneas son para ti,
quien, abriendo más caminos,
devora libros haciendo destino.

Gracias por tu disciplina.
Gracias por tu apertura.
Gracias por tu confianza,
guerrera, guerrero de luz,
de serena y sutil armadura.

Dios es amor,
hágase el milagro.

Hasta el próximo encuentro entre párrafos y estrofas.

Tu amigo,
Ismael

**Descubre, con tu curiosidad, a dónde
te lleva este código QR:**

SOBRE EL AUTOR

Ismael Cala es estratega de vida y negocios. Comunicador social. Autor de más de 10 *bestsellers* en temas de liderazgo exponencial, emprendimiento y desarrollo personal. Experto en Mindfulness Ejecutiva, Innovación, Productividad y Alto Desempeño, Comunicación Asertiva, Coaching & Mentoring. Embajador del concepto de «Felicidad Corporativa» en América Latina y Estados Unidos. En sus talleres, conferencias y seminarios ha recorrido más de 38 países e impactado en más de 400 organizaciones a nivel mundial. Ha recibido formación personalizada de reconocidos líderes internacionales como Robin Sharma, John C. Maxwell, Deepak Chopra, Brian Tracy y Tony Robbins; adicionalmente completó el Programa Ejecutivo de Liderazgo Exponencial en una de las universidades más prestigiosas y avanzadas del mundo, Singularity University, en Silicon Valley. Es presidente y Fundador del Grupo CALA y de la Fundación que lleva su nombre. Es además Rector de la Universidad Hispana de Mentoría.

El arte de escuchar(te) ha sido posible gracias al trabajo
de su autor, Ismael Cala, así como de la correctora Laura Vaqué,
el diseñador José Ruiz-Zarco, el equipo de Realización Planeta,
la maquetista Toni Clapés, la directora editorial Marcela Serras,
la editora ejecutiva Rocío Carmona, la editora Ana Marhuenda,
y el equipo comercial, de comunicación y marketing de Diana.

En Diana hacemos libros que fomentan
el autoconocimiento e inspiran a los lectores
en su propósito de vida. Si esta lectura te gustó,
te invitamos a que la recomiendes y que así, entre todos,
contribuyamos a seguir expandiendo
la conciencia.